MANUELS-RORET

NOUVEAU MANUEL COMPLET

DU

FLEURISTE ARTIFICIEL

ET DU

FEUILLAGISTE

OU

**L'Art d'imiter d'après Nature
toute espèce de Fleurs**

En papier, batiste, mousseline et autres étoffes de coton,
en gaze, taffetas, satin, velours

De faire des Fleurs en or, argent, chenille, plumes,
paille, baleine, cire, coquillage et en cheveux

Les Fleurs de fantaisie, les Fruits artificiels, les Feuillages

ET CONTENANT

Tout ce qui est relatif au Commerce des Fleurs

PAR

Mᴹᴱ CELNART

NOUVELLE ÉDITION REVUE ET AUGMENTÉE
Ornée de 50 figures dans le texte

PARIS

ENCYCLOPÉDIE-RORET

L. MULO, LIBRAIRE-ÉDITEUR

12, RUE HAUTEFEUILLE, 12

1901

AVIS

Le mérite des ouvrages de l'**Encyclopédie-Roret** leur a valu les honneurs de la traduction, de l'imitation et de la contrefaçon. Pour distinguer ce volume, il porte la signature de l'Éditeur, qui se réserve le droit de le faire traduire dans toutes les langues, et de poursuivre, en vertu des lois, décrets et traités internationaux, toutes contrefaçons et toutes traductions faites au mépris de ses droits.

ENCYCLOPÉDIE-RORET

———

FLEURISTE ARTIFICIEL

ET FEUILLAGISTE

INTRODUCTION

L'art de fabriquer les fleurs artificielles est maintenant porté en France à un tel degré de perfection, qu'il semble en être originaire; néanmoins, l'invention en est due aux Italiens qui, les premiers en Europe, se sont occupés de cette agréable fabrication. Ils employèrent d'abord des rubans de diverses couleurs, qu'ils frisaient ou pliaient sur des fils de laiton pour imiter la nature, dont ils étaient loin d'atteindre la vérité. Les plumes, la gaze d'Italie, les cocons du ver à soie, leur servirent ensuite. Cette première matière est souple et délicate, mais, pour suppléer aux couleurs qui ne sont point naturelles à nos climats, il fallait la teindre, et l'on ne réussissait que bien imparfaitement à obtenir la nuance et la vivacité nécessaires.

Aujourd'hui il serait difficile de nommer les fleuristes qui ont acquis une juste réputation ; il le serait également de décrire ici toutes les matières qu'ils font servir à leurs agréables manipulations, car tout ce qui tombe sous leurs mains les aide à rendre la nature. Les fabriques les plus renommées sont à Paris et à Lyon.

Indépendamment des fabricants qui trouvent dans l'art du fleuriste des bénéfices assurés ; indépendamment des nombreuses ouvrières, des enfants auxquels cet art donne des moyens d'existence, il offre encore aux dames un agréable passe-temps ; et l'ouvrage qui le décrit doit convenir également aux manufacturières et aux amateurs. J'espère que ce Manuel atteindra ce double but.

A cet effet, j'ai cru devoir le diviser en quatre parties. La **première** traite de l'*atelier* : elle contient la description détaillée des outils, des matériaux, des couleurs, des apprêts, des soins à

prendre pour maintenir tout en ordre. La seconde traite des *opérations* : elle indique la manière de préparer les diverses parties des fleurs,
tiges, feuilles, étamines, pistils, pétales, etc., et
les procédés reçus pour les peindre, les monter ;
elle traite aussi de l'apprentissage, de la direction des travaux, du magasin, et par conséquent
de l'étalage, de l'emballage des fleurs, de la
manière de les remonter, de les rafraîchir, ainsi
que de tout ce qui concerne le commerce. La
troisième partie comprend les *applications* ou
exemples : elle donne d'amples détails sur les
fleurs de toilette, les fleurs de vase et celles
d'église, les fleurs exotiques, les fleurs de fantaisie, les fleurs d'or et d'argent, les fleurs en
paille ; enfin les fleurs en chenille et les fleurs
en plumes viennent dans la **quatrième partie**,
comprenant les *accessoires*. — Autant qu'il
est possible d'y parvenir, à raison du brevet
qu'a pris son inventeur, cette partie décrit aussi
les fleurs en baleine, ainsi que les fleurs en
cire.

Dans l'impossibilité de décrire en particulier
chaque fleur, j'ai détaillé dans la deuxième par-

tie les procédés généraux, et dans la troisième
j'ai apporté plusieurs exemples. Les ouvrières
sauront tirer parti des premiers, et les dames
n'auront qu'à suivre mot à mot les seconds.

———

NOUVEAU MANUEL COMPLET

DU

FLEURISTE ARTIFICIEL

ET FEUILLAGISTE

PREMIÈRE PARTIE

LOCAL, OUTILLAGE ET MATÉRIAUX

CHAPITRE PREMIER
Du Local et de l'Outillage

SOMMAIRE. — I. Choix et agencement du local. — II. De la table. — III. Du porte-tringles ou porte-fleurs. — IV. Des plombs ou porte-bobines. — V. Du suspensoir. — VI. De la sébile à sable. — VII. De la boîte à bobine. — VIII. De la pince ou brucelles. — IX. Des châssis à apprêter. — X. Des emporte-pièce. — XI. Du billot et du plateau à plombs. — XII. Des marteaux. — XIII. Des mandrins à gaufrer. — XIV. Des pelotes. — XV. Des gaufroirs. — XVI. De la presse. — XVII. Des petits instruments divers. — XVIII. Des instruments à couleurs. — XIX. Des godets. — XX. Des molettes. — XXI. Des pinceaux. — XXII. Des éponges. — XXIII. Spécialités.

I. CHOIX ET AGENCEMENT DU LOCAL

Deux cas se présentent naturellement qui doivent influer sur le choix et sur l'agencement du local où l'on veut installer une fabrique de fleurs artificielles :

Fleuriste.   1

à savoir s'il s'agit d'une grande ou d'une petite maison à fonder.

Ce point une fois déterminé, reste à fixer son genre de fabrication : modes, fleurs pour vases et églises, pistils, bruyères, fleurs funéraires (zinc, perles, etc). En effet, l'agencement doit varier en raison de la destination spéciale des locaux.

Grandes Maisons

1º MODES. — Il faut choisir dans un quartier de la ville plutôt central qu'écarté, et par cela même à proximité des affaires, un local spacieux et largement éclairé soit sur la cour, soit sur la rue.

On y doit trouver, indépendamment des pièces destinées à l'habitation personnelle du chef de la maison et de sa famille, les pièces suivantes destinées spécialement à son industrie :

Une grande antichambre précédant les ateliers: c'est là que devront se tenir les ouvrières du dehors rapportant leur ouvrage en attendant qu'on leur en donne d'autre; quelques chaises et une banquette font tout l'ameublement de cette pièce, et l'agencement consiste en un simple guichet, ouvrant sur le *magasin de réception*, et établi de façon à ce que la réception et la remise des boîtes et paquets se fasse aisément par son ouverture. Il servira également à la paie hebdomadaire.

Une petite pièce, ouvrant à la fois sur l'antichambre par son guichet et sur un des ateliers par une porte vitrée : c'est le *magasin de réception* des marchandises. Comme ameublement, deux chaises ou tabourets suffisent, avec un marchepied de hauteur proportionnée à celle de la pièce elle-même. Comme agencement, des rayons fixés au mur, disposés pour recevoir des boîtes, le tout en bois blanc. Chaque boîte sera étiquetée suivant son contenu : *matières premières* (apprêts, étoffes, pétales, etc.), ou des *marchandises confectionnées* (fleurs et leurs diverses espèces, bouquets, feuillages, etc.).

Du *magasin de réception* on entre dans l'*atelier de découpage*, qui est aussi celui du *nuançage* et des *apprêts*. Les dimensions de cette pièce doivent permettre d'y installer, *a*, près d'une fenêtre le billot du découpeur, avec son outillage à proximité ; *b*, la table du trempeur, munie d'un large tiroir ; et plus loin, le séchoir ; enfin, *c*, la table des apprêts, proche de laquelle l'apprêteur disposera sa terrine à empois, ses métiers ou chapis, etc. Aux murs de la pièce seront disposés des rayons et des armoires correspondant à chaque service installé, et où seront rangés en bon ordre les outils du découpeur, les bocaux, papiers, etc., du trempeur ; les produits nécessaires à l'apprêteur. Il faut, de plus, une fontaine et des essuie-mains, et des porte-manteaux où les ouvriers puissent accrocher leurs vêtements de travail en quittant l'atelier.

De l'*atelier de découpage* on passe dans l'*atelier* proprement dit, c'est-à-dire la pièce où se confectionnent les fleurs ou feuillages.

La dimension de cette pièce doit être telle, que trois grandes tables y puissent être installées en bonne lumière en laissant un libre espace pour circuler, ainsi que la place des tabourets.

La première table est occupée par les ouvrières, sous la direction d'une *première*, sinon de la patronne elle-même; la seconde par les apprenties, ou élèves, sous la direction d'une ouvrière choisie, et indépendante de la *première*; la troisième par les *monteuses* ou *finisseuses*. Chaque table est munie d'autant de tiroirs qu'elle admet de places : celles-ci doivent être assez espacées pour que les travailleuses aient toute la liberté de leurs mouvements. Un tabouret à chaque place; dans un coin, un lavabo; à chaque fenêtre un vasistas; un calorifère et un certain nombre de becs de gaz convenablement répartis complètent l'agencement indispensable.

L'*atelier* doit communiquer par une porte-guichet avec le *bureau*, sur l'agencement duquel nous n'avons rien à dire de particulier.

Le *bureau* communique lui-même avec le *grand magasin* et avec le *magasin des commissions*. On trouvera des indications utiles à l'APPENDICE en ce qui concerne le premier. Quant au second, il suffit d'un comptoir, quelques rayons garnis de boîtes contenant les commissions préparées, le tout dépourvu de luxe, mais propre et bien tenu.

2° FLEURS D'ÉGLISES ET DE VASES. — L'installation est la même que pour les *modes*, sauf qu'il convient de tendre dans les ateliers, d'un mur à l'autre, des fils de fer destinés à supporter les fleurs terminées qu'on y accroche par unités ou petits paquets, à cause de leur volume. Il faut aussi établir des vitrines pour y placer les bouquets d'échantillons afin qu'on les distingue à première vue.

3° PISTILS. — Les ateliers doivent être garnis de tablettes sur lesquelles toutes les couleurs doivent être rangées en ordre. Le magasin de réception peut être remplacé par l'antichambre, et le magasin des commissions sert de réserve pour les caisses, boîtes et cartons où l'on classe l'assortiment.

4º BRUYÈRES. — L'antichambre, garnie de quelques chaises et d'une table, sert à la réception des marchandises. Dans l'atelier, de grandeur suffisante, on dispose le plomb du découpeur, une grande table carrée en chêne pour le pliage et l'apprêt des étoffes, les machines à découper, un laminoir petit modèle, une seconde table où l'on met en paquets les bruyères terminées.

5º FLEURS FUNÉRAIRES (en zinc). — L'établissement, beaucoup plus simple, comporte un atelier à rez-de-chaussée, analogue à un atelier de ferblanterie et garni de forts établis en bois, d'étaux fixes, de tables, d'un laminoir, d'un soufflet à gaz, de fourneaux, d'une cheminée de forge, de grands paniers solides pour les livraisons; au mur, de forts crochets solidement fixés, et des tablettes où sont rangés les fers à découper. A côté de l'atelier, le bureau du patron. Une écurie et un hangar sont nécessaires, car il faut cheval et voiture pour transporter la marchandise.

Petites Maisons

Le choix du quartier, celui du local, lorsqu'il s'agit de fonder une maison de moindre importance, laissent plus de latitude que lorsqu'on a en vue un grand établissement.

Une petite antichambre meublée de deux chaises suffit à recevoir ouvrières et fournisseurs, et il n'y a plus nécessité d'avoir un magasin de réception.

Un atelier de découpage et un atelier de fabrication agencés comme nous l'avons déjà expliqué,

mais dans de moindres proportions, suffiront très
bien, et l'intelligente utilisation de l'espace disponi-
ble permettra de suppléer, à l'aide de casiers contenant un petit nombre de boîtes, au grand magasin
et au magasin des commissions. Voilà pour le *fleuriste de modes.*

Le *fleuriste pour églises et vases* n'a besoin que
d'une pièce, assez grande cependant pour recevoir
l'agencement strictement nécessaire à sa fabrication.
Aucun livre ne lui est utile, car il travaille pour des
maisons qui lui envoient leurs commissions, et il n'a
pas à recevoir de clients.

De même le *petit fabricant de pistils*, qui généralement n'a affaire qu'à des maisons d'apprêts, auxquelles il fournit non seulement la spécialité, mais
aussi des cœurs de tulipes, de marguerites, de pâ-
querettes, de fuchsia, même des boutons de cette
dernière sorte. S'il travaille pour quelques fabricants,
c'est généralement sur commande. Néanmoins, il
n'en doit pas plus négliger la moindre partie de sa
spécialité.

Rien à dire au sujet des bruyères et des fleurs funéraires en zinc : les spécialistes n'ont qu'à restreindre locaux et agencements à la mesure de leurs
ressources.

II. DE LA TABLE

Dans l'atelier, vaste, bien éclairé, et convenablement chauffé en hiver par un poêle, doit se trouver
une table allongée, semblable aux tables à écrire en
usage dans les écoles ; elle sera placée de manière à
ce que les ouvrières puissent le mieux et le plus
longtemps y voir clair. Il est à désirer que cette table

soit pourvue de tiroirs à compartiments afin qu'on y
puisse mettre les diverses petites parties de fleurs
que l'on prépare en quantité, telles que les pétales,
les petites tiges, les étoiles ou petites corolles,
comme celles du *pensez-à-moi*, des chatons du noisetier ; les petites feuilles, comme celles du myrte, des
bruyères ; les petits globules de solanum et autres
semblables ; les folioles, les feuilles non montées, et
généralement toutes les petites parties de fleurs que
l'on ne peut point accrocher encore. Il est bon que
la table soit couverte d'une toile cirée, afin de pouvoir enlever aisément par le lavage les taches qu'y
mettent ordinairement les colles, couleurs, etc.

III. DU PORTE-TRINGLES OU PORTE-FLEURS

Cet instrument doit se trouver au milieu de la table, et dans toute sa longueur. Il présente, comme
l'indique son nom, de légères tringles de fer auxquelles on accroche, par le bout de la tige un peu
recourbée, les parties de fleurs à mesure qu'on les
prépare (fig. 1), et même les boutons entiers. Le
porte-fleurs se pose sur la table, où il doit y en avoir
plusieurs : mais il y en a d'autre sorte qui sont fixés
dans la table même. Au lieu des branches à crochets
du premier pour porter les tringles, celui-ci présente
une arcade arrondie (fig. 2) répétée trois ou cinq fois
suivant la longueur de la table (fig. 2, *a a a*). Les
arcades, formées d'une tringle de fer arrondie, et
grosse à peu près comme le petit doigt, sont d'abord
percées d'un trou au tiers environ de leur hauteur
à partir de la table, et d'un autre trou aux deux tiers.
On passe dans ces trous, qui correspondent exacte-

ment d'une arcade à l'autre, une ficelle bien torse et
fortement serrée, *b b*. C'est après cette espèce de cor-
deau tendu que s'accrochent les fleurs et parties de
fleurs.

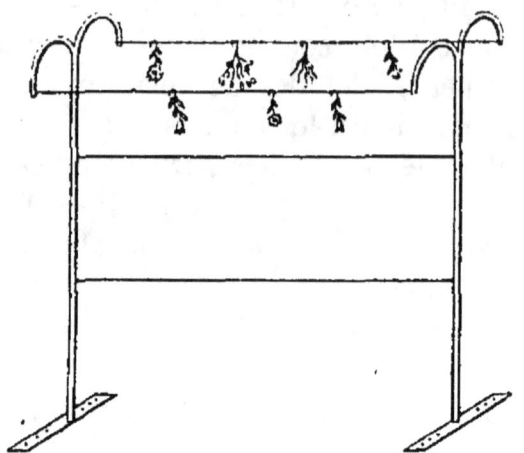

Fig. 1. — Porte-fleurs à crochets.

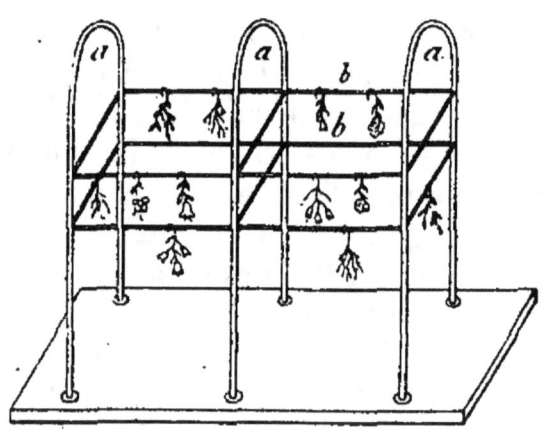

Fig. 2. — Porte-fleurs arrondi.

Ce porte-fleurs, moins élégant que le premier, a
sur lui deux avantages : il est plus économique et
plus solide surtout, puisque la base des arcades est

introduite et fixée dans des trous faits à la table, au
moyen d'un écrou attaché à vis en dessous. Le premier convient aux dames, le second aux fabricants.
Quelquefois les arcades en fer sont remplacées par
deux montants en bois réunis au sommet par une
traverse; leurs extrémités inférieures, amincies en
tenon, entrent dans la table, et sont fixées par dessous par une clef semblable à celles des poupées
d'un tour.

Un autre système de porte-fleurs consiste, comme
l'indique la figure 3, en un cône de bois, plombé à

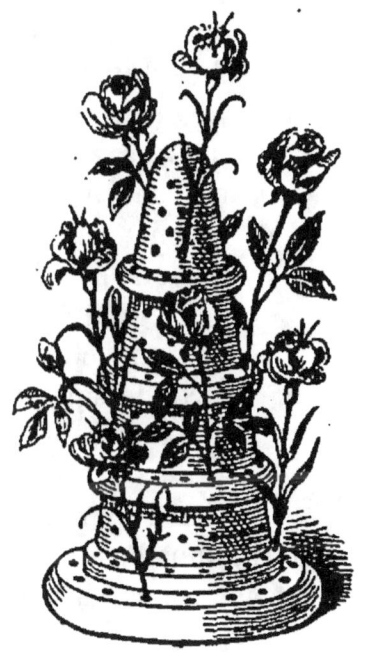

Fig. 3. — Porte-fleurs rond.

la base pour assurer sa stabilité. Il porte un certain
nombre de bagues, également en bois, percées de
trous destinés à recevoir la tige des fleurs fabriquées;

d'autres trous, percés dans le cône lui-même, servent au même but.

IV. DES PLOMBS OU PORTE-BOBINES

C'est un instrument analogue à celui dont se servent les tisserands pour faire tourner librement leurs fils.

Il se compose d'une tige de fer du diamètre de 4 à 5 millimètres, haute d'environ 16 centimètres, et plantée dans un massif de plomb ou de bois, dont l'épaisseur est de 3 à 5 centimètres et le diamètre de 5 centimètres et demi à 7 centimètres.

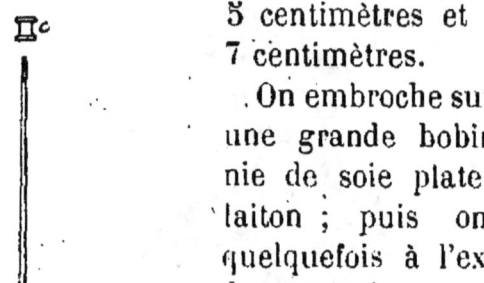

. On embroche sur la tige une grande bobine garnie de soie plate ou de laiton ; puis on place quelquefois à l'extrémité de cette tige une virole qui empêche la bobine de sortir lorsqu'on la tourne rapidement (fig. 4). Cette virole, c, est inutile lorsque la bobine est dépassée de beaucoup par la tige, et dans beaucoup d'ateliers on se dispense de la placer : il serait pourtant convenable de le faire.

Fig. 4. — Porte-bobines.

La bobine doit toujours tourner librement quand on retire la soie. Lorsqu'elle garnit le plomb, il prend dans quelques ateliers le nom de *rocher* : dans d'autres, c'est la bobine même, lorsqu'elle est très allongée, qui reçoit cette dénomination ; enfin quelques

fabricants appellent ainsi le plomb, qu'il soit ou non
garni de bobines. Les dames qui travaillent pour
leur plaisir, et qui recherchent l'élégance des instruments, pourront se procurer des plombs dont la base
sera en bois peint, ou présentera un vase en fer poli
ou une masse carrée embellie de bas reliefs; la virole offrira aussi quelque agréable figure, comme
une flèche, une petite fleur, etc. Les plombs sont
en grand nombre sur la table. Lorsque le soir on
quitte l'ouvrage, ou lorsqu'on n'a plus besoin pour
l'instant de la soie que portent quelques-uns d'entre
eux, il faut, pour la préserver de la poussière, couvrir le plomb d'un sac de toile ou de papier renversé.

Il y a des plombs à tige très longue sur laquelle
on peut enfiler plusieurs bobines.

Ces deux outils, le *porte-fleurs* et le *plomb*, sont
communs à tous les ateliers; mais d'autres adoptent
encore des instruments dont le but est le même; et
lorsqu'on fabrique en grand, ces instruments offrent
un supplément utile; tels sont les *suspensoirs*, les
sébiles à sable, qui se rapprochent du premier,
et les *boîtes à bobines*, qui peuvent avantageusement
remplacer le second.

V. DU SUSPENSOIR

Figurez-vous un plateau de bois, épais d'environ
1 cent. 1/2 à 3, quelquefois circulaire, et porté sur
trois pieds arrondis, en un mot, parfaitement semblable à ces plateaux de bois noirci sur lesquels posent les verres bombés qui garantissent du contact
de l'air les vases, flambeaux et autres objets pré-

cieux. Ce plateau porte cinq ou six tiges en fer, hautes de 16 à 22 centimètres, et de la grosseur d'une aiguille à tricoter les jupons de laine (fig. 5).

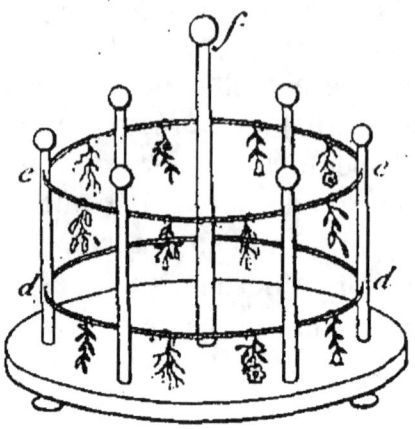

Fig. 5. — Suspensoir.

Au tiers de la hauteur de ces tiges, à partir du plateau, est un cercle formé par un fil de laiton, qui va d'une tige à l'autre après avoir tourné autour d'elles, *d* : après ce cercle on accroche de petites fleurs, boutons, etc. Un second cercle pareil, *e*, est au-dessus du premier ; mais plus serré que celui-ci, il rapproche les branches et rend le sommet du suspensoir plus étroit que la base : la distance de l'un à l'autre est d'environ 5 centimètres, et les tiges s'élèvent au-dessus du dernier de 15 à 17 millimètres : il se trouve souvent un troisième cercle au suspensoir.

Pour que le suspensoir puisse être transporté commodément, il doit être pourvu d'une poignée *f*. Cette poignée se compose d'une tige de fer une fois plus forte que celles qui supportent les cercles de laiton, et plus longue d'environ 3 centimètres et quelques millimètres. Cette tige, ou branche, est plantée au milieu du plateau, et solidement maintenue au-dessous par son extrémité inférieure; l'autre extrémité s'enfonce dans une poignée en bois, arrondie, et peinte de la couleur du plateau. Il me semble que cet instrument, susceptible de recevoir divers ornements et d'être confectionné avec légèreté, conviendrait mieux aux dames que tout autre porte-fleurs.

VI. DE LA SÉBILE A SABLE

Ce petit instrument est bien simple, mais il ne faut rien omettre dans la description des outils : les plus insignifiants en apparence ont aussi leur nécessité.

Celui-ci est tout uniment une sébile remplie de sable, dans laquelle on enfonce les petits fils de fer qui portent les petits paquets d'étamines, les boutons, les petites fleurs destinées à être montées en paquets, comme les violettes, les œillets de mai, etc. On est dispensé alors de tourner en crochet l'extrémité des tiges, ce qui abrège toujours un peu le temps. On peut remplir de sable des boîtes, des cartons plats; mais la sébile est préférable, parce qu'elle tient moins de place et qu'elle a plus de solidité.

VII. DE LA BOITE A BOBINE

Dans quelques ateliers on se sert de cette boîte, fort en usage chez les passementiers. C'est tout bonnement une boîte allongée, en bois, d'une moyenne grandeur, et peu profonde ; mais elle n'a point de

couvercle. Au milieu de deux des côtés opposés s'é-
lève une tige de fer, ou de bois, haute de 8 à 11 centimètres, qui porte à son extrémité supérieure un
anneau. Ces anneaux sont destinés à soutenir une
petite broche de fer sur laquelle on enfile une bobine
(fig. 6, g). Pour cela, dans un de ces anneaux on

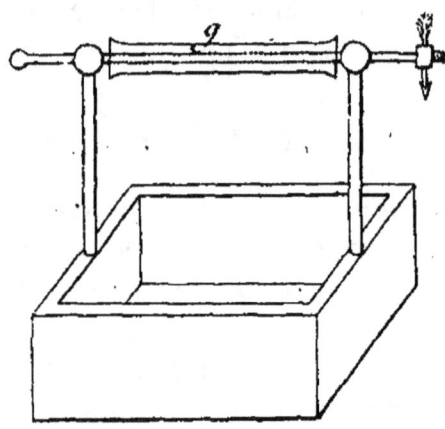

Fig. 6. — Boite à bobine.

passe la broche de fer, qui est terminée par une
petite boule à l'extrémité qui se trouve en dehors de
cet anneau ; l'autre extrémité de cette broche se
termine en pointe, ou seulement est privée de boule :
c'est cette extrémité que l'on introduit dans la bobine.

Cela fait, comme cette broche est plus longue que
l'intervalle qu'offrent les deux tiges sur lesquelles
elle doit porter, on la repousse un peu du côté de
la boule, puis l'on entre la pointe dans le second
anneau. La partie excédante empêche que la broche
ne sorte lorsqu'on fait tourner la bobine ; mais pour
plus de sûreté, il est bon d'y mettre une virole,

comme il a été expliqué dans la description du plomb
ordinaire.

Voici les avantages que cette boîte me semble
avoir sur cet instrument bien plus usité ; la bobine
ainsi placée horizontalement tourne, plus rapidement ; en prenant à la main la petite boule, surtout
si elle est remplacée par une poignée, on peut, en
la tournant, garnir promptement la bobine, dont le
trou en ce cas doit être juste avec la broche de fer ;
enfin la boîte qui est au-dessous de la broche peut
remplacer le petit carton que doit avoir chaque ouvrière, pour mettre les diverses parties si délicates
qu'elle travaille ; si la boîte était partagée en deux
ou trois compartiments, l'avantage serait encore plus
grand. Ce serait un moyen assuré de faire régner
sur la table des fleuristes l'ordre et la propreté que
l'exercice de cet art semble quelquefois exclure ; ce
serait éviter la multitude, l'encombrement de ces
boîtes, cartes repliées, enveloppes de papier qui produisent la confusion. La figure 6 représente cet instrument garni de la bobine.

VIII. DE LA PINCE OU BRUCELLES

Les fleuristes ne prennent jamais les fleurs, et
leurs diverses parties, avec le doigt, crainte de les
froisser désagréablement ; ils se servent de la *pince*
ou *brucelles*, instrument bien simple, et qui néanmoins leur rend des services continuels.

C'est avec la pince que l'on saisit toutes les parties
des fleurs, qu'on les dispose, les place, les étale,
qu'on les relève ou les incline dans une direction
convenable, d'après la nature et le goût ; c'est avec

la pince qu'on appointe, contourne, dresse l'extrémité inférieure ou supérieure de certains pétales,
qu'on écarte ou rapproche les étamines. En tenant
la pince sur le côté, on en fait usage pour tracer des
raies ou des stries sur les pétales de quelques fleurs,
comme le lis, la pâquerette ; enfin la tête allongée
et mince de cet outil se trempe dans la colle, et sert
à coller les parties délicates des fleurs. Il est long
d'environ 14 centimètres, et présente deux petites
branches élastiques et plates (fig. 7, *h h*), écartées

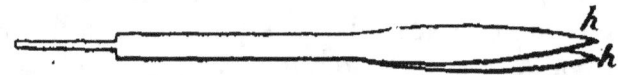

Fig. 7. — Pince ou brucelles.

l'une de l'autre à un bout, soudées ensemble à l'autre
extrémité, appelée la *tête*. Il y a des brucelles dont
les branches sont l'une concave, l'autre convexe,
quoique droites sur la longueur ; elles sont moins
usitées que les premières.

Chaque ouvrière doit avoir ses brucelles à elle,
car l'atelier n'en fournit pas ; elles doivent toujours
se trouver sur la table, auprès de chaque boîte ou
carton de travail. Elles se vendent chez les quincailliers.

IX. DES CHASSIS A APPRÊTER

Ces châssis ou métiers servent à étendre les étoffes
que l'on veut gommer et teindre : ils servent aussi
à l'apprêt des soies et des fils. Il doit s'en trouver
dans l'atelier de diverses grandeurs, afin que l'on
puisse tendre commodément les étoffes de largeurs
différentes. Ces châssis, assez semblables à ceux
dont se servent les teinturiers, dégraisseurs et apprê-

teurs, sont de trois espèces : la première a des montants garnis d'une lisière ou bande doublée en très
grosse toile : ses traverses sont percées de trous ; la
seconde a également, aux montants comme aux traverses, une ligne de crochets de fer ; la troisième a
des montants à surface plane garnis de pointes droites, et aux traverses des crochets ou des trous.

Quel qu'il soit, le châssis se compose de deux
montants de bois de hêtre, de chêne ou de tout autre
bois dur, et de deux traverses moins fortes. Pour un
grand châssis, les montants seront chacun de 5 centimètres carrés, et hauts de 1 mètre 20 à 1 mètre 80.
A la réserve de 11 centimètres à chaque extrémité,
on place sur un des côtés de chacun de ces montants, ou la lisière solidement clouée, ou bien des
petits clous à crochet plantés à 3 centimètres l'un
de l'autre, et dont la pointe regarde le côté opposé
de l'autre montant ; ou bien enfin tout à fait sur la
surface de chaque montant, près du bord intérieur,
des pointes droites dirigées également à droite. A
trois centimètres au-dessous de la lisière, des crochets ou des clous, une mortaise haute d'à peu près
8 centimètres, ouverte de 9 millimètres, est creusée
en haut et en bas de chaque montant. La figure 8
représente les montants garnis de lisière, ou toile ;
la figure 9 les montants garnis de crochets ; la figure
10 les montants garnis de pointes droites. Tous trois
sont plats et assez pareils ; mais on remarquera que
les crochets ne sont pas tout à fait plantés sur le
bord ou vive arête du montant ; il y a un centimètre
et demi de distance entre eux et cette vive arête.

Comme les mortaises enlèvent 22 centimètres sur
la hauteur du montant, il doit avoir 1ᵐ 50 pour une

étoffe de 1ᵐ20, et 2ᵐ16 pour une étoffe de 1ᵐ80. Il
est très bon d'avoir des châssis qui présentent seulement la moitié de cette grandeur.

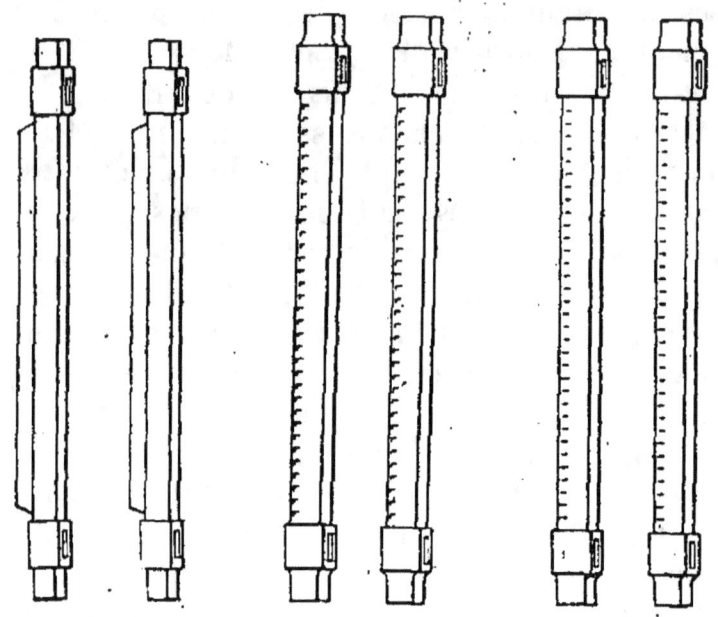

Fig. 8. — Montants   Fig. 9. — Montants   Fig 10. — Montants
garnis   garnis   garnis
de lisière.   de crochets.   de pointes droites.

Ces montants ne forment, comme je l'ai dit plus
haut, qu'une partie de châssis ; il faut encore les
traverses : ce sont deux planchettes d'environ 8 centimètres de large et de 1 centimètre et demi d'é-
paisseur Lorsqu'on doit y passer des cordons pour
tirer l'étoffe, ainsi que je l'expliquerai plus bas,
elles sont percées d'une ligne de trous sur toute la
longueur ; cette ligne se fait à 3 centimètres de l'un
des bords, et 2 centimètres environ de distance se
trouvent entre chaque trou. La figure 11 représente
ces traverses trouées.

Quand au contraire on veut accrocher l'étoffe
après les traverses, elles reçoivent, comme les montants, à 1 centimètre et demi de la vive arête, une
rangée de crochets, à la réserve de 8 centimètres à
chaque extrémité. La nécessité d'introduire ces deux

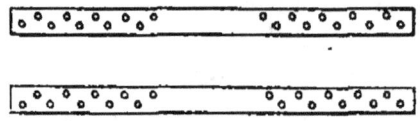

Fig. 11. — Traverses trouées.

extrémités dans les mortaises des montants, explique
cette réserve. Ces traverses à crochets sont moins
commodes que les précédentes, parce qu'on ne peut
les faire glisser dans la mortaise que jusqu'au premier crochet, et que par conséquent elles ne peuvent se prêter à la largeur de l'étoffe, tandis que les
traverses trouées coulent librement dans la mortaise
jusqu'au point qu'exige le plus ou moins de largeur
de l'étoffe tendue : aussi sont-elles préférées généralement. La figure 12 met sous les yeux les traverses

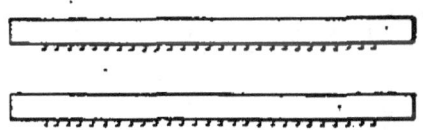

Fig. 12. — Traverses à crochets.

à crochets. Au-dessus du premier et du dernier crochet de chaque traverse, est percé un trou pour en-
foncer la cheville, qui sert à fixer la traverse et le
montant. Tout ce que j'ai dit relativement aux traverses à crochets, s'applique aux traverses à pointes
droites.

Pour monter le métier, on tient debout un des
montants, et on glisse dans la mortaise du haut une
des traverses, de manière que la garniture de cette
partie et celle du montant, quelles qu'elles soient,
se trouvent en regard. On place de même l'autre
traverse dans la mortaise du bas, puis encore le second montant en regard du premier, ce qui forme
un encadrement représenté par la figure 13. Cet en-

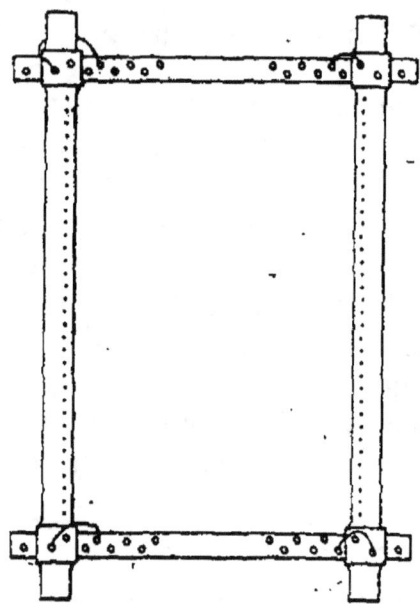

Fig. 13. — Encadrement.

cadrement se resserre à raison de la largeur de
l'étoffe, quand les traverses sont à trous. On pose les
traverses et les montants ensemble au moyen de
chevilles qui passent dans le montant et la traverse,
à l'endroit de la mortaise, ou dans la traverse seulement en dehors du châssis.

Ces châssis n'ont jamais de pieds, et on les appli-

que tantôt contre la muraille, tantôt sur une chaise ;
tantôt on les accroche, par l'une des traverses, à une
très grosse patte, crochet en fer, ou cheville fichée
dans le mur. Il va sans dire qu'ils se placent ainsi
étant couverts d'étoffe tendue, car autrement on ne
les laisse point former encadrement ; on les démonte,
et l'on met les traverses et montants en tas, soit
dans quelque coin de l'atelier, soit sur des supports
en bois appliqués à cet effet, à une certaine hauteur,
sur la muraille.

On construit aussi des métiers perfectionnés, à vis
de pression permettant de régler l'écartement des
barres et d'obtenir ainsi une tension plus ou moins
forte de l'étoffe. De plus, ils peuvent servir par leurs
deux faces, et sont munis de pieds.

Ces différentes modifications leur assurent un
avantage réel sur les anciens métiers, qui ne sont
plus guère en usage que chez les apprêteurs, et dans
des ateliers installés depuis longtemps.

X. DES EMPORTE-PIÈCE

Ces utiles instruments se nomment presque toujours *fers* dans les ateliers : cette dénomination y
est tellement en usage, que, pour désigner les pétales de la même fleur, mais inégaux en grandeur,
comme ceux de la rose, de la pivoine, on dit pétales
du 1er, du 2e, du 3e, du 4e *fer*. Ces numéros vont en
descendant, c'est-à-dire que les premiers indiquent
les plus grands objets. Quoique très usitée, cette dénomination ne me semble pas heureuse ; elle ne
donne pas tout d'un coup l'idée de la destination de
l'outil, comme le fait le nom d'*emporte-pièce*, ou

celui de *découpoir*. Le numérotage dont je viens de parler s'applique également aux feuilles.

L'emporte-pièce, ou découpoir, est un outil en fer brut, ayant un manche aplati à son extrémité supérieure, afin que le marteau puisse bien s'y appliquer; sa longueur est de 10 à 15 centimètres. Il présente à sa base une partie creuse et renflée, dont les bords saillants et tranchants reproduisent exactement, en coupant, la forme des pétales ou des feuilles dont ils doivent rendre les moindres dentelures (fig. 14).

Lorsque le découpoir marque des feuilles de grande dimension, surtout quand elles sont allongées comme celles du laurier, des tulipes, jacinthes, et toutes celles des fleurs nommées *liliacées* en botanique; ou presque aussi longues et plus étroites, telles que celles de l'orge, de l'avoine, de toutes les plantes dites *graminées* dans le même langage, cet instrument doit être percé d'un petit trou vers le bord de sa partie creuse (fig. 15 *j*); on introduit alors dans ce trou l'*anneau d'emporte-pièce*, petite tige de laiton ou fil de fer que termine une boucle (fig. 16): ce léger outil sert à pousser hors de l'emporte-pièce la partie d'étoffe qui est demeurée entre ses bords. Dès que la feuille reste ainsi dans le découpoir et n'en sort point lorsqu'on agite cet instrument, il faut faire usage de l'anneau, afin de ne presque jamais toucher les feuilles en ce cas.

Non seulement chaque espèce de fleur exige un découpoir particulier pour ses pétales, et un autre pour ses feuilles; mais comme la grandeur et la forme des premiers varient souvent dans les grosses fleurs, telles que la grenade, l'œillet, la rose, et dans les fleurs irrégulières, telles que les gesses ou

pois de senteur, l'acacia, la pensée, et une multitude
d'autres, il en résulte qu'il faut avoir autant de découpoirs qu'il se trouve de pétales différents.

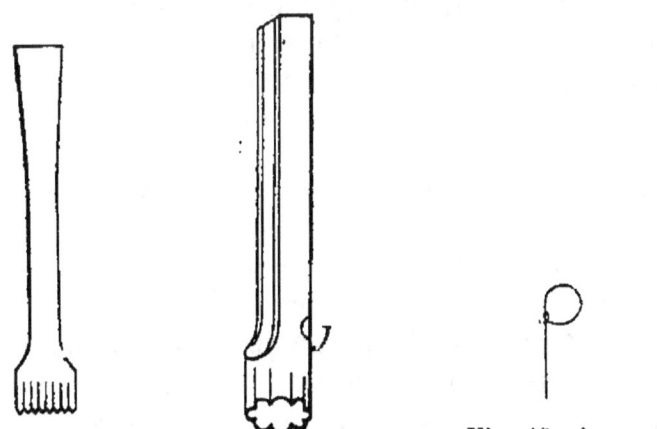

Fig. 14. Découpoir.   Fig. 15. Découpoir percé.   Fig. 16. Anneau
d'emporte-pièce.

D'autre part, chacun sait que les feuilles qui sont
placées à la base d'une plante, celles qui s'élèvent
sur la tige, et enfin le feuillage qui entoure immédiatement la fleur, ou ses boutons, diffèrent de grandeur comme de nuances : par conséquent le fleuriste
doit être muni d'autant de découpoirs qu'il se rencontre de feuilles diverses. Qu'on songe en outre aux
divisions du calice, plus ou moins grandes dans la
même plante, selon que cette partie entoure la fleur
principale, les boutons fleuris ou boutons naissants,
les folioles plus ou moins développées qui accompagnent quelques espèces, et pour chacune desquelles
il faut un découpoir particulier ; qu'on se rappelle
les demi-feuilles, les petites pointes de feuillage,
souvent situées à la naissance des feuilles, et que
les botanistes nomment *bractées*, l'on verra alors
quelle multitude d'emporte-pièce il faut nécessaire-

ment avoir dans un atelier bien monté ; heureusement le prix en est peu élevé.

Ces instruments se trouvent chez les quincailliers. Pour qu'ils découpent rapidement, on en frotte de temps en temps les bords avec un peu de savon sec. La petite tige de la feuille, ou pédoncule, est ordinairement reproduite par le découpoir.

XI. DU BILLOT ET DU PLATEAU DE PLOMB

Le billot, le plateau de plomb, et le paillasson, ou coussin de paille placé sous celui-ci, composent l'appareil nécessaire à l'usage des emporte-pièce. Il se place ordinairement dans un endroit écarté de l'atelier, par exemple devant une fenêtre, et le plus loin possible des travailleuses, afin qu'elles soient moins incommodées du marteau. Dans quelques ateliers, le billot est remplacé par une sorte de banc en bois, très fort, élevé d'à peu près 50 centimètres

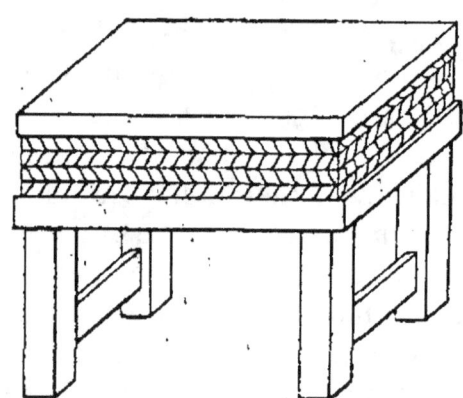

Fig. 17. — Banc en bois pour paillasson.

(voyez la figure 17 qui fait voir ce banc supportant le paillasson et le plomb) ; mais il vaut mieux em-

ployer un billot de même hauteur, formé d'orme dit
tortillard, ou d'un tronçon d'arbre pris très près de
la racine. Sur ce billot se place le paillasson qui sert
à amortir les coups retentissants du marteau ; sa
hauteur est de 10 à 15 centimètres, et sa largeur
doit dépasser de 5 à 8 centimètres, la circonférence
du billot (voyez figure 18) ; *k k* est le billot, *l l* le

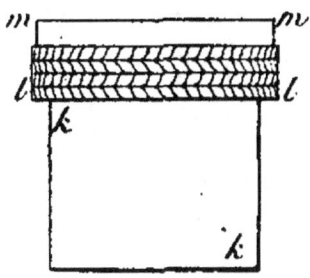

Fig. 18. — Billot et paillasson.

paillasson. Les chaînes de paille, très serrées, qui
composent ce dernier doivent être liées entre elles
avec de fortes ficelles, et revêtues d'une très grosse
toile fortement tendue ; il est bon d'entourer ce paillasson d'un cercle de bois pareil à celui des tamis,
afin qu'il ait plus de solidité.

Sur le paillasson se place et demeure le *plateau de
plomb*, que l'on désigne simplement sous le nom de
plomb ; et, sans que j'aie besoin de le faire remarquer, on voit que c'est le moyen de ne point se comprendre, puisqu'on doit confondre à chaque instant
ce *plomb* avec celui qui sert à porter les bobines.

Ce plateau, ordinairement carré, est formé de neuf
parties de plomb, deux parties d'étain et d'une demi-
partie de régule ; mélange bien préférable au plomb
pur. Il couvre toute la surface du paillasson, et pré-

sente une épaisseur de 5 à 8 centimètres environ..
Les dames fleuristes remplacent cet appareil en posant une feuille épaisse de plomb sur une forte bû-
che de chêne bien sec, ou sur un billot de cuisine :
m m de la fig. 18 montre le plomb placé sur le paillasson. Je conseille d'avoir plusieurs plateaux de
plomb : en voici le motif. Les découpoirs y laissent
diverses empreintes qu'il faut effacer comme je vais
l'expliquer bientôt, ce qui demande assez de temps.
Or, lorsque l'ouvrage est pressé, et qu'il faut fournir
sans interruption des pétales et feuilles découpés aux
fleuristes, l'ouvrier chargé de ce soin n'y pourrait
suffire s'il lui fallait fréquemment aplanir le plateau
de plomb; il faut qu'il puisse le renouveler, sauf ensuite à effacer les empreintes dans un moment op-
portun.

XII. DES MARTEAUX

Deux espèces de marteaux sont nécessaires dans
l'atelier, qui les fournit aux ouvriers : l'un est un
marteau dont la tête est haute d'environ 14 centimètres : cette tête est en quelque sorte une courte et
grosse barre de fer, du diamètre de 5 à 6 centimètres, arrondie à ses deux extrémités afin de frapper
alternativement les découpoirs de l'une et de l'autre,
fig. 19. On préfère, en beaucoup d'ateliers, un mail-

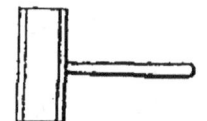

Fig. 19. — Marteau.

let assez semblable à ceux des tailleurs de pierre.
Cet instrument, haut d'à peu près 22 centimètres,.

offre, aux deux bouts, une surface plane d'un diamètre de 11 à 14 centimètres : il a l'avantage de frapper mieux d'aplomb, et de conserver davantage les
têtes des outils ; quoique plus gros, il est moins lourd
que le marteau précédent, il exige par conséquent
qu'on frappe plus fort.

Dans quelques ateliers, on emploie aussi des maillets en buis, de trois grosseurs différentes, et par
couples, de manière à remplacer aussitôt, sans in-
terrompre le travail, ceux qui viendraient à éclater.
Pour éviter ce dernier accident, il est bon de mouiller les maillets de temps en temps, tous les huit jours,
par exemple.

La seconde espèce de marteau est employée pour
aplanir le plateau de plomb sur lequel les découpoirs
laissent une multitude d'empreintes. Avec la tête
aciérée et plane des deux bouts de ce marteau, on
frappe légèrement le plomb jusqu'à ce qu'on ait fait
disparaître ces marques, opération qui est plus longue que difficile. L'on ne recommence à découper
qu'après avoir parfaitement uni la surface du plateau
de plomb, lequel une fois battu doit être retourné.

Outre ces épais marteaux, il est bon d'avoir un ou
deux marteaux ordinaires pour raccommoder les outils lorsqu'ils viennent à se déranger.

Fonte du plomb

Nous donnons ici, d'après une note de M. Hirtz,
praticien expérimenté, la manière de préparer un
plomb satisfaisant à toutes les conditions nécessaires.
On prend une cuvette en fonte, à fond plat ; un trépied ; une écumoire et un couvercle : c'est là tout
l'outillage.

Vous disposez le trépied au-dessus d'un foyer bien
préparé mais non allumé (bois ou charbon), la cuvette sur le trépied, et vous vous assurez de la parfaite horizontalité de votre appareil en couvrant
votre cuvette avec son couvercle (un carré de tôle
épaisse et bien plane fait l'affaire) sur lequel vous
placez soit un niveau à bulle d'air, soit tout simplement un verre d'eau rempli jusqu'au bord. Si l'eau
ne tend à déborder d'aucun côté, tout est bien. S'il
en est autrement, vous établissez le niveau au moyen
de cales proportionnées.

Cela fait, vous mettez dans la cuvette d'abord votre
plomb scié ou coupé en morceaux, et vous allumez
le feu. Lorsque le plomb est en fusion, vous y ajoutez pour 60 kilog. de plomb, 4 kilog. d'étain, et
lorsque celui-ci est fondu, avec l'écumoire vous remuez la masse en fusion. Il faut éviter à ce moment
qu'il tombe même une goutte d'eau dans le mélange, car il pourrait s'ensuivre un terrible accident.

A ce point, vous ajoutez au mélange 10 grammes
de résine en poudre, puis une chandelle à laquelle
vous mettez le feu. Toutes les impuretés viennent
alors à la surface, vous les retirez avec l'écumoire ;
éteignez le feu, et couvrant la cuvette avec son couvercle, pour éviter l'action de l'air qui creuserait le
plomb, vous laissez l'alliage refroidir.

Une fois refroidi, vous retournez la cuvette sur
le paillasson ou le billot, et l'opération est terminée.

Toute simple qu'elle paraisse, elle exige du soin.
Si vous chauffez trop pendant la fonte, l'alliage sera
grenu et cassant ; si vous ne le remuez pas suffisamment, si l'écumage est insuffisant, il n'aura pas de
cohésion et le travail sera à refaire.

XIII. DES MANDRINS A GAUFRER

Le découpage des feuilles et des pétales n'est qu'une opération préliminaire pour arriver à l'imitation de la nature : il faut ensuite les gaufrer pour rendre les nervures, les plissements légers, les agréables courbures que ces organes présentent toujours plus ou moins. Le gaufrage s'obtient de deux manières : la plus simple est celle qui sert à creuser ou contourner les pétales des roses, des fleurs de cerisier, de pêcher, du bouton d'or, de l'aubépine, et d'une infinité de fleurs ; il en est même très peu dont la corolle se gaufre autrement, ainsi que les calices ; mais les feuilles gaufrées ainsi sont très rares. Ce mode de gaufrage se désigne aussi par le mot *bouler*, parce qu'en effet on se sert de boules pour l'obtenir. Ces boules sont les mandrins qui vont nous occuper.

Cet instrument est composé : 1° d'une poignée, ou plutôt d'un manche de bois ; 2° d'une tige de fer enfoncée par un bout dans ce manche, et terminée à l'autre bout par une boule de fer poli (fig. 20). Le diamètre de cette tige est d'environ 8 millimètres et sa longueur de 15 à 20 centimètres. Il faut nécessairement en avoir un très grand nombre de diverses dimensions, d'après la longueur des pétales et le degré plus ou moins fort de la courbure qu'ils doivent recevoir.

L'assortiment d'une douzaine de mandrins se nomme *jeu* ; ils se distinguent par leur grosseur progressive ; le premier est la *boule d'épingle*, assez semblable à la tête d'une très forte épingle ; le second, la boule de 3 millimètres de diamètre, et ainsi de

suite jusqu'à peu près 3 centimètres. Le mandrin de
7 millimètres sert principalement pour les areignes
ou folioles des calices; ceux de 13 à 20 millimètres
pour les pétales de boutons de rose, les pétales intérieurs de cette fleur, du pavot, ceux de l'œillet, etc.;
les mandrins de 2 cent. et demi à 3 centimètres pour
les pétales extérieurs des grosses fleurs, le camélia,
le dahlia; celui de 3 centimètres ne sert que pour
les grandes malvacées et les grosses fleurs de vase
et d'église; la boule d'épingle courbe, pour les petites fleurs analogues au spiréa, au myosotis annuel,
ou *pensez-à-moi*, à la fleur de mouron, etc.

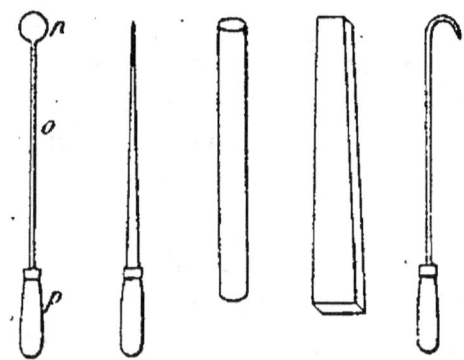

Fig. 20, 21, 22, 23, 24. — Mandrins à gaufrer.

Il est des personnes qui se servent de boules de
buis; mais ces boules sont moins commodes, parce
qu'on ne peut les chauffer légèrement, ce qui rend
la gaufrure plus solide et plus prompte. Toutefois
cette variation indique aux dames qu'elles peuvent,
au besoin, remplacer les mandrins par les boules
qui terminent les grosses aiguilles à tricoter les jupons, les têtes d'émail de quelques épingles et des
étuis de diverses grosseurs, ainsi que les extrémités

de moules à faire le filet. Des gaufres à repassage
seraient encore fort utiles.

Outre le mandrin que représente la fig. 20 (*n* étant
la boucle, *o* la tige, *p* le manche), il en est d'autres
de toutes façons : la fig. 21 en montre un de forme
conique ; la fig. 22, un de forme cylindrique comme
un étui ; enfin, la fig. 23 représente un mandrin
aplati en forme de prisme : le fleuriste artificiel doit
en avoir l'assortiment le plus complet. La fig. 24
représente le mandrin à crochet, qui donne une
courbure un peu allongée. On doit avoir des mandrins à crochet qui présentent plusieurs stries.

XIV. DES PELOTES

Pour faire agir convenablement les mandrins, il
faut les appuyer sur une pelote un peu plus longue
et plus dure que les pelotes de toilette. Cette pelote,
d'une longueur de 25 à 27 centimètres, et d'une largeur de 20 à 22, est en son de froment bien foulé
renfermé dans du coutil ; elle est souvent médiocrement dure ; et lorsqu'il convient d'accroître sa du-
reté, on étend dessus un morceau de toile, percale
ou calicot, que l'on tire bien et que l'on fixe avec des
épingles : il va sans dire que cette toile doit être
toujours d'une extrême propreté. Dès que le coutil
cesse de l'être, on le recouvre de cette toile, lors
même que l'on n'aurait nul besoin de rendre l'instrument plus dur.

Beaucoup de fleuristes préfèrent à la pelote une
plaque, ou petit plateau de liège ou de caoutchouc
haute de 13 millimètres environ, longue de 14 centimètres et large de 11 ; cette plaque est revêtue d'une

étoffe de coton, percaline, calicot, indienne, ainsi
qu'on le juge à propos : il faut seulement éviter que
la couleur de cette étoffe ne se rapproche de celle des
pétales que l'on contourne dessus. On doit avoir dans
l'atelier un ample assortiment de ces plaques et de
pelotes, afin qu'au besoin chaque ouvrière en ait, et
ne soit pas obligée, quand l'ouvrage presse, de recourir à diverses manœuvres pour se procurer la du-
reté convenable : il faut qu'on puisse choisir de suite
la pelote qui convient.

XV. DES GAUFROIRS

En commençant la description des mandrins à
gaufrer, j'ai dit qu'ils donnaient le gaufrage le plus
simple ; il me reste à décrire le gaufrage le plus composé : celui-ci s'obtient au moyen d'instruments
nommés *gaufroirs*, *gaufrants*, et quelquefois *gau-
friers*.

Ces gaufroirs sont aussi de deux sortes : les *gaufroirs à poignée* et les *gaufroirs à presse*. Les premiers étant les plus simples, je commencerai par eux
la description, après avoir toutefois indiqué comment
on parvient à prendre l'empreinte de la feuille qu'ils
doivent parfaitement retracer.

Supposé que l'on ait à imiter une fleur exotique,
et que l'on soit privé du gaufrier nécessaire pour
rendre exactement son feuillage, il faut en préparer
un spécial ; alors on s'occupe, avant tout, de prendre
l'empreinte de la feuille. Pour y parvenir, on huile
légèrement cette feuille et on la dépose dans le fond
d'un verre, et si elle est très large, dans une assiette ;
elle doit être placée de manière à présenter le dessus

ou la face supérieure. On verse sur cette feuille quelques gouttes d'eau, puis on la saupoudre légèrement de plâtre fin ; l'eau délie le plâtre qui, en séchant. prend exactement les dentelures et les nervures de la feuille. Quand il est bien sec, on renverse le verre ou l'assiette, et l'on fait ainsi doucement tomber la feuille et son moule de plâtre sur une feuille de papier posée sur la table : l'huile dont on avait enduit la feuille permet de l'enlever, et le moule en plâtre reste seul. Alors, avec un poinçon léger ou un petit ciseau, on découpe la dentelure en abattant avec délicatesse les parties excédantes qu'a laissées le plâtre ; on livre ensuite ce moule au fondeur en cuivre, qui doit rendre exactement la feuille qu'il reproduit.

Voici un autre procédé pour parvenir au même but. La feuille est placée sur du sable fin, humide, dans sa position naturelle, ayant en dessus la face supérieure : il faut qu'elle soit dans le sable de manière à bien être supportée. Alors, avec un large pinceau, on la recouvre d'une couche légère de cire et de poix de Bourgogne fondue par la chaleur; on enlève ensuite la feuille et on la plonge dans l'eau froide; la cire durcie permet qu'on en sépare la feuille sans altérer sa forme; on place ensuite dans le sable le moule de cire comme on avait d'abord placé la feuille; on le recouvre de plâtre fin et gâché clair, en ayant soin de faire pénétrer dans tous les interstices du moule, le plâtre au moyen d'un petit pinceau. On laisse ensuite sécher à demi le plâtre, puis on le détache de la cire. Ce procédé, qui a l'inconvénient de faire prendre deux moules au lieu d'un, est d'une exécution bien moins facile et moins sûre que le précédent. On pourrait se dispenser de répéter le moule en plâtre.

Il faut indispensablement avoir autant de gaufroirs divers qu'il y a de feuilles différentes; ils correspondent nécessairement aux découpoirs. Pour faire un bouquet de roses, il faut ordinairement cinq gaufroirs différents, et pour imiter le rosier chargé de fleurs, il en faut huit : c'est là ce qu'on appelle le *grand assortiment*. Toutes les autres fleurs ou plantes, dont les feuilles sont gaufrées, et qui sont innombrables, demandent des collections analogues, toujours de degrés en degrés, depuis la plus petite feuille jusqu'à la plus grande. Ces collections sont indispensables pour imiter parfaitement la gradation naturelle du feuillage : ce serait une économie bien mal entendue de n'avoir pas en ce genre le nécessaire, car l'on se trouverait arrêté à chaque instant.

On peut cependant se borner, en commençant, aux gaufroirs des fleurs les plus usuelles, telles que la rose, la fleur d'oranger, les jasmins, les œillets, et plusieurs autres. A mesure que la fabrication s'étend, il faut forcément s'assortir. Un gaufroir ne contient la figure de plusieurs feuilles que dans le cas où elles sont de petite dimension; ainsi le même gaufroir présente deux feuilles naissantes de rose, etc. (Le feuillage étroit et fort petit de quelques fleurs, se gaufre autrement). Cette répétition de feuilles n'économise que le temps. Au reste, je vais indiquer le moyen d'avoir en quelque sorte les gaufroirs à moitié prix.

De quelque espèce que soit le gaufroir, il se compose de deux parties distinctes : l'une, semblable à

l'extérieur à la partie inférieure d'une tabatière ronde
ou allongée; l'autre semblable au couvercle libre de
cette boîte. Cette première partie, nommée *cuvette*,
est creusée à l'intérieur, et au fond du léger enfon-
cement qu'elle présente, on voit en creux la figure
de la feuille à gaufrer, fig. 25. Elle est ordinairement

Fig. 25. — Cuvette.

en cuivre comme la seconde partie qui la couvre, et
qui porte le dessin de la feuille en relief.

Voici maintenant l'économie promise. On rassemble une certaine quantité de rognures de papier, et
spécialement du papier brouillard ; on les laisse
tremper dans l'eau jusqu'à ce qu'elles produisent ce
que les cartonniers appellent *pâte de papier pourri*;
en exprimant l'eau de cette pâte on lui donne l'épaisseur qu'on désire. On prend ensuite de la colle de
gants, et on la mélange bien avec la pâte précédente;
on en met une quantité suffisante pour que le mélange soit d'une consistance un peu ferme. Si l'on
manque de colle de gants, on peut y suppléer par la
colle forte ordinaire, à laquelle on joint assez d'eau
pour qu'elle ait, étant refroidie, la consistance de
gelée. On termine en coupant de l'étoupe avec des
ciseaux, en brins de 5 à 7 millimètres, et on les joint
au mélange pour en bien lier les parties : ce qui
n'en exige qu'une assez petite quantité. La pâte bien
battue, et bien exactement mêlée, on en fait une

boule de la grosseur environ d'un verre ordinaire,
mais à moitié moins haute; on en forme une masse
allongée comme une boîte ou tabatière de moyenne
grandeur : quelquefois aussi on lui donne la forme
d'une moitié de pomme. On laisse ensuite sécher
convenablement cette préparation, puis on enfonce
dedans, avec force, la partie supérieure du gaufroir,
appelé spécialement *gaufroir* ou *gaufrant*. La figure
en relief que porte ce gaufrant s'empreint dans cette
masse de pâte, y pénètre toujours de plus en plus à
mesure que les deux parties sont comprimées au
moyen de la presse dont la description va suivre
bientôt. Il en résulte que la masse pâteuse ne tarde
point à devenir une véritable cuvette, avec un enfon-
cement terminé par la figure de la feuille en creux,
et ses rebords comme une boîte. La substance qui la
compose devient tellement compacte et dure que,
losrque cette cuvette est peinte en noir, on la croi-
rait formée de bois peint de cette couleur.

Ses avantages sont : 1° l'économie : ce peu de pâte
est bien loin de coûter aussi cher qu'une cuvette de
cuivre; 2° la légèreté : elle est très peu pesante;
3° enfin la solidité : loin de l'altérer, l'usage ne fait
que la perfectionner; tandis que la pression de deux
empreintes de cuivre l'une contre l'autre les altère
bientôt.

Le gaufrant, haut d'environ 3 centimètres et massif, entre exactement dans le creux de la cuvette, de
telle sorte qu'une petite partie de son épaisseur s'emboîte entre les rebords de celle-ci. La figure 26 représente le plan du gaufrant renversé. A la partie supérieure de ce gaufrant une poignée en fer doit être
attachée au moyen de deux vis placées à égale dis-

tance. Cette poignée (fig. 27) se compose de trois
parties ; *q* est la lame de fer dont la circonférence,
égale à celle du gaufrant, se fixe sur sa surface supérieure : *r* est la tige qui part du milieu de la lame ;
s le manche ou poignée. Ces deux dernières parties
sont, la première en fer, l'autre en bois, comme le
manche des plus gros mandrins.

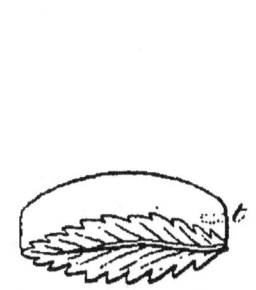

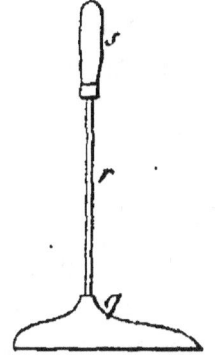

Fig. 26.— Gaufrant renversé.   Fig. 27. — Poignée.

Sur l'un des côtés du gaufrant, à droite ou à gauche, peu importe, est un trou rond *t* (fig. 26), percé
plus ou moins profondément. Dans ce trou à vis on
introduit la *broche de gaufroir* ; cet instrument
(fig. 28) est absolument semblable à un mandrin à

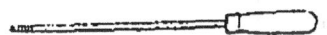

Fig. 28. — Broche de gaufroir.

gaufrer, si ce n'est qu'au lieu d'être terminé par une
boule, il l'est par une vis. Il sert à soutenir le gaufrant pour le faire chauffer, et empêche qu'on ne se
brûle les doigts en touchant cet outil.

Quand le gaufrant est chaud et qu'on a placé une
feuille dans la cuvette, on ferme le gaufroir, c'est-à-

Fleuriste.   3

dire que l'on met le gaufrant sur la cuvette. Cet appareil ainsi posé sur un établi, ou table très solide (le premier vaut mieux), en se tenant debout pour avoir plus de force, on prend la poignée à deux mains, et on appuie dessus le plus fortement possible pendant une minute environ. On laisse ensuite le gaufroir fermé pendant quelques instants, pour que la feuille prenne bien la forme convenable, puis on la retire pour en gaufrer de nouvelles de la même façon. Beaucoup plus souvent, au lieu de recourir à cette pression fatigante, on donne un ou deux coups de marteau.

Le gaufroir à presse beaucoup plus en usage que le précédent, est absolument pareil, à l'exception de la poignée en fer; aussi, lorsqu'il est fermé, a-t-il exactement la figure d'une boîte (fig. 29). Cette figure représente le gaufroir avec cuvette en pâte de carton; la figure 30, le gaufroir tout en cuivre. Mais,

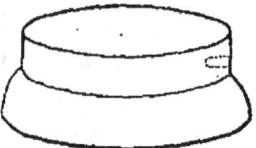

Fig. 29. — Gaufroir avec cuvette
en pâte de carton.

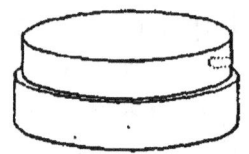

Fig. 30.
Gaufroir tout en cuivre.

dira-t-on, le premier a été annoncé comme le plus simple, et pourtant il l'est moins que le second. Cela est vrai, mais l'usage de ce dernier exige un tel appareil qu'on ne s'attache pas à la simplicité de sa forme.

XVI. DE LA PRESSE

Voici l'instrument indispensable au gaufroir qui nous occupe maintenant; c'est le plus important et le plus compliqué des outils du fleuriste. Le lecteur voudra bien en suivre avec attention les détails; cet instrument, que l'on nomme aussi *balancier*, a pour objet d'exercer une forte pression, au moyen d'une très forte vis perpendiculaire (fig. 31) *a*. Pour être

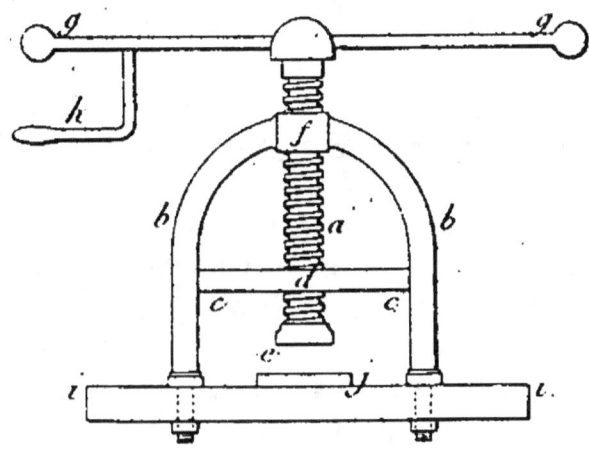

Fig. 31. — Presse ou balancier.

maintenue dans cette situation, la vis est soutenue par une forte arcade *b* en fer fixée solidement dans un établi. Les deux extrémités inférieures de cette arcade pénètrent sous l'établi et sont retenues au moyen d'un écrou. A peu près à la moitié de sa hauteur, l'arcade est partagée par une traverse en fer *c*. Au milieu de cette barre, se trouve un gros anneau en fer *d*, taraudé, à travers lequel passe l'extrémité inférieure de la vis, extrémité qui se termine par un tas de fer *e*.

Occupons-nous maintenant de la partie supérieure de la vis; l'arcade qui la soutient est maintenue au moyen d'un trou taraudé *f*, dans lequel elle passe, suivant qu'on fait plus ou moins monter et descendre

la vis; tantôt elle s'élève au-dessus de l'arcade de
moitié de sa hauteur, tantôt elle pénètre entièrement
par le trou taraudé sur lequel alors s'applique exactement le collet de la vis. L'extrémité supérieure se
termine par un balancier *g* en fer poli : une boule le
charge à chaque extrémité; il est en outre muni d'un
levier *h* servant à faire mouvoir la presse. Ce levier
coudé, et en forme de poignée, se trouve à moitié de
la partie du balancier située entre la boule terminale
et l'extrémité supérieure de la vis.

Voici maintenant l'usage de cette presse. Lorsqu'on
veut gaufrer une feuille, on la place toute découpée
dans le gaufroir que l'on referme exactement. On
place sur l'établi *i*, immédiatement au-dessous du
tas de fer *c* qui termine l'extrémité inférieure de
la vis, un tas de fer *j* un peu plus large et mobile :
le gaufroir est posé sur ce tas; alors l'ouvrier, debout,
prend de la main droite le levier *h*, donne un tour
de droite à gauche; la vis descend et presse fortement le gaufroir entre les deux tas de fer. On imprime
alors un mouvement en sens contraire, la vis remonte, la pression cesse; on retire le gaufroir, on
l'ouvre, et on en retire la feuille parfaitement con-
forme à la nature. Nul doute que ce mode de gaufrage ne soit préférable au précédent pour la vérité
de l'imitation et le fini du travail; mais il est beaucoup plus lent.

Pour empêcher la presse de tourner accidentellement, et par conséquent de heurter ou blesser, après
s'en être servi on l'arrête au moyen d'une ficelle attachée à la partie du balancier non pourvue du levier;
cette ficelle s'accroche par une boule après un clou
voisin. On maintient la presse en bon état, en frottant

de temps à autre la vis avec du saindoux, de l'huile
ou tout autre corps gras.

Il se trouve encore dans l'atelier des presses de
moins grande dimension que celle-ci : quoique assez
semblables, elles sont moins compliquées. La fig. 32

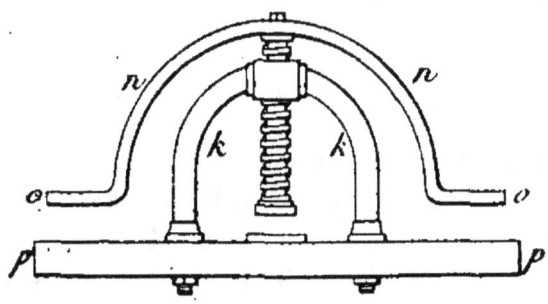

Fig. 32. — Petite presse.

représente une *petite presse*. La vis perpendiculaire
y est soutenue de même par une forte arcade en
fer *k k*; mais d'une part cette arcade n'a point de traverse; comme la vis est peu longue, le trou taraudé
de l'arcade suffit pour la maintenir dans une position
exactement perpendiculaire. Ce n'est point un balancier qui termine l'extrémité de la partie supérieure,
mais une arcade libre *n n*, qui, plus grande et moins
forte que la première arcade, ne s'enfonce point
comme elle dans l'établi; elle est plus courte, et chacune de ses extrémités présente une poignée *o o* qui
sert à faire manœuvrer la machine : cette arcade
libre n'est autre chose qu'un levier courbé parallèlement à l'arcade fixe; *p p* est l'établi sur lequel est
fixée cette presse, qui se gouverne absolument comme
la précédente, si ce n'est qu'il est inutile de l'arrêter.

Le prix des presses varie beaucoup, suivant leur

force ; les plus fortes servent aux feuillages, et les plus faibles aux pétales.

Il est bon de les recouvrir avec une cage de bois léger pour éviter la poussière pendant les heures où elles ne fonctionnent pas.

XVII. DES PETITS INSTRUMENTS DIVERS

Les instruments qu'il me reste à décrire sont très simples, principalement ceux qui doivent encore se trouver sur la table. Ce sont d'abord, pour chaque ouvrière, de petits cartons plats allongés, sans couvercle, dans lesquels se mettent les petites parties des fleurs ; d'autres petits cartons ou boîtes, des pelotes ; quelques poinçons, des ciseaux ordinaires, des verres ordinaires, de petits pots à pommade pour mettre les différentes espèces de colle.

Il faut aussi avoir des sacs en toile grossière fermant à coulisses, pour serrer les cotons, filasses, etc.; des boîtes en bois pour les fils de fer, de très gros ciseaux pour diviser ces fils, des tablettes en planches légères recouvertes de tapis sur lesquelles on étale les pétales lorsqu'ils sont peints ; une ou plusieurs loupes pour juger de la vérité d'imitation des anthères, stigmates, et autres organes qui s'apprécient difficilement à l'œil nu.

XVIII. DES INSTRUMENTS A COULEURS

Je réunis sous ce titre les bocaux, bouteilles, fioles, pots, soucoupes, entonnoirs, spatules, godets, molettes, broyons, marbres, capsules, pinceaux, éponges, brosses, plats creux, cuvettes ou terrines en grès.

Presque tous ces objets doivent se trouver en grand
nombre dans l'atelier.

Les cinq premiers articles de cette nomenclature
ne demandent pas de détails; je dirai seulement
qu'on doit, autant que possible, les choisir en verre
et en faïence blancs, afin d'y mieux voir les couleurs.
Les entonnoirs qui servent à introduire les couleurs
liquides dans des bouteilles, doivent aussi être en
verre blanc, parce qu'il est des couleurs auxquelles
nuirait le fer-blanc. Les spatules, semblables à celles
dont se servent les pharmaciens, sont employées à
délayer et tourner les couleurs; elles seront de même
matière que les entonnoirs.

XIX. DES GODETS

On nomme ainsi de très petits vases, assez semblables aux pots à pommade qu'emploient les parfu-
meurs, mais beaucoup moins profonds et plus épais,
ce qui leur donne l'apparence d'une sorte de creux
formé dans une petite masse. Lorsque le creux est
bien arrondi, et la masse carrée (fig. 33), le godet est
ce qu'il y a de mieux, parce qu'alors il a de l'aplomb,
et ne cède pas de côté et d'autre quand on y broie
les couleurs. Les godets en forme de soucoupe ou
d'assiette offrent au contraire cette oscillation.

 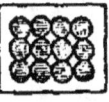

Fig. 33. Godet.   Fig. 34. Plaque de faïence formant godets.

On fait des godets en faïence, verre, porcelaine,
cristal. Le choix de ces matières est indifférent, pourvu

qu'elles soient de couleur blanche. Plusieurs godets peuvent être réunis ensemble; ainsi la figure 34 représente une plaque de faïence épaisse, dans laquelle on a rapproché ces creux formant godets.

Ces instruments servent aux fleuristes comme aux peintres, pour contenir les couleurs liquides, pour en préparer les mélanges, ou pour les broyer lorsqu'elles sont en pains. Avant qu'ils fussent connus, on se servait de coquilles qu'on faisait préalablement bouillir assez longtemps, afin de les empêcher d'altérer ou de noircir les couleurs. Mes lectrices peuvent tenter cette économie, mais je ne la leur conseille pas.

Les godets doivent être multipliés dans l'atelier, car il faut en consacrer plusieurs à chaque couleur. La raison en est simple, il est évident que le changement continuel de ces vases entraînerait beaucoup de perte de matière et de temps. Quand les godets cessent de servir, on ne les vide pas; on les range l'un à côté de l'autre, et on les couvre d'une petite bande de carton de largeur convenable.

XX. DES MOLETTES ET DES MARBRES

On les nomme aussi *broyons*, parce qu'elles servent aux peintres pour broyer les couleurs, soit dans les godets, soit sur un carré de glace dépolie; soit enfin sur les capsules dont nous ferons bientôt mention ; néanmoins, cette seconde dénomination se donne ordinairement à une espèce de petite molette arrondie à son extrémité inférieure. La molette ordinaire est aplatie au contraire. Les molettes en verre blanc ou coloré, sont de beaucoup préférables aux molettes de marbre blanc,

Les *capsules*, dont je crois pouvoir me dispenser
de donner la figure, servent encore aux fleuristes
comme aux peintres pour déposer leurs couleurs. Ces
instruments, qui ressemblent assez au fond d'un
verre, sont en verre blanc, faïence ou porcelaine ; il
y en a aussi à très petits rebords, en forme de soucoupes, et qui se confondent alors avec certains godets.

Les *marbres* sont, comme l'indique le mot, des
plaques plus ou moins grandes et épaisses soit de
marbre blanc, compact et uni, soit mieux de verre
douci, sur lesquelles se fait le broyage des couleurs
à la molette, et aussi quelquefois leur mélange en
tons différents.

XXI. DES PINCEAUX

Les fleuristes font usage de trois espèces de pinceaux : 1° de pinceaux larges et plats, appelés pour
cette raison en *queue de morue ;* ils sont en poil de
blaireau pour les couleurs fines ; 2° de pinceaux ayant
aussi à peu près la forme des précédents, mais un peu
moins aplatis : ceux-ci sont en crin et en soies de
cochon ; ils sont employés pour les couleurs moins
délicates ; 3° de très petits pinceaux en queue de
petit-gris ; ce sont ceux dont on se sert en miniature.
Ils sont nécessaires pour rendre les nervures d'un
vert différent, comme dans les feuilles de capucine, ou
pour imiter les nuances délicates, les taches légères
et pointillées, les couleurs tranchées des œillets, tulipes, iris, giroflées jaunes, et de beaucoup d'autres
fleurs. Il est important de bien choisir ces derniers
pinceaux : on y parviendra en les trempant dans un
verre d'eau pure et en les secouant fortement : s'ils
présentent alors une seule pointe conique, bien lisse,

3.

ferme et bien unie, ils sont bons; mais si, au contraire, leur extrémité se tord, se divise; si en ne formant qu'une pointe unique, elle tend à s'aplatir, il
faut absolument les rejeter; avant de s'en servir on
fera bien de réitérer cette épreuve.

Il est indispensable d'avoir un pinceau non seulement pour chaque couleur, mais souvent pour chaque nuance de couleur. On sent aisément quel pitoya-
ble effet produirait dans une couleur verte un pinceau
précédemment imbibé de rouge, même quand il
aurait séché, et quel dégât ferait une queue de morüe
bien teinte de violet dans une nuance lilas.

XXII. DES ÉPONGES ET BROSSES

Les fleuristes se servent de grosses et petites éponges; les premières servent à mettre l'empois dans les
étoffes, les secondes, de la grosseur seulement d'une
prune, s'emploient pour colorer les épines de quelques tiges, les bords de quelques pétales, ou pour
en adoucir et mélanger la couleur : celles-ci doivent
être très fines.

Quelques brosses rondes à peigne pour nettoyer les
emporte pièces; des brosses ordinaires fines pour
battre les étoffes, et enfin les *brosses de buffle*, sont
nécessaires aux fleuristes. Ces dernières brosses sont
un peu singulières; elles ont la forme d'une étroite
et courte latte, emmanchée, sur laquelle est clouée
par les deux bouts une lanière de peau de buffle.
Cette lanière est de même largeur, et, le manche
excepté, de même longueur; ces brosses servent à la
fois à nettoyer les gaufroirs et à enlever sur les étoffes teintes la poussière colorante qui pourrait y demeurer.

Je terminerai cette nomenclature exacte des outils utiles au fleuriste, en disant que les vases et terrines dans lesquels on lavera les molettes, soucoupes, assiettes, et autres ustensiles de couleurs, doivent être toujours en grès, parce que les couleurs ne s'y attachent pas. Enfin je dirai qu'il est bon d'avoir des pinces ordinaires pour contourner et diviser les gros fils de fer; un étau ordinaire, et plusieurs limes pour raccommoder au besoin les outils, principalement les découpoirs, que le choc répété du marteau détériore fréquemment.

XXIII. SPÉCIALITÉS

Dans les notes qui vont suivre, nous allons donner quelques indications complémentaires des précédentes, au point de vue des fabricants spécialistes de *fleurs pour vases et églises*, — *de pistils et cœurs*, — *de bruyères*, — *de fleurs en zinc*.

Fleuriste pour vases et églises

La dimension des fleurs qu'il fabrique exige l'emploi d'outils appropriés, des plus forts par conséquent de ceux que nous avons décrits.

Le gaufrage des pétales se fait à la presse.

Le plomb doit peser 75 kilog. et contenir 6 kilog. d'étain; il nécessite donc un paillasson et un billot proportionnés.

Le nombre des métiers à apprêter doit être augmenté.

Les porte-fleurs sont remplacés par des fils de cuivre tendus d'un mur à l'autre et bien étirés, afin que le poids des fleurs ne les fasse pas fléchir, ce qui ferait s'entrechoquer celles-ci et les détériorerait.

Fabricant de pistils et cœurs

L'outillage spécial consiste : 1° en un certain nombre de métiers consistant d'abord en barres de bois blanc (longueur 0m 80, épaisseur 0m 04), accouplées deux à deux au moyen de chevilles mobiles, et dont l'une reçoit, dans de légères encoches pratiquées à sa face intérieure où ils sont maintenus par la deuxième barre, les fils apprêtés pour faire les pistils ou les cœurs de fleurs ; ensuite, et semblables aux barres en bois, des pièces en cuivre formant moule pour les pistils ; 2° en cadres de bois, de dimensions proportionnées à la longueur des métiers ou barres, munis intérieurement de tasseaux sur lesquels on dispose horizontalement les métiers, une fois garnis. Ces cadres sont placés verticalement contre les murs ou accrochés à des supports bien fixés ; 3° des métiers à apprêter les fils en leur donnant la tension voulue ; 4° des pièces de bois agencées pour la mise en paquets par demi-grosses ou grosses.

Voilà les principaux appareils spéciaux à l'industrie du fabricant de pistils et de cœurs (ou, ce qui serait plus juste comme expression, d'ovaires).

Fabricant de bruyères

Le *plomb* doit peser 60 kilog., et contenir 10 kilog. d'étain ; être posé, comme celui du fabricant de fleurs, sur un paillasson, porté lui-même par un billot, lequel, pour amortir les coups, est installé sur un paillasson libre. L'assemblage du plomb, du premier paillasson et du billot doit être exact, et fortement maintenu, pour éviter les déplacements et assurer l'aplomb des coups de maillet.

Les découpoirs ou *fers*, seront en acier, ou en fer aciéré, et bien trempés ; quelques fabricants emploient ;

outre les fers, une machine (*découpoir mécanique à bruyères*) qui, assez délicate à manier, ne donne pas toujours de bons résultats.

Il faut aussi, outre des *fers à herbes*, des fers à roseau, le tout en nombre et de grandeurs assorties.

Fabricant de fleurs en zinc

Le premier outil de cette fabrication est le *découpoir*, dont le prix indique la force : il est de 200 fr.; puis le *laminoir*, à peu près du même prix. Ensuite des *gaufroirs* assortis au découpoir, tant pour les pétales que pour les feuilles; un *mouton* pour marquer les nervures des unes et des autres; un *balancier* pour celles qui ne peuvent point passer sous le mouton; une *cisaille* fixe; un assortiment de pinces, tenailles, cisailles à main, fers à souder, petits fourneaux, un four et une étuve.

Enfin, et en nombre suffisant, des bidons à huile et à essence, des camions à peinture, des brosses, pinceaux, etc.

CHAPITRE II
Des Matériaux

SOMMAIRE. — I. Des étoffes. — II. Des papiers. — III. Des fils. — IV. Du coton cardé, filasse. — V. Du canepin. — VI. Des matériaux divers. — VII. Des parties de fleurs naturelles. — VIII. Des fils de fer. — IX. Des laitons. — X. Des gommes et matières à coller.

Outre l'indication des matériaux nécessaires aux fleuristes, ce chapitre a pour but de conseiller l'usage des provisions, les achats en gros, en un mot d'en-

gager à se faire un petit magasin de tous les objets
qu'exige la fabrication des fleurs. C'est le moyen
d'économiser le temps, les frais, la peine, et par conséquent d'accroître considérablement le gain.

I. DES ÉTOFFES

Les fleuristes emploient presque continuellement
la batiste fine et demi-fine : ce sera donc l'étoffe dont
ils auront le plus. Il devra se trouver dans l'atelier
de la batiste ordinaire, c'est-à-dire blanche, et de la
batiste teinte de diverses couleurs. La batiste écrue
peut servir à quelques corolles, mais le cas est rare,
et l'on ne doit en avoir que très peu. Il ne faut pas
que le tissu soit trop serré, car la couleur ne péné-
trerait que difficilement dans la batiste.

Le jaconas, la percale fine, la batiste d'Ecosse (espèce de batiste en coton), la mousseline, la gaze de
coton fine et serrée peuvent suppléer à la batiste,
lorsqu'elles sont apprêtées convenablement ; elles
sont mêmes préférables pour certaines fleurs : ainsi
pour la rose des quatre-saisons, la mousseline doit
être choisie. Les plantes dont les pétales ont au contraire assez d'épaisseur, veulent de la percale. Mais
généralement le jaconas est de meilleur usage ; cette
étoffe, souple, fine, peu serrée, supplée très bien à la
batiste, lorsqu'elle est de belle qualité : elle s'apprête très facilement et coûte infiniment moins. Il
faudra donc en avoir abondamment, dans toutes les
grosseurs. Le même conseil s'applique à la batiste
d'Ecosse : les mousselines, percales, etc., peuvent
être en moindre quantité.

Le linon-batiste fait de très belles fleurs, mais à

raison de sa transparence et de son prix élevé, on
s'en sert rarement; les organdis fournissent des fleurs
agréables, mais ils sont difficiles à manier. Il est bon
cependant qu'il s'en trouve quelque peu dans l'atelier pour les fleurs de fantaisie, les roses pompons, etc.

La gaze d'Italie sert pour les fleurs communes; on
emploie même à cet effet le calicot fin, le taffetas de
doublure. Un fleuriste qui entend son état ne dédai-
gne pas de faire préparer un peu de ces fleurs grossières : leur débit est assuré pour la province, et les
apprenties trouveront à s'exercer sur elles. D'ailleurs
les fleurs de vases, celles d'église s'en accommode-
ront bien; il y aura donc dans l'atelier de la gaze
d'Italie et du calicot, mais en petite quantité : la
première fait aussi les tiges.

Le crêpe ordinaire sert aux fleurs de fantaisie; le
crêpe lisse peut servir à toutes les fleurs très fines.
Le satin est de rigueur pour certaines corolles, comme
la scabieuse, et toutes les fleurs à reflets brillants et
à pétales comme vernissés. Le velours s'emploie
pour les pensées, les oreilles d'ours et autres corolles
naturellement veloutées. Il va sans dire qu'il n'est
pas nécessaire d'avoir beaucoup de ces étoffes à la
fois.

Le fleuriste doit s'approvisionner de taffetas vert
émeraude, fin et léger, dit *taffetas à rideaux*, qui
fournit de très jolis feuillages : il se vend gommé ou
non gommé. Si l'on doit y mettre, comme il arrive
souvent, une nouvelle nuance de vert, il vaut mieux
le prendre non gommé, parce qu'on ne le tendra
qu'une fois sur le châssis pour les deux opérations.
Le gros de Naples, du même vert, dit ordinairement
beau vert dans les ateliers; l'étoffe appelée *quinze-*

seize, font de très belles feuilles, principalement quand celles-ci sont longues et non dentelées, comme celles des tulipes, jacinthes, impériales, ou plus ou moins épaisses. Il faut toutefois que l'envers de ces étoffes n'empâte pas le gaufroir ; ce que l'on obtient en les frottant souvent et fortement en dessous.

Je terminerai cette liste d'étoffes en appelant l'attention des fleuristes sur le *cotpali* et la *palmirienne*, espèces de mousselines de soie ; elles me semblent devoir très bien réussir pour un grand nombre de pétales et presque toutes les tiges.

II. DES PAPIERS

Le fleuriste doit avoir en provision : 1° du papier double, des trois nuances de vert, savoir : vert-jaune, beau vert ou vert clair, et vert foncé. Ce papier, que les marchands de fantaisie et les papetiers vendent est tout apprêté ; on s'en sert pour les feuilles communes et les fortes tiges : c'est le papier coquille vélin mieux préparé. Il faut choisir le plus beau.

Ce papier avait reçu une amélioration très heureuse, qui consistait à le doubler d'une gaze faisant l'envers de la feuille : cette gaze très légère, en soie, **peut être** appliquée par le fleuriste ; elle donnait au papier le nom de *papier gazé*. L'usage en est abandonné, et c'est bien à tort, car c'était peut-être l'unique moyen d'imiter les pores de certaines feuilles ; c'était aussi celui de rendre ces parties de feuillage qui, dépouillées par les insectes de leur substance colorante, ne présentent plus qu'un délicat réseau à jour. Cette imitation n'est point à dédaigner, et je la conseille aux fleuristes. Puisque sur un arbuste ou

un bouquet, on nous montre le feuillage naissant,
puis développé graduellement, les feuilles brisées,
les tiges coupées, pourquoi ne pas nous présenter
quelques feuilles altérées? Le papier gazé, plus naturel, est aussi plus solide, et convient principalement aux grands feuillages : j'engage mes lectrices
à le préparer et à s'en servir.

Il faut encore, au fabricant de fleurs artificielles,
du papier vernissé pour rendre certains feuillages,
tels que celui de l'olivier, de divers œillets, des lau-
riers, des myrtes, etc. Ce vernissage se donne, tantôt en enduisant le papier d'une couche de blanc
d'œuf qu'on a laissé vieillir deux ou trois jours dans
un vase, ou battu avec quelques gouttes du suc lai-
teux de l'euphorbe ; tantôt il s'obtient en promenant
sur le papier un pinceau trempé de colle forte très
peu épaisse, ou imbibé d'une dissolution très forte
de gomme arabique. Pour les feuillages indiqués ci-
dessus, et pour ceux de beaucoup d'arbustes et plantes exotiques, le fleuriste artificiel emploiera avec
beaucoup d'avantage le papier ciré ainsi que le papier vernissé de M. Bochon. Je donnerai la recette
de ces deux sortes de papiers à l'article *Apprêts*.

Il se sert du papier doré et du papier argenté pour
les fleurs d'or et d'argent, mais il n'y a nulle nécessité à en faire provision : aussi je n'en parlerai
qu'en traitant de ces dernières fleurs. Le papier *pétale*, papier de couleur pour la corolle, est de bien
mauvais goût. Les fabricants de fleurs se servent
encore de papier serpente vert (papier de soie) pour
garnir les tiges. Le papier serpente blanc battu sert
à faire les boutons naissants des roses et autres
grosses fleurs ; il sert également à préparer les bou-

tons plus développés des fleurs de moins grande dimension. Le papier glacé de différents verts sert pour les tiges luisantes ; on pourrait aussi l'employer pour les feuillages vernissés, mais il faut qu'ils soient très minces, ce qui arrive rarement : ce papier glacé se vend chez tous les papetiers.

Les fleuristes emploient aussi pour les tiges du papier couleur de bois non luisant. Le papier à lettres divisé en très petites languettes avec les ciseaux, sert à quelques-uns d'eux à faire le centre de certaines fleurs de fantaisie, des étamines. Le papier de riz est également propre à la fabrication des fleurs.

Outre le taffetas et le papier estampé, on emploie aussi pour former les feuilles des plantes le collodion et les cocons de vers à soie. Peu de matières prennent mieux la teinture, la conservent plus solidement, et produisent un meilleur effet que les cocons. La transparence de leur tissu et son fin duvet imitent à s'y méprendre le velouté de la fleur. Il résiste à l'humidité, et l'action du soleil ne peut l'altérer qu'à la longue.

Les Chinois qui, comme on sait, excellaient déjà dans l'art du fleuriste artificiel à une époque où il était à peine connu en Europe, se servent avec beaucoup d'adresse de la moelle fine et légère du *tong-zao*, espèce d'arbrisseau qui a quelque ressemblance avec le sureau. Ils la réduisent en feuilles délicates aussi minces que du papier et en font des fleurs d'un très joli aspect.

Mais aucune matière, jusqu'à présent, n'avait présenté les mêmes avantages que le collodion pour rendre la flexibilité des feuilles et tous les détails de leur structure. C'est à l'état de lames obtenues sur des glaces qu'on prépare le collodion pour l'usage dont il s'agit. Ces lames, une fois teintes de la nuance voulue, sont découpées en feuilles à l'aide de matrices en cuivre. La perfection des feuilles artificielles en collodion est si grande que les botanistes pourraient y être trompés.

On emploie aussi la gélatine en feuilles, telles que le commerce les livre ; et M. Bérard-Touzelin avait pris un brevet, bientôt suivi d'un certificat d'addition, pour l'application de feuilles de gélatine très minces, de toutes couleurs et de toutes nuances, sur les tissus, étoffes et matières quelconques pouvant servir à la fabrication des feuilles et des fleurs artificielles, telles que les mousselines, gazes, crêpes, organdis, plumes, tissus métalliques, bois, etc.

Pour résultat on a des feuilles et des fleurs glacées de toutes nuances, et tout ce qui se rapporte aux feuilles et aux fleurs ombrées ou non ombrées.

Voici la manière de l'appliquer :

Découper, au moyen d'un emporte-pièce, ou de toute autre manière, d'abord sur une feuille de gélatine, ensuite sur une pièce d'étoffe quelconque, une double feuille ou un pétale de fleur ; coller légèrement la feuille de gélatine sur ou sous le pétale d'étoffe, de peau, plume, etc., suivant l'étoffe qu'on veut obtenir, puis gaufrer.

Ainsi, en appliquant la gélatine sur l'étoffe, on obtient un glacé tout à fait nouveau.

Si, au contraire, on applique sur la feuille de gélatine une feuille ou un pétale en étoffe ou autre matière, la feuille de gélatine doit être plus grande, de manière à déborder, ce qui produit une feuille ou un pétale de la plus gracieuse légèreté, bordés d'un beau glacé.

Pour arriver à une fabrication plus régulière et moins coûteuse des feuillages et des fleurs glacés, M. Bérard-Touzelin avait trouvé un procédé d'application de la gélatine, grenatine, ou autre matière transparente analogue, sur toute espèce de tissus en pièces. Le voici :

Couler la gélatine sur une plaque de verre ou sur un morceau de marbre ; lorsqu'on s'aperçoit que la gélatine commence à sécher, on applique l'étoffe (soit crêpe, satin, mousseline, etc., soit tout autre objet : bois, plumes, papiers, etc.).

L'étoffe se colle sur la feuille de gélatine encore humide, et, lorsqu'elle est sèche, on obtient une étoffe très bien glacée, dans laquelle on découpe ensuite des feuilles ou des pétales par les moyens connus.

III. DES FILS

Je réunis sous ce titre tous les *brins* qu'exige la fabrication des fleurs, soit coton, fil, soie, laine, en un mot, tout brin filé.

Le coton à broder au plumetis, de tous numéros et de toute espèce, c'est-à-dire tors, demi-tors, et quelquefois, mais rarement, retors, sert à faire des étamines, les pistils, ou quelques centres particuliers de fleurs. Les fleuristes devront l'acheter par demi-kilogramme, chez les fabricants de coton filé et non filé, qui le vendent en gros, et par conséquent moins cher. Ce coton se teint de diverses couleurs ; ainsi, pour les fleurs communes, on devra employer du coton en petites pelotes de toutes couleurs, qui, au

demi-kilogramme, ne reviennent quelquefois qu'à
un centime environ la pelote : c'est le moyen de
s'épargner le travail de la teinture ; mais ce coton,
qui manque de souplesse et d'éclat, ne peut presque
jamais servir pour les fleurs soignées. Le coton plat
à tricoter n'est pas d'un usage fréquent.

Le fil blanc ordinaire à coudre, plat ou tors, surtout dans les numéros fins, est employé comme le
coton ; on le gomme plus souvent que celui-ci, mais
il est rare qu'on le teigne. Il est préférable, lorsqu'il
s'agit d'étamines et de pistils à filet et styles grêles.
Il faut l'acheter en gros, et en avoir une grande
quantité, ainsi que du coton : il se vend dans les
magasins de mercerie en gros.

Deux sortes de soie sont nécessaires aux fleuristes :
la soie plate et la soie torse ; mais la première est
d'un usage plus général et plus habituel. Les fleuristes, comme je l'ai dit en parlant des plombs, en
couvrent des bobines placées à demeure devant elles,
car cette soie leur sert à monter, à garnir toutes les
fleurs et toutes les diverses parties des fleurs : les
exceptions à cet égard sont bien rares. Il va donc de
soi qu'une matière si usuelle doit être en ample provision dans l'atelier ; aussi convient-il de l'acheter
chez les marchands en gros, qui ne vendent pas
autre chose. A Paris, on les trouve spécialement
dans les rues Saint-Denis et Saint-Martin et boule-
vard Sébastopol. Quelques fleuristes nomment cette
soie *floche*.

La soie plate, qui ne doit être ni trop grosse ni
trop fine, est ordinairement beau vert, et beaucoup
de fleuristes n'en prennent jamais d'autre couleur.
Il me semble cependant qu'il se rencontre bien des

occasions où les deux autres nuances de vert (vert-jaune et vert foncé) seraient fort utiles : par exemple, pour garnir et monter les feuilles naissantes, la première nuance devrait être de rigueur, et la seconde pour les feuilles très développées, puisqu'enfin l'exacte imitation de la fleur veut que la teinte des tiges soit assortie à celle du feuillage. Par la même raison, je conseille aux fleuristes d'avoir aussi de la soie couleur bois de diverses nuances.

Dans un atelier bien monté, il doit se trouver aussi de la soie plate noire pour les fleurs de deuil ; de la soie blanche pour les fleurs en argent, et de la soie jaune dorée pour les fleurs en or ; mais la quantité de ces dernières soies ne sera pas bien considérable.

La soie torse, blanche, ou jaune clair, très fine, est utile pour certaines étamines et certains pistils ; mais la soie écrue, en brins, est de beaucoup préférable. Elle seule imite convenablement la délicatesse, la raideur de ces organes délicats : elle a absolument la même teinte que ceux qui sont colorés en jaune. Son usage me paraît indispensable pour les fleurs fines, et celles qui sont presque entièrement composées d'étamines et pistils, telles que le réséda, les spirées, les millepertuis, etc. Cette soie sera donc achetée comme la soie plate, et chez les mêmes marchands.

La laine représente les étamines, ou plutôt les fleurons et demi-fleurons des fleurs composées, telles que la scabieuse et autres semblables. On l'emploie aussi à imiter les petites marguerites de jardin. Il suffit d'avoir de la laine brune, rose, rouge, violette, blanche, ou d'un vert jaune un peu clair. La provi-

sion en sera légère. On teint et on gomme la laine
très rarement.

IV. DU COTON CARDÉ, FILASSE

Les fleuristes doivent avoir des masses de coton
cardé, car elles en font continuellement usage. Presque toutes les tiges en sont revêtues, presque tous
les boutons en sont formés ; le centre d'une multitude de fleurs et de fruits est également fait en coton semblable. On l'achètera donc au demi-kilogramme chez les marchands de coton en gros. On
le teint souvent en jaune ou en vert. La filasse sert
aux mêmes usages, spécialement pour les grosses
tiges ; quelquefois même on l'emploie à imiter des
étamines dont le filet est presque imperceptible ;
mais le coton cardé est habituellement préféré. On
aura par conséquent beaucoup moins de filasse.

V. DU CANEPIN

C'est une peau très blanche et très fine qui remplace le papier serpente lorsqu'il est question des
boutons des fleurs superfines. C'est, en quelque sorte,
l'épiderme de la peau de chevreau ou d'agneau
chamoisée. Le canepin est d'un assez fréquent emploi, car on en fait : 1° tous les boutons de fleurs
blanches, telles que la tubéreuse, le seringa, le jasmin, le myrte, la fleur d'oranger, la clématite, etc.;
2° les boutons de toute espèce de roses, de grenade,
et tous ceux que l'on veut former avec délicatesse,
et teindre d'une belle couleur ; 3° on l'emploie aussi
à recouvrir certaines tiges. Cette matière a encore le
privilège de présenter une certaine fermeté : aussi

est-elle en usage pour la fabrication des fruits artificiels.

A la place de canepin, qui ne s'emploie que pour les fleurs d'un prix élevé, les fleuristes font usage de la peau blanche de gants, plus ou moins fine ; c'est par parenthèse avec cette peau qu'ils confectionnent ces paquets de boutons d'oranger, à tige en spirale métallique, qui se vendent beaucoup. Il faut donc avoir au moins autant de cette peau que de canepin.

VI. DES MATÉRIAUX DIVERS

Dans l'impossibilité de réunir sous un nom générique une quantité d'objets employés par le fabricant de fleurs, je leur consacre cet article sous cette vague dénomination. C'est d'abord de la ficelle de diverses grosseurs, torse ou demi-torse, dont on se sert dans beaucoup de bons ateliers à la place de coton cardé, quand la tige est un peu forte. C'est ensuite du très petit ruban taffetas léger, de l'espèce nommée ordinairement *faveur*, mais un peu plus étroit.

Ce ruban, que l'on choisit dans les trois nuances de vert, et dans les couleurs bois, est employé dans les mêmes ateliers, au lieu du papier à tige. On doit, en effet, le préférer pour monter les guirlandes, les gros bouquets, les arbustes, et mes lectrices feront bien de s'en pourvoir en l'achetant à la pièce chez les merciers en gros.

Je donne le conseil de se servir des cocons du ver à soie, et j'y joins celui de se procurer de la moelle de petit jonc ; car rien n'est si propre à imiter le pistil cotonneux des grosses malvacées, et de beaucoup d'autres fleurs. Cette moelle servirait aussi à préparer une quantité de petits globules.

Des globules de verre creux, allongés ou sphériques, sont encore nécessaires aux fleuristes pour imiter les fruits; soit qu'ils veuillent les argenter, les dorer ou leur conserver leurs couleurs naturelles. Ces globules imitent ainsi les olives, raisins, groseilles, cassis. etc.

Des paquets de crins blancs ou jaunâtres sont indispensables, car c'est avec eux que l'on fait les *glumes* ou barbes des épis. Il faut les choisir de couleur claire, afin de pouvoir leur donner facilement, par la teinture, la nuance convenable au degré de maturité de l'épi.

VII. DES PARTIES DE FLEURS NATURELLES

Ce serait une duperie de s'efforcer de rendre les parties que l'on peut emprunter à la plante naturelle, et d'ailleurs assez souvent l'imitation en serait impossible. Ainsi, lorsqu'on doit faire un rosier, et que nécessairement il doit porter des épines et des aiguillons plus ou moins forts, il faut, sur ses branches, coller solidement des épines et des aiguillons naturels. Avez-vous à imiter la rose dite *mousseuse*? il est clair que vous n'avez qu'à enlever délicatement avec la pointe d'un canif, l'écorce légère d'une tige naturelle, et à la placer sur la tige artificielle. Mais encore ce moyen n'est praticable qu'en été; les roses mousseuses sont rares et chères, il vaut donc mieux se procurer de belle mousse, bien fine, bien luisante, de nuances semblables à la mousse de la fleur, et en coller délicatement les brins.

Fleuriste. 4

Ces exemples expliqueront pourquoi je conseille de
s'approvisionner de capsules de fruits naturels,
comme celles du chêne ; de calices, qui se conservent en desséchant, comme celui de certains œillets ;
de petites oranges vertes, d'immortelles jaunes et
amarantes, du duvet de plusieurs roseaux : du grand
jonc, etc., comme aussi des épis séchés de l'herbe
qu'on appelle vulgairement *queue de renard*, et qui
est de l'espèce des alopécures. On la trouve à Paris,
chez les herboristes, et dans les champs un peu
secs.

VIII. DES FILS DE FER

L'emploi des fils de fer ne varie pas : dans chaque
atelier ils servent à préparer des branches et tiges de
toutes façons d'après leur grosseur, mais en revanche, presque dans chaque établissement on leur
donne un nom différent. Là, comme il est naturel de
le faire, on le distingue en *fil de fer cru* et en *fil de
fer cuit*. Ici, le premier se nomme *fil de fer poli*, et
le second spécialement *fil de fer*. Plusieurs fabricants
et marchands appellent le fil de fer non cuit, *car-
casse, sept, trait*. Cette dernière dénomination est en
usage principalement à Lyon.

Quoi qu'il en soit, ces fils de fer sont numérotés
d'après leurs grosseurs successives, c'est-à-dire que
le degré de finesse s'accroît à mesure que les numéros diminuent, et que le n° 1 indique le fil le plus
gros : il y a douze grosseurs différentes dans les numéros les plus fins, et dix seulement dans les autres. Ces fils sont en rouleaux, et se vendent chez les
quincailliers. Vous en aurez toujours en grand nombre, soit fil cru, soit fil cuit, mais plus dans le pre-

mier genre. Comme vous aurez bien plus fréquemment l'occasion de préparer des tiges menues que
de fortes branches, vous prendrez plus de fil de fer
dans les fins que dans les gros numéros.

IX. DES LAITONS

Les laitons sont presque toujours très fins, car ils
servent à faire les plus légères tiges ou pédoncules
des folioles, ce que l'on nomme *enfiler* ou *coller les
feuilles*. Ils se débitent en rouleaux comme les fils
de fer, mais les uns et les autres ne doivent pas
rester roulés ; les fleuristes ont soin de les étirer, et
de les diviser en plusieurs parties, selon la longueur
convenable aux tiges.

Il y a deux sortes de laiton : le laiton ordinaire,
ou fil de cuivre, que l'on appelle *laiton gris*, et qui
serait mieux nommé *laiton nu*, car l'autre laiton, qui
lui est opposé, est dit *laiton couvert*. Ce laiton est en
effet revêtu d'une sorte de cordonnet de soie. Il y en
a de toutes les nuances pour assortir aux tons différents du feuillage ; mais comme ce laiton s'emploie
principalement pour attacher les feuilles naissantes,
on se sert plus communément du vert clair, quoique
le beau vert soit aussi fort en usage. Le laiton couvert s'appelle aussi *cannetille recouverte*, ou seulement *cannetille* dans beaucoup d'ateliers. Ce dernier
laiton est ordinairement mis sur des bobines courtes
et larges ; il se vend à la bobine ou au poids chez les
merciers en gros. Les fleuristes auront en quantité
des deux espèces de laiton.

X. DES GOMMES ET MATIÈRES A COLLER

Ils doivent encore avoir en provision de la gomme arabique, gomme adragante, de la colle de poisson, de la colle forte, de la colle de gants : une quantité de manipulations diverses, dont nous parlerons plus tard, nécessite l'emploi de ces divers objets. Ils feront très bien de les acheter en gros chez les épiciers-droguistes ou dans les magasins semblables.

Il leur faut également un approvisionnement considérable d'amidon et de riz pour l'apprêt des étoffes ; et pour fournir aux diverses colles employées continuellement, les fleuristes auront quelques hectolitres de farine de froment. La colle de farine de riz que l'on emploie au Japon pour les cartonnages délicats, et qui est si blanche et si solide, leur conviendrait parfaitement : quelques sacs de farine de riz seront utiles dans l'atelier pour travailler aux fleurs fines.

CHAPITRE III

Des Couleurs

SOMMAIRE. — I. Couleurs rouges. — II. Couleurs bleues. — III. Couleurs jaunes. — IV. Couleurs vertes. — V. Couleurs violettes. — VI. Couleurs brunes. — VII. Peinture des fleurs.

Les fleuristes, dont les principaux secrets sont l'adresse et la patience, parlent de l'emploi de leurs couleurs comme d'une science occulte. Lorsqu'on

aura lu ce chapitre attentivement, on saura à quoi
s'en tenir sur ces prétendus mystères.

I. COULEURS ROUGES

Le *bois de Brésil*, le *carmin*, le *carthame* ou *rose
en tasse*, le *carmin de garance*, la *laque-garance*, sont
les couleurs employées pour obtenir toutes les nuances du rouge, depuis le pourpre jusqu'au rosé.

Bois de Brésil

Les couleurs rouges produites par le bois de Brésil, manquent de fraîcheur; mais on les obtient avec
facilité. On fait bouillir cette substance pendant environ deux heures dans une quantité d'eau proportionnée à la nuance que l'on désire; on passe la décoction et on l'avive avec quelques gouttes d'acide
sulfurique. On peut, au lieu de le faire bouillir, faire
tremper pendant quelques jours le bois de Brésil
dans de l'esprit-de-vin.

On peut employer aussi une décoction de bois de
Brésil dans du vinaigre blanc.

Une petite portion de sel de tartre, de potasse.
même de savon ordinaire, fait passer au pourpre le
rouge de la décoction de bois de Brésil. Si l'un de
ces alcalis est en trop forte dose, le rouge devient
violet. Un peu d'alun, ajouté à la décoction, précipite au fond du vase une laque d'un beau rouge
cramoisi, que l'on augmente en mettant un peu de
sel de tartre ou autre alcali. Les acides employés à
forte dose font tourner la dissolution au jaune.

D'après ces détails, le fleuriste jugera quelle substance il devra ajouter à la décoction du bois de Bré-

4.

sil pour obtenir diverses nuances. Pour le trempage
des pétales (Voyez plus loin, chap. IX, deuxième
partie), il commencera par tremper le pétale dans de
l'eau mélangée très légèrement de la substance choisie (d'alcali, par exemple), s'il veut obtenir des teintes pourpres; il trempera ensuite le pétale dans la
dissolution pure, et le rincera dans l'eau précédente.
Cet exemple servira pour tous les cas d'avivages particuliers.

Carmin

C'est une des couleurs dont les fleuristes font le
plus d'usage. Pour rougir diverses parties délicates,
comme le bord des feuilles de rosier, un côté des tiges de géranium, ils se contentent de délayer le
carmin avec de l'eau, au moment même de s'en servir. Pour y tremper les fleurs d'un rose vif et frais,
comme le laurier-rose, le carmin se délaie avec une
eau légèrement alcaline : le sel de tartre est l'alcali
préféré. Selon que l'on met plus ou moins de carmin
dans la teinture, on obtient la nuance désirée. Quand
on le met tremper huit jours avant de s'en servir, il
devient beaucoup plus beau. Il vaut mieux acheter
du carmin en petits morceaux qu'en poudre.

Pour obtenir le ton *cerise bruni*, on prend du carmin en pierre que l'on délaye dans l'eau avec une
spatule de fer : il devient brunâtre. Pour lui donner
plus de consistance, on ajoute un peu d'encre de
Chine.

Carthame

Le *carthame*, ou *rose en tasse* (*carthamus tincto-
rius*). Cette couleur, due à la fleur de carthame, se
vend en tablettes à bas prix, et s'emploie à froid,

parce que la chaleur en détruirait le coloris. On peut
l'avoir liquide en la dissolvant dans l'esprit de vin,
qui acquiert une belle couleur rose ; c'est ce qu'on
appelle *rose en liqueur*. En faisant chauffer cette
teinture, on lui donne une teinte orangée. Les alcalis produisent le même effet ; les acides rendent la
couleur d'un rouge plus vif et plus pur. Lorsqu'ils
veulent *tremper en rose*, les fleuristes mettent dans
la teinture de carthame une très petite portion d'alcali pour obtenir cette nuance orangée qui, extrêmement faible, ne change rien à la nature de la couleur, car elle teint les pétales en rose pur. Il est important de ne point forcer la dose, ce qu'indique un
dicton d'atelier, *le trop d'alcali tue le rose*.

Le sel de tartre, l'alcali volatil, la dissolution du
premier dans l'eau sont les alcalis employés ordinairement.

L'alcali ne sert qu'à faire *tourner* le carthame, c'est
l'acide qui doit l'aviver, de nuance en nuance, jusqu'à la couleur cerise ; mais, comme je l'ai indiqué précédemment, ce n'est point dans la teinture
que se met l'acide, c'est dans l'eau qui mouille le
pétale avant et après son immersion dans la couleur ;
à cet effet, cette eau se nomme *eau d'avivage*.

La crème de tartre, en très petite quantité, le vinaigre, le jus de citron sont les acides en usage pour
cette opération : le dernier est de beaucoup préférable aux autres : toutefois, comme son fréquent emploi serait onéreux, parce qu'il ne faut souvent que
deux gouttes de suc, et que le citron est perdu, on
peut le remplacer par l'acide citrique. Celui-ci se
vend à l'état de sel ; on le trouve aussi liquide sous
le nom de *dissolution concentrée d'acide acétique*. En

trempant d'abord dans une légère décoction de rocou
puis dans un bain de carthame, on obtient le ponceau ou couleur de feu. Il va sans dire qu'en quittant le bain de carthame, le pétale doit passer dans
l'eau acidulée.

Pour avoir une couleur de chair extrêmement
tendre, on rince dans l'eau très légèrement savon-
neuse.

Carmin de garance

C'est une couleur d'un rouge vif, qui est due à
M. Mérimée, il l'a retirée de la garance. Elle est extrêmement solide; on l'emploie comme le carmin
ordinaire; sa nuance, très belle, est un peu violacée,
et convient très bien pour tremper les fleurs d'un
rouge analogue à celui des giroflées rouges : on s'en
sert aussi très avantageusement pour peindre les pétales au pinceau, comme la rose, la pivoine blanche,
panachée, rouge. Ce carmin se vend en écailles, tout
gommé; mêlé avec la gomme-gutte il forme les teintes orangées; avec le bleu de Prusse, il donne plusieurs nuances de violet. Enfin avec l'encre de Chine
il présente un rouge vineux.

Laque de garance

C'est encore à M. Mérimée que l'on doit ce rouge
vif plus foncé que le carmin de garance, et que l'on
retire aussi de la garance, comme celui-ci. Voici
comment on opère pour obtenir cette belle et solide
couleur.

On commence par laver à l'eau froide la garance,
jusqu'à ce qu'elle ne teigne plus l'eau; on la met ensuite en contact à la température ordinaire, avec une

dissolution d'alun pendant vingt-quatre heures ; lorsque l'eau alunée a pris une teinte très foncée, on précipite la laque par une dissolution faible de sous-
carbonate de potasse ou de soude. Les premières
portions qu'on obtient sont en général plus belles que
les dernières.

Aux couleurs rouges dont il vient d'être parlé, il
faut ajouter la longue série des couleurs d'aniline,
devenues aujourd'hui d'un usage aussi général que
commode, à cause de leur prix peu élevé et de leur
diversité de tons.

II. COULEURS BLEUES

Indigo

On obtient aisément une teinture bleue, propre à
tremper les pétales, avec l'indigo, et mieux encore
le bleu dit anglais, ou boules de bleu, dont on met
une certaine quantité dans l'eau. Le *bleu en liqueur*
ou l'indigo dissous dans l'acide sulfurique est aussi
bon que les boules de bleu, mais pour l'employer, il
faut d'abord l'étendre d'eau puis y mettre, de temps
à autre, plusieurs fois du blanc d'Espagne en petite
quantité. On continue ainsi jusqu'à ce que de nouvelles additions de craie ne fassent plus bouillon-
ner la liqueur, ce qui indique que l'acide sulfurique
est tout à fait absorbé. Cette craie, combinée avec
l'acide, se précipite au fond du vase ; alors on verse
doucement la liqueur restée claire. S'il le fallait,
avant de laisser reposer, on ajouterait un peu d'eau :
dans tous les cas on lave le précipité avec de l'eau
pure, et on obtient de la sorte une autre couleur
bleue bien plus claire. Le bleu de l'indigo devient

plus foncé et tire sur le noir quand on y ajoute de la potasse.

Pour bleu de *peinture*, le bleu de Prusse est préférable. Ce bleu, qui se vend en tablettes, est le produit du fer et de l'acide prussique (prussiate de fer) il verdit à la longue, lorsqu'il est exposé au contact de l'air.

III. COULEURS JAUNES

Terra merita

1° Mettez dissoudre pendant une journée de la *terra merita* dans l'esprit-de-vin ou alcool : filtrez ensuite, et tenez dans un flacon, toujours bien bouché, votre liqueur. A l'instant de vous en servir, versez-en quelques gouttes dans une soucoupe, puis, selon les nuances que vous voulez obtenir, mouillez d'abord dans l'eau pure, ou l'eau acidulée par la crème de tartre, ou l'eau rendue alcaline par le sel de tartre; rincez ensuite dans l'une de ces eaux après avoir trempé dans la teinture.

Le mouillage et le rinçage d'eau pure donnent toutes les teintes de jaune, suivant la force de la teinture. On peut omettre le rinçage d'eau acidulée, ces deux immersions produisent toutes les teintes de jaune un peu verdâtre. Enfin celle d'eau alcaline produit toutes les nuances d'un rouge terne et un peu changeant, tirant sur la couleur de la brique.

Rocou

2° Faites dissoudre du rocou dans de l'alcool, ou mettez-le bouillir quelques moments dans de l'eau avec son poids égal de cendre gravelée; filtrez la dissolution ainsi que la décoction; ajoutez quantité suffisante d'eau à la première, et vous aurez une teinture jaune éclatante : elle serait un peu rougeâtre sans l'addition de la cendre. Si vous rincez ensuite dans l'eau vinaigrée ou alunée, vous aurez des teintes aurore et orangé, très convenables pour les œillets d'Inde. On prépare aussi un bel orangé avec du carmin et du jaune.

3° La graine d'Avignon, ou baie de l'épine-cormier (*rhamnus infectorius*), bouillie pendant une demi-heure dans une suffisante quantité d'eau, fournit un très beau jaune.

4° La sarrette (*serratula tinctoria*) produit un jaune verdâtre : après avoir trempé dans sa décoction, il faut rincer dans l'eau alunée.

5° Le safran. Il faut en faire une forte infusion à l'eau, en tremper dans la teinture : on obtiendra un jaune rougeâtre. L'infusion dans l'esprit-de-vin peut s'appliquer au pinceau. La *terra merita* préparée comme je l'ai dit, est aussi un jaune de peinture.

6° Le jaune de chrome s'emploie au pinceau, quand on a besoin d'une nuance claire ; mais comme il est opaque, il sert principalement à colorer des étamines. La *terra merita* teint aussi les semoules propres à grainer les étamines.

IV. COULEURS VERTES

1° La dissolution de la graine d'Avignon, la *terra merita* mêlées au bleu en liqueur après qu'on a détruit l'acide par la craie, forment de très beaux verts, dont on varie la nuance comme il convient.

2° La gomme-gutte et l'indigo produisent le même effet. On trempe rarement en vert, cette couleur

s'employant sur l'étoffe en pièce plus que sur les pétales ; aussi forme-t-on les nuances en mélangeant
le jaune et le bleu. Toutefois, si l'on voulait tremper
en vert comme il le faut pour certaines feuilles, telles
que le trèfle des prés ou sainfoin, on pourrait tremper d'abord dans le jaune, puis dans le bleu. Plus
le jaune domine, plus le vert est tendre.

Le jaune indien (*indian yellow*), mêlé d'un peu de
bleu de Prusse, est ce qui convient le mieux pour
peindre. Ce bleu s'unit aussi à la gomme-gutte, au
jaune d'or, au jaune de mars.

Il existe un vert dit vert Loiseau-Pinson, du nom
de son inventeur, teinturier fort connu qui a tenu
son procédé secret.

C'est un vert très frais, liquide et stable, aussi
bien lorsqu'on l'apprête à l'empois que lorsqu'on
l'unit à la colle de peau. On le trouve en douze tons
au moins, du vert jaune au vert noir ; mais sa teinte
caractéristique est ce qu'on pourrait appeler vert
herbe fraîche.

V. COULEURS VIOLETTES

Violet de teinture

1° Trempez l'étoffe ou les pétales dans une infusion
aqueuse d'orseille, puis dans un bain de bleu, et
vous aurez un beau violet. L'infusion d'orseille produit un cramoisi qui tire sur le violet ; les acides la
font passer au rouge.

2° Délayez dans de l'eau tiède une suffisante quantité d'orseille ; faites chauffer ensuite jusqu'au moment de l'ébullition, et trempez plus ou moins longtemps suivant la nuance que vous voudrez obtenir.

Vous aurez un beau gris de lin tirant sur le violet,
ou la nuance lapis, recherchée pour quelques iris,
quelques violettes des Alpes. En général, on obtient
le violet par le mélange du rouge et du bleu.

3° Les violets de peinture s'obtiennent par le mélange de la laque et du bleu de Prusse, du cobalt et
de la laque carminée, ou encore du carmin de garance et du bleu de Prusse.

Le *lilas*. — Pour teindre en lilas, on emploie une
décoction d'orseille de Lyon : pour peindre, on se
sert du mélange de cobalt et de carmin de garance
extrèmement affaiblis, de celui de la laque et de l'ou-
tremer.

VI. COULEURS BRUNES

A peine emploie-t-on le brun dans la fabrication
des fleurs artificielles : quelques panachures d'oreille-
d'ours, de tulipe, de fleurs exotiques, voici tout
l'usage de cette couleur qui se pose au pinceau. Le
brun se prépare de deux manières : 1° en mélangeant
de l'encre de Chine avec très peu de carmin : on
en varie la nuance en ajoutant un peu de jaune, s'il
est nécessaire ; 2° en se servant de bistre, qui fournit
un brun tout préparé.

VII. PEINTURE DES FLEURS

Les fleurs que l'on peint sont les pensées, les tulipes, quelques œillets, les iris, la fleur du catalpa,
les géraniums, les roses et autres fleurs blanches panachées, les oreilles-d'ours, l'althea, et plusieurs
autres moins difficiles. Pour peindre une de ces
fleurs, il faut bien examiner les pétales à imiter, et
avec un petit pinceau de martre déposer la couleur

Fleuriste.   5

absolument d'après nature. Souvent cette opération
ne dispense pas de teindre le pétale : ainsi l'on commence par tremper d'abord la tête et les joues du
pétale en lilas pour le catalpa, et l'on peint ensuite
sur l'onglet et le centre, blancs à la base, puis légèrement colorés. On gaufre aussi avant de peindre.
Souvent aussi on trempe tout le pétale dans la couleur dominante, et on termine au pinceau.

Quand les pétales à peindre sont en velours, comme
il arrive pour la pensée, l'oreille-d'ours, quelquefois
la giroflée jaune, on commence par tailler les pétales
dans du velours de la teinte la moins foncée : on la
pose ensuite sur un papier gris non collé. Cela fait,
si la couleur s'étend un peu, on l'applique avec le
doigt, sinon avec un pinceau : dans tous les cas, on
agit de manière à ce que le papier en boive une
partie. Ces couleurs ne doivent point se voir à l'envers du pétale. Il est de règle aussi de commencer
toujours par peindre la tête du pétale, quand on doit
le peindre en entier.

Lorsque la fleuriste devra peindre de légers traits,
semblables à de délicates nervures, comme dans les
géraniums, les iris, elle délaiera sa couleur à l'eau
gommée, ou humectera de cette eau le pinceau dont
elle se servira. Cette précaution est nécessaire (à moins
que la couleur ne soit très gommée de sa nature) pour
l'empêcher de s'étendre et de grossir les traits. Les
fleurs blanches demandent souvent d'être trempées
en diverses nuances : tantôt leur blanc verdâtre veut
être trempé dans une eau très légèrement verte,
comme le seringa ; dans un bain à peine rosé, comme
l'œillet de mai ; quelquefois dans un bain bleuâtre,
comme certaines roses blanches.

D'après ce que nous avons dit, les fleuristes verront quelles sont les couleurs et substances dont ils doivent s'approvisionner. Les jaunes et bleus pour composer les verts leur sont d'abord nécessaires : les rouges viennent ensuite. La crème et le sel de tartre, la potasse, ne doivent pas non plus manquer dans l'atelier.

Outre les préparations générales de couleurs que j'ai indiquées, le fleuriste peut lui-même faire le *bleu en liqueur*. Pour cela il prendra de l'indigo, et de préférence celui de Guatemala ; il le réduira en poudre très fine ; il versera dessus, petit à petit, quatre fois autant d'acide sulfurique, ou d'huile de vitriol ; il remuera bien pendant quelque temps ce mélange, et le laissera reposer un jour. Il y ajoutera alors de la potasse en poudre très fine, dans la proportion de 2 grammes pour 30 grammes d'indigo ; il remuera bien, et laissera encore reposer vingt-quatre heures.

Le trempage ou nuançage pour les *fleurs de vase* ou *d'église* diffère de celui des fleurs pour modes en ce que les fleurs dont il s'agit ont une vivacité, une crudité même de coloris qui n'est pas de mise pour les autres. On doit donc acheter les couleurs en poudre, et les préparer soi-même au ton désiré. Les plus employées sont le *cerise*, le *rose vif*, le *jauge jonquille*, la *capucine*, le *bleu de ciel* et le *bleu foncé*, le *violet*, le *lilas* et le *mauve*.

Les couleurs d'aniline se dissolvent facilement, soit à l'eau, soit à l'alcool, à froid ou au bain-marie.

Pour les *fleurs en zinc*, il s'agit, non de nuançage, mais de peinture proprement dite. On trouvera quelques indications à cet égard dans la troisième partie, à la fin du chapitre XIII.

Je pourrais ajouter ici plusieurs autres préparations de couleurs, mais elles sont trop compliquées,
et le manque d'habitude, la perte de temps, compen-
sent bien l'économie que l'on trouve en n'achetant
pas les couleurs toutes préparées. Au reste, voyez à
ce sujet l'excellent *Manuel du Teinturier* de l'ENCY-
CLOPÉDIE-RORET· ou le *Traité de Teinture moderne*
(même librairie).

Quant à la peinture des fleurs, il suffit d'avoir une
ou deux de ces boites de couleurs qu'on emploie pour
le lavis et l'aquarelle. Je conseille aussi aux dames
amateurs fleuristes de s'en munir. Si l'important
pour les ouvriers est d'opérer vite, l'important pour
elles est de s'occuper agréablement. Or, qu'est-il de
plus agréable que de peindre, en quelque sorte, les
fleurs en relief, et de transformer en un art charmant
des travaux purement mécaniques ? Une palette
d'ivoire, quelques pinceaux, voici tout ce qu'exige
pour cette classe de lectrices le chapitre des nuances.

CHAPITRE IV

De l'ordre à maintenir dans l'Atelier

Si l'ordre est indispensable dans les ménages pour
conserver les ustensiles ordinaires, et enchaîner convenablement les occupations, il est encore d'une nécessité plus rigoureuse dans un atelier, où les instruments sont plus nombreux, plus délicats, plus
variés, et les manœuvres plus minutieuses. Il est

évident que, pour peu que cette multitude d'objets
dont nous avons parlé plus haut soient placés au hasard, tantôt dans un endroit, tantôt dans l'autre, on
perdra un temps énorme à chercher ce dont on aura
besoin ; on les confondra, on opèrera lentement, mal ;
et en se donnant infiniment plus de peine, on aura
beaucoup moins de gain. Je pense qu'il est inutile
d'insister.

L'atelier doit être vaste, bien éclairé, garni sur l'une
de ses murailles d'une armoire à tiroirs et de rayons
partagés en petits compartiments. Ces rayons servent
à ranger les emporte-pièce et les gaufroirs.

Les premiers se placent couchés en long sur le
rayon, de manière que la partie creuse et dentelée
de l'instrument soit sur le bord, et par conséquent
en évidence. Les découpoirs de la même plante qui
ne diffèrent que par la grandeur, doivent être placés
les uns auprès des autres. D'ailleurs, il est très avantageux de rapprocher les feuilles qui ont de l'analogie
entre elles : par exemple, toutes les feuilles dentelées et fortement gaufrées, comme celles de rose, de
vigne, de géranium, de chrysanthemum, etc. ; arrondies et larges, comme les feuilles d'héliotrope
d'hiver, de violette, de noisetier, de pavots, de l'arbre
de Judée ; allongées, comme celles de laurier, d'œillets ; très découpées et fort étroites, comme les feuilles de bruyère, fougère ; petites et pointues, comme
les feuilles de lilas, de myrte, etc.

Les découpoirs des pétales d'une fleur seront rangés
derrière les découpoirs des feuilles, et formeront le
second rang ; de cette manière, lorsqu'on prendra les
premiers, on verra tout de suite les autres et l'on
n'aura point à chercher.

Il va sans dire que l'on mettra à la suite l'un de l'autre, et par gradation, les gaufroirs composant les divers assortiments des feuilles d'une fleur, ainsi que je l'ai dit plus haut. Il faudra aussi, comme pour les découpoirs, avoir égard à la ressemblance des feuilles. Ce serait une excellente pratique de placer les découpoirs au-dessus ou au-dessous des gaufroirs correspondants.

Par exemple, supposons qu'il se trouve deux étages de rayons, formant chacun un certain nombre de cases correspondantes, numérotées 1, 2, 3, 4 en bas, 5, 6, 7, 8 en haut. Le premier étage contient les découpoirs ; dans la case n° 1 est l'assortiment des découpoirs d'un bouquet d'héliotrope ; dans la case n° 2, celui des découpoirs d'un géranium ; ainsi de suite, en rapprochant, comme je le fais, les feuilles destinées à être fortement gaufrées. Le second étage contiendra les gaufroirs de ces feuilles, et ces gaufroirs correspondront avec les emporte-pièce. Ainsi, la case n° 5, qui se trouvera immédiatement au-dessus de la case n° 1, présentera les gaufroirs d'un bouquet d'héliotrope ; la case n° 6, placée au-dessus de la case n° 2, offrira les gaufroirs d'un géranium, etc.

Mais, comme on doit se le rappeler, un gaufroir fermé est absolument semblable à une petite boîte ordinaire, et n'indique en rien l'espèce de la feuille ou du pétale dont il contient l'empreinte. L'ordre établi précédemment met bien sur la voie, mais par approximation seulement, et pour trouver précisément le gaufroir dont on a besoin il faut en ouvrir un certain nombre ; de là, perte de temps que l'on pourrait aisément éviter.

Il suffirait pour cela d'écrire sur un petit morceau de papier le nom de la fleur, et de coller cette étiquette sur le plus grand gaufroir de l'assortiment. Ce gaufroir porterait aussi sur l'étiquette n° 1, et serait par conséquent le premier. Les autres en descendant porteraient n° 2, 3, 4, etc. Ceux qui contiendraient deux feuilles semblables, comme je l'ai expliqué plus haut, présenteraient sur l'étiquette auprès du numéro, le signe *deux feuilles;* seulement il faudrait veiller à ce que ces numéros ne fussent jamais dérangés. Sur le bord du rayon, soit au-dessous, soit au-dessus de la case, on fera très bien de coller l'étiquette, en grosses lettres, du genre de feuilles qu'elle renferme; ainsi, d'un coup d'œil, on connaîtrait tous les détails. Quoiqu'on puisse apprécier les découpoirs qui restent à découvert, il serait aussi convenable d'étiqueter les cases qui les contiennent, parce que leurs dentelures se confondent aisément, surtout lorsqu'ils sont couchés dans une position horizontale, et que lorsqu'on manque d'habitude, il est nécessaire de les prendre à la main pour en bien juger.

Il importe beaucoup de ménager, de garnir convenablement les parois de l'atelier; un côté de la muraille est consacré aux rayons-tiroirs, l'autre côté doit l'être aux supports pour les châssis. Les instruments non montés se composent, comme on l'a vu, de montants et de traverses.

Pour que, malgré leur nombre, ils n'embarrassent pas l'atelier, on enfoncera dans le mur, deux à deux, et à la distance convenable, ces supports en menuiserie, sur lesquels on fait ordinairement porter des rayons. Ces supports doivent être grands et forts, à jour, c'est-à-dire formés de traverses assemblées, et

non d'un morceau de bois épais ou planchette taillée,
afin qu'au besoin on puisse introduire dans leur
ouverture quelques parties de châssis. Les montants
et traverses de ces instruments sont entassés transversalement sur ces supports, d'après leur grandeur
et leur espèce. Pour prévenir toute confusion, je serais
d'avis que l'on attachât ensemble, au moyen d'une
courroie, ficelle, etc., les montants et traverses d'un
encadrement.

Si l'atelier est très considérable, et que par suite
ces encadrements soient nombreux, variés, que les
supports soient souvent répétés, on se trouvera bien
de mettre au-dessus de ceux-ci une étiquette en gros
caractères indiquant la mesure de l'encadrement.
Quant aux châssis *lacés*, c'est-à-dire dont les traverses trouées reçoivent des ficelles pour tendre l'étoffe,
ils devront être accompagnés de ces ficelles, afin
qu'on ait sous la main tout ce qui est nécessaire,
lorsqu'on voudra les monter; enfin l'on n'oubliera pas
de fixer les supports à une certaine hauteur; d'abord
pour qu'il ne gênent point, ensuite pour qu'ils ne
heurtent point les ouvrières qui auront à passer et
repasser devant.

Quand le châssis est monté, c'est-à-dire lorsque
l'étoffe est tendue dessus, on le met tantôt à terre le
long de la muraille, tantôt sur une chaise : l'une et
l'autre manière me semblent également vicieuses,
parce que, dans les deux cas, on peut en passant
auprès de l'étoffe enlever partiellement la gomme ou
la couleur qui la recouvre, et par conséquent la gâter
ainsi que ses habits. Pour prévenir cet inconvénient,
il suffirait de poser les châssis sur une tablette ou
tréteau disposé à cet effet le long de la muraille à une

certaine hauteur; de très longs clous, pattes ou crochets de fer, fichés solidement dans le mur, et auxquels on accrocherait l'encadrement par l'une des
traverses au milieu, me paraissent offrir aussi un
excellent moyen; toutes les chevilles nécessaires aux
encadrements doivent se trouver dans une boîte auprès des supports à châssis.

Continuons à tourner autour des murs de l'atelier.
Dans le voisinage des gaufroirs et découpoirs (quoique ce ne soit pas indispensable), les boules ou mandrins à gaufrer doivent être placés, ou plutôt plantés.
Pour cela, une traverse sera clouée le long de la muraille, soit au-dessus d'une table, d'un établi, n'importe, pourvu qu'on y puisse atteindre commodément;
cette traverse de bois sera percée, à la distance de 4
à 6 centimètres, de trous arrondis, mais ouverts par
devant, c'est-à-dire à l'opposite du mur, et de telle
sorte que le bord antérieur de la traverse soit inter-
rompu et manque complètement au niveau des trous.
De cette manière, on fait pénétrer dans les trous les
mandrins par la tige, et on les en retire de même.
Les poignées ou manches de ces outils se trouvent
sur la traverse, et les boules au-dessous. On les dispose graduellement d'après leur grosseur, en commençant par la boule d'épingle ou mandrin de 3 centimètres et successivement. Le mandrin à crochet et
ceux de diverses formes viennent ensuite : on les
classe d'après le degré d'utilité, et l'habitude où l'on
en est de s'en servir.

Comme l'on fait à chaque instant chauffer les mandrins et quelques gaufroirs (car il n'est pas nécessaire de les chauffer tous), vous devrez avoir dans
l'atelier un fourneau d'Harel, dans le genre des

5.

fourneaux à repasser, afin que la chaleur ne s'évapore point et que le charbon n'exhale aucune odeur nuisible.

C'est auprès d'une fenêtre que vous mettez le billot et son plateau de plomb; ce sera aussi très près de l'établi qui soutient les presses, afin que le découpeur soit à portée de faire gaufrer, ou de gaufrer lui-même les feuilles, dès qu'il en aura préparé une quantité suffisante. Près du billot, et dans une boîte de bois placée à demeure près de l'établi, il mettra les anneaux à découpoirs, quelques brosses à peignes pour nettoyer ces instruments, et une paire de gros ciseaux qui lui serviront à séparer les feuilles découpées. Les marteaux, les plateaux surnuméraires de plomb se trouveront auprès de la boîte. A la partie la plus proche du mur on suspendra, dans de petits sacs en drap, ou toile, quelques morceaux allongés de savon sec et fin pour frotter de temps en temps les emporte-pièce, afin qu'ils coupent plus rapidement.

Dans le voisinage de la table, et à la portée des ouvrières, seront suspendues les pelotes qui servent à bouler ou à gaufrer à la boule. Le nombre de ces pelotes doit dépasser de trois ou quatre au moins celui des ouvrières, parce qu'il peut arriver que toutes à la fois aient besoin des plus grandes pelotes. Il doit y en avoir de toutes grosseurs, suivant le plus ou moins de dimension des pétales, areignes, étoiles à gaufrer; mais généralement il vaut mieux que les pelotes soient trop grosses que trop petites, parce qu'on y étale plus d'objets en même temps, et par conséquent on va plus vite.

J'ai dit qu'elles doivent être suspendues : pour cela on coud, au milieu de l'une des extrémités, un an-

neau métallique, semblable à une forte boucle de
rideau, et l'on accroche cet anneau après une patte
ou clou crochu. Les pelotes sont aussi accrochées le
long de la muraille, graduellement suivant leur grosseur. Auprès d'elles, sur un rayon, ou sur une table
(c'est selon les localités), seront posées en tas les
plaques de liège qui servent également à bouler ;
tout près encore, dans une boîte ou carton plat, seront les *dessus de pelotes*.

On doit se rappeler que j'ai dit plus haut qu'on
recouvre les pelotes d'un morceau de toile, percale
ou calicot ; ces dessus, d'une grandeur relative à celle
des pelotes, seront ourlés tout autour, et porteront à
l'un des coins un morceau de ruban de fil pour les
attacher l'un à l'autre au blanchissage, crainte qu'ils
se perdent. On doit avoir au moins une ou deux dou-
zaines de ces dessus. Tout près de là seront les petits
cartons surnuméraires, ceux qui dépassent le nombre
des ouvrières, car chacune doit en avoir un ; ces cartons sont plats, allongés, sans couvercle : ils peuvent
être remplacés par des boîtes de bois fort légères.
Passons maintenant à l'arrangement des provisions.

Dans les tiroirs qui présentent moins de commo-
dité, soit à raison de leur élévation ou de leur éloi-
gnement de la table de travail, on placera les étoffes
non préparées (c'est-à-dire telles qu'elles sortent de
chez le marchand), distinction qu'annoncera une étiquette placée sur les tiroirs ; on réunira ces étoffes
d'après leur nature, jaconas, percale, calicot, d'une
part ; batiste et linon, d'une autre ; taffetas, gros de
Naples, etc.

Les étoffes préparées, d'après la méthode que je
décrirai plus tard, seront placées dans les tiroirs les

plus commodes, et triées comme les précédentes : les tiroirs qui les contiendront seront également étiquetés. Les étoffes non préparées se plient à l'ordinaire, mais les autres ne doivent recevoir aucun pli, ni former aucun paquet ; on les étale, pour cela, dans les plus grands tiroirs, et, s'il en est besoin, on les redouble légèrement sur elles-mêmes, sans jamais les presser ni les attacher avec des épingles. On en met les morceaux les uns sur les autres, puis on les perce à l'un des angles, sur le bord, avec un poinçon ; on passe ensuite dans le trou, que l'on a fait à chaque morceau, un fil de laiton fin que l'on arrête en le tortillant : cette manière d'attacher est en usage chez tous les fleuristes.

Non seulement il faut séparer les étoffes d'après leur nature, mais le faire encore d'après leur qualité, afin de n'avoir pas besoin de lever et déranger les liasses, selon que l'on doit fabriquer des fleurs fines ou des fleurs communes. Pour y parvenir, on numéroterait les étoffes, et l'on mettrait, par exemple, sur un tiroir, *batiste* ou *percale*, nº 1, ou 2, ou 3, etc., ce qui indiquerait les divers degrés de finesse de la batiste ou de la percale : ainsi de suite pour tout autre objet.

Il importe qu'un tiroir au moins soit réservé aux *découpures* ; l'explication suivante en fera sentir la nécessité.

Lorsqu'on a découpé avec l'emporte-pièce une certaine quantité de feuilles ou pétales sur un lé, ou plusieurs mètres d'étoffe, il y reste une multitude de découpures en tous sens. On ne les rogne point, parce que, dans un autre moment, lorsqu'il s'agira de découper d'autres feuilles sur cette étoffe, on po-

sera le découpoir de manière à profiter de la moindre dentelure, ce qui s'appelle *entrecouper.* La pièce
d'étoffe sera donc remise dans son tiroir ordinaire ;
seulement il sera bon de prendre note des pièces
portant ces découpures provisoires, afin de ne point
les oublier.

Mais si, comme il arrive souvent, la forme des
feuilles découpées précédemment et la forme des
feuilles découpées ensuite, diffèrent beaucoup, les
dentelures se détachent d'elles-mêmes de la pièce ou
n'y tiennent plus que par quelques fils. Ces intervalles plus ou moins grands doivent être conservés
avec soin, et même les plus petites rognures, car
tout doit servir, et ces rognures feront plus tard de
petites feuilles, telles que feuilles de réséda, de bluet,
de myrte, de petites areignes, des tiges, etc. Néanmoins, il serait gênant de trouver sous la main toutes
ces découpures lorsqu'on aurait besoin de la pièce
entière ; en les ôtant et remettant, on pourrait les
froisser, les déchirer même : il est donc préférable de
les mettre à part, sans regarder aux différentes
sortes d'étoffes. Cependant, si elles sont très nombreuses, on peut séparer des autres les découpures
de papier.

Près du tiroir aux découpures sera le *tiroir* ou la
boîte aux restes. Dans un atelier monté en grand, on
ne s'amuse point à compter au juste le nombre de
feuilles, de pétales, d'areignes et autres parties
qu'exigent les fleurs que l'on doit faire : on découpe
par approximation, toujours plus que moins, car ce
serait un bien mauvais calcul de se trouver à court
lorsqu'on monte une fleur, et d'être ainsi forcé de
recommencer toutes les opérations. Il reste donc par

conséquent une certaine quantité de parties de fleurs plus ou moins préparées.

Les parties doivent premièrement être triées (ce qui n'est pas difficile, puisqu'elles doivent l'être à l'avance), puis placées en ordre dans un tiroir à compartiments ; à défaut d'un tiroir semblable, ces parties sont mises dans de petits cartons étiquetés, et ces cartons placés dans le tiroir ou dans une boîte en bois un peu grande ; on distinguera les feuilles gaufrées de celles qui ne le sont pas, les pétales complètement teints de ceux qui ne le sont qu'en partie, etc. La première chose qu'il faudra faire en commençant quelque guirlande ou bouquet, sera d'examiner dans la *boîte aux restes*, s'il se trouve quelque chose qui puisse convenir.

Les fils seront aussi divisés en *fils non préparés* et *fils préparés* : ainsi que pour les étoffes, on distinguera ceux qui sont gommés et teints de ceux qui sont simplement gommés : des étiquettes numérotées indiqueront leurs grosseurs. A moins que la fabrique ne soit très considérable, on peut, dans le même tiroir, réunir tout le coton à broder, ou le fil ordinaire, ou la soie, en les divisant par paquets étiquetés suivant les numéros. Tous les bouts qui se trouveront de reste seront réunis dans une boîte particulière pour faire des étamines et pistils à l'avenir.

Le coton en ouate et la filasse doivent être rangés dans des sacs de coutil ou de toile gommée, qui ferment soit par une coulisse, soit comme une gibecière : ces sacs seront bien fermés afin que la poussière ne pénètre point. Je conseille de les suspendre auprès des fils de fer et des laitons dont nous allons bientôt nous occuper.

Les matériaux divers seront rangés avec ordre, triés, étiquetés dans des boîtes ou cartons de grandeur analogue à leur quantité ; on aura soin de ne point mettre les globules en verre, les petites herbes naturelles à graine dans un tiroir, de peur que le mouvement ne casse les unes et n'égrène les autres.

Les laitons couverts ou cannetille, sur leurs bobines, seront étiquetés suivant leur nuance, leur qualité et leur grosseur, et placés près des soies plates, dans des boîtes ou tiroirs. A peu de distance de ceux-ci, les laitons ordinaires et les fils de fer seront suspendus, en rouleaux, à la muraille, après des clous. On fera bien attention qu'aucune humidité ne puisse les atteindre. Au-dessous de ces rouleaux, sur une table ou rayon, on devra trouver des boîtes ou corbeilles, dans lesquelles seront des fils de fer et le laiton coupés en diverses longueurs ; d'autres corbeilles contiendront ces fils plus ou moins revêtus de coton ou filasse. Les rouleaux, comme les morceaux divisés, devront être rangés et numérotés graduellement d'après leur grosseur ; au-dessus des numéros on trouvera, en grosses lettres : *fil de fer cru, fil de fer cuit* ; on ne saurait trop multiplier ce genre d'indication.

Si l'on juge à propos d'employer la ficelle pour les tiges, comme je l'ai dit plus haut, on la suspendra en paquets, on la divisera en morceaux de différentes longueurs, on la numérotera suivant ses grosseurs, ainsi que je viens de le dire pour les fils de fer ; enfin on la placera entre le coton cardé et ceux-ci.

Quant aux provisions en farines, colles, gommes, semoules colorées pour étamines, elles seront placées

dans des sacs étiquetés et mises à part dans un endroit sec. Les restes de colle et pâtes colorées seront
mis au frais, et couverts pendant l'été, afin de les
conserver jusqu'à ce qu'ils soient utiles. Si la couleur ne s'y oppose pas, on les acidulera avec un
peu de vinaigre pour prévenir leur décomposition.

L'arrangement des couleurs exige des soins particuliers et constants, une partie de l'atelier doit lui
être consacrée. Dans cette partie, nécessairement
très éclairée, doit se trouver une table de moyenne
grandeur, ronde (sauf le côté qui touche à la muraille), ou carrée à la rigueur. Cette table sera bien
solide, parce que, si elle vacillait, cela pourrait nuire
à la préparation des couleurs : aussi, dans beaucoup
d'ateliers, est-elle remplacée par un établi ; mais
cette substitution n'est point indispensable.

Au-dessus de cette table il y a : 1° une suite de
clous pour suspendre les pinceaux de toutes sortes :
on commence par les queues de morue, et l'on finit
par les brosses de peau de buffle ; les spatules de
verre, suspendues par un cordon, se rencontrent
quelquefois dans cette rangée. 2° Viennent ensuite
plusieurs rayons : sur le premier se trouvent les
broyons, molettes, godets, capsules, petites soucoupes, et quelques petites fioles de couleurs le plus en
usage ; les petites éponges doivent aussi se rencontrer sur ce rayon, dans un bocal ou dans une boîte.
3° Sur le second rayon sont rangés de petits bocaux,
des bouteilles et fioles remplies de diverses couleurs, le tout étiqueté et portant exactement l'indication des numéros ; une division de ce rayon doit
porter les entonnoirs et une partie des gommes.
4° Un troisième rayon reçoit les acides, les alcalis,

les spiritueux, et les couleurs que l'on peut sans inconvénient conserver en grande quantité, en un mot
tous les objets qui sont d'un usage un peu moins
journalier que les précédents.

Si la table est pourvue de tiroirs, on y mettra une
ou deux boîtes à couleurs dont se servent les peintres en miniature, quelques palettes d'ivoire et autres qu'ils emploient également. On trouvera sous la
table les terrines et plats creux en grès nécessaires
pour laver les ustensiles propres aux couleurs.

Auprès de la *table à couleurs* doivent se trouver
deux ou trois longs clous : ils sont destinés à porter
les *tablettes à couleurs* ou *tablettes à pétales* ; trois,
quatre, et même cinq de ces tablettes peuvent, au
besoin, tenir après chaque clou. Elles sont tellement
simples que je pourrais me dispenser d'en donner la
figure ; mais il ne faut rien laisser à désirer. Ainsi
donc (fig. 35) un assemblage de planchettes légères,
de forme carrée, large de 35
centimères environ, et long d'à
peu près 85 centimètres. Une
des extrémités reçoit une corniche de bois ; au milieu de
cette corniche est un anneau de
cuivre ou de fer semblable à
une forte boucle de rideau.

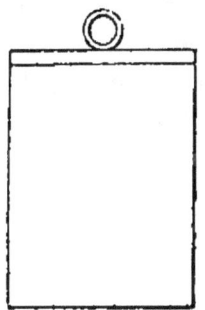

Fig. 35. Tablette à pétales.

Quand on a teint partiel-
lement les pétales (ainsi que je
l'expliquerai plus tard), on les place sur ces tablettes
à mesure qu'ils commencent à sécher ; la tablette,
posée alors sur la table à couleurs, empêche qu'elle
ne soit tachée par le contact des pétales ; et d'ail-

leurs, sa surface bien lisse permet d'enlever les pétales très facilement.

Pour employer les colles ou pâtes à coller, on se
sert ordinairement de pots à pommade dit de *quatre
onces*, dont les rebords ont un peu de largeur : il est
bon d'en avoir une certaine quantité dans le voisinage de la table à couleurs, sur quelque rayon. De
plus grands pots de la même espèce, mais en plus
petit nombre, sont encore nécessaires. Près de ces
deux sortes de pots doivent se trouver de grosses
éponges pour mettre l'empois ou pour l'égaliser ;
quelques morceaux de linges fins pour empeser partiellement, plusieurs morceaux de savon blanc ordinaire, et constamment, dans un vase ou plutôt dans
un bocal, une forte dissolution de gomme arabique.

Les localités indiqueront où devront être placés
les suspensoirs, les grands cartons à transporter les
fleurs achevées, les livres de botanique, et les dessins représentant des fleurs qui peuvent et doivent
se rencontrer dans l'atelier. Il ne me reste plus qu'à
recommander quelques mesures bien simples, mais
bien utiles.

Tous les soirs, à la fin du travail, pour n'avoir
pas à déranger les parties de fleurs suspendues au
porte-fleurs ou plantées dans les sébiles à sable ;
pour n'être pas forcée de les laisser exposées à la
poussière, la maîtresse de l'atelier fera tendre une
grande mousseline, ou mousseline-gaze commune,
sur les arcades du porte-fleurs. Ce drap ou nappe en
mousseline devra recouvrir exactement tous les objets, et ne s'enlèvera le matin qu'après le balayage.

Après l'avoir ôté, la maîtresse examinera s'il ne
s'est glissé nulle saleté parmi les parties de fleurs

restées dons les petits cartons, qui ont dû alors être
garnis de leurs couvercles ; elle fera arranger la
place de chaque ouvrière sur la table, c'est à-dire
elle y fera poser une feuille de papier blanc, la re-
tournera ou la renouvellera s'il y a lieu ; elle fera
secouer le plomb ou boîte à bobines, frotter la brucelle, débarrasser chaque place des petits débris de
papier, cannetille, etc., qui pourraient s'y trouver.
Les petits pots de colle, qui devront être étiquetés,
seront l'objet d'une attention particulière, car ils sont
très susceptibles de malpropreté. Il faudra, avec la
pointe d'un couteau, enlever les écailles ou gouttes
de colle qui se seront attachées sur les bords ; ceux-
ci seront bien lavés ensuite avec une petite éponge
affectée à cet usage.

Ces divers nettoyages doivent avoir lieu tous les
matins ; il faut de même épousseter les emporte-
pièce, gaufroirs, et tous les autres instruments. Mais
chaque semaine (le samedi, par exemple), il faudra
entièrement débarrasser la table, en laver la toile
cirée à l'eau tiède, bien frotter avec un chiffon de
laine les arcades du porte-fleurs, les mandrins, découpoirs, etc. On peut fixer à chaque quinzaine ce
nettoyage général.

La partie de l'atelier où se font les apprêts, teintures, devra, si le sol n'est point dallé, être recouverte
d'une toile cirée très grossière, car il est presque
impossible d'empêcher que le sol ne reçoive beaucoup de taches d'empois et de couleurs. Les apprêts
achevés et bien séchés, on enlèvera cette sorte de
tapis.

DEUXIÈME PARTIE

DES OPÉRATIONS

CHAPITRE V

Des Apprêts

SOMMAIRE. — I. De l'apprêt des étoffes de fil et de coton. — II. De l'apprêt des étoffes de soie. — III. De l'apprêt des papiers. — IV. Emploi du papyrus pour la fabrication des fleurs artificielles. par M. Denevers. — V. De l'apprêt des fils. — VI. Préparation du fil de fer. — VII. Préparation des pâtes à coller. — VIII. Apprêts pour feuillages.

A l'exception de quelques étoffes particulières, comme crêpe, gaze de soie, les fleuristes apprètent toutes celles qui leur servent à la fabrication des fleurs. Ce n'est même encore que les fleurs de fantaisie qui, parfois, les dispensent de ce soin. Il est vrai que plusieurs d'entre eux achètent les étoffes tout apprêtées, mais cette habitude a deux inconvénients : le premier, de coûter plus cher; le second, de nuire quelquefois aux opérations. Par exemple, pour obtenir les nuances fraîches et tendres, il est indispensable de blanchir de nouveau les étoffes de fil ou de coton, même étant neuves. Comment pourra-t-on s'assurer que ces étoffes ont reçu le second blanchissage? De plus, l'étoffe destinée à certaines couleurs doit, soit lors du blanchissage, soit au moment de l'apprêt, recevoir une préparation particu-

lière, qui ne coûte ni peine, ni frais, et qui offre plusieurs avantages dont on se prive ainsi volontaire-
ment et en ne faisant pas ses apprêts soi-même.

Il est rare que les fleuristes ne préparent pas leurs
couleurs, même en achetant les étoffes apprêtées, à
moins que leur fabrication ne soit très restreinte.
Pour passer les étoffes aux diverses teintures, il faut
les tendre sur les châssis ; il le faut également pour
·les passer à l'empois ; aussi beaucoup de personnes
emploient-elles de l'empois coloré de la manière
convenable, ou tout au moins, sans démonter le
châssis, mettent la couleur après avoir mis la gomme.
Ainsi l'opération de gommer se confond avec celle
de teindre, et ne demande pas plus de travail. C'est
donc une duperie de payer pour faire faire une
opération qu'il faut forcément recommencer en
partie.

I. DE L'APPRÊT DES ÉTOFFES DE FIL
ET DE COTON

C'est pendant la morte saison, c'est-à-dire aux mois
de juillet et d'août, que doivent se préparer les apprêts généraux pour les provisions ; les apprêts particuliers, pour remplacer telle ou telle étoffe employée
ou pour fabriquer quelque fleur exotique, s'exécutent
dans tout le cours de l'année ; mais on doit, autant
que possible, éviter d'avoir à les confectionner pendant les grands froids, car alors l'empois se durcit
si promptement, se bat avec tant de difficulté, qu'il
est bien rare de parvenir à gommer convenablement
l'étoffe.

Ce que j'ai dit plus haut sur la nécessité d'un second blanchissage, pour obtenir des couleurs bril-

lantes, indique une première division. En effet, il
faut mettre à part les étoffes destinées à faire des
fleurs blanches (et on sait qu'elles sont en grand
nombre), et les feuillages ternes ou vert pâle, comme
les feuilles des giroflées, du trèfle, et d'une multitude d'autres plantes. Ces étoffes ne devront point se
blanchir, car il est inutile de prendre cette peine.

Pour tout autre objet, l'étoffe se blanchira de cette
façon : on la passera et on la frottera à deux eaux
chaudes, puis on la savonnera, et on la rincera à une
ou deux eaux tièdes, sans la passer au bleu. Si
l'étoffe est destinée à être *trempée* en rose, en rouge
cerise, couleur de chair (voyez chapitre III, des *Couleurs*), la dernière eau de rinçage devrait être acidulée, soit avec un peu de crème de tartre, soit avec du
vinaigre ou du jus de citron, quoique plusieurs fleuristes jugent à propos de s'en dispenser, parce que
l'emploi d'un acide quelconque nuit à l'action du peu
d'alcali que l'on met dans le *rose* pour le faire *tourner*
(voyez *Trempage des Pétales*, chapitre IX). Si l'étoffe
doit recevoir une autre couleur, on se gardera d'employer aucun acide.

Il y a deux manières de mettre l'empois : la première consiste à bien en imbiber l'étoffe avant de la
tendre sur le châssis ; la seconde, à la tendre d'abord,
puis à mettre l'empois ensuite. Pour toutes deux on
prépare l'empois en faisant cuire de l'amidon.

Chacun sait comment se prépare l'empois : on
prend de l'amidon que l'on dissout dans un peu
d'eau tiède ou froide, puis on verse petit à petit de
l'eau bouillante dessus, en remuant toujours : on
le met sur le feu en continuant de remuer jusqu'à
ce qu'il commence à bouillir ; dès qu'il a jeté plu-

sieurs bouillons, il est cuit, on le retire du feu, et on
le laisse refroidir.

Cet empois est mis ensuite dans un plat creux
pour être délayé et battu. On peut avoir recours à
plusieurs procédés suivant la destination de l'étoffe à
gommer; si elle doit être fortement empesée, et un
peu lustrée, il convient de délayer l'empois avec une
légère décoction d'eau de riz. Cette décoction un peu
forte et refroidie est excellente pour gommer les ba-
tistes très claires, les mousselines, les jaconas presque transparents, qui sont destinés aux fleurs blanches, surtout aux girofflées, aux narcisses, aux roses,
de cette couleur, car c'est le meilleur moyen de donner de la fermeté aux étoffes sans les épaissir. Une
dissolution de gomme arabique blonde produit le
même effet, d'une manière encore plus favorable;
mais son emploi serait trop onéreux pour que je
puisse le conseiller. On bat l'empois avec une spatule
ou une cuiller, en introduisant l'eau peu à peu.

Si l'étoffe doit recevoir une nuance quelconque de
rouge, et qu'on ait négligé d'aciduler l'eau du rinçage, on peut y suppléer en délayant l'empois avec
de l'eau de crème de tartre ou mélangée de tout
autre acide. Veut-on teindre l'étoffe en jaune au
moyen de la gaude, on ajoute de l'alun à l'eau de
délayage. En bleu, cette eau est teinte d'indigo ou
de bleu en liqueur, etc. La quantité de l'eau varie
en raison de l'espèce d'étoffe apprêtée et du degré
de fermeté que l'on désire : car il faut moins d'empois, et par conséquent plus d'eau, pour de la batiste,
de la percale fine et peu serrée, que pour des percales grosses et fortes, ou du calicot. 95 grammes
d'empois suffisent à 1 m. 20 de mousseline fine ou

jaconas de un mètre et demi de large : il en faudrait
125 si la mousseline ou le jaconas était d'une plus
forte grosseur.

Si l'on veut empeser l'étoffe avant de la tendre, on
la tient pliée également de la main gauche, et on
fait tomber le premier pli sur une table bien propre :
de la main droite on prend de l'empois bien préparé
et bien battu de la manière convenable, et on le met
à différentes places sur ce premier pli de l'étoffe : on
rabat le second pli sur le premier en répétant la
même manœuvre, ayant soin d'alterner les portions
d'empois, c'est-à-dire de mettre ces portions au second pli dans les empois correspondants aux vides
du premier. On agit de même jusqu'à la fin de
l'étoffe. Cela achevé, on bat bien exactement dans
les deux mains, ouvrant et refermant l'étoffe à diverses reprises, et tâchant de bien écraser l'empois,
de le faire pénétrer exactement partout.

Quand toute l'étoffe est imbibée, il est bon de la
soulever, de l'examiner à contre-jour pour reconnaître s'il n'y a pas quelque partie non empesée, ou des
grumelots qui font saillie, ou bien si l'empois donne
trop d'épaisseur à certains endroits. On remédie à
ces défauts en promenant une éponge chargée d'empois sur les parties non empesées, et une éponge ou
linge sec sur les grumelots ou les excédents d'empois.

Les personnes qui ne veulent faire aucune addition d'acide, alun, indigo, etc., dans l'eau de rinçage
ou de délayage, attendent pour l'opérer le moment
où elles introduisent l'empois dans l'étoffe ; alors elles
le saupoudrent de quelques pincées de ces substances en poudre, et le battent en même temps que
l'empois. Cette méthode est vicieuse : on a déjà bien

assez d'embarras pour faire pénétrer l'empois bien
également dans l'étoffe sans se donner ce nouveau
soin : d'ailleurs, quelque chose qu'on fasse, ces matières laissent beaucoup de poussière sur l'étoffe.

Outre la peine que l'on éprouve à bien étendre
l'empois, on en a encore pour détirer l'étoffe et la
mettre sur le métier, parce qu'elle se replie, se colle
sur elle-même, et que d'ailleurs les crochets et clous
y pénètrent assez difficilement : ils y mettent aussi
un peu de rouille. Tous ces désagréments n'existent
pas lorsqu'on commence par tendre l'étoffe sur le
métier avant de l'empeser, car on en est parfaitement
maitre. L'étoffe convenablement tendue et l'empois
préparé, on prend un pinceau en queue de morue ou
une éponge d'une assez forte grosseur, on imbibe
l'un ou l'autre d'empois, puis on le promène soit en
long, soit en large, sur l'étoffe, mais toujours dans
le même sens. Lorsque l'empois est légèrement coloré, ou que l'étoffe est claire, rien n'est plus facile
que d'apprêter également, car on voit parfaitement
la ligne où l'empois a cessé de pénétrer. Il faut un peu
plus de soin dans le cas contraire; néanmoins, en
plaçant le châssis à contre-jour et en le soulevant un
peu, on se procure une facilité pareille. Dès qu'on a
cessé de gommer, on doit bien laver et essuyer le
pinceau ou l'éponge, afin qu'il ne conserve aucune
raideur.

Quand le métier est tendu ou l'étoffe empesée, il
faut, pour le préserver de la poussière, le tenir à
l'écart; mais il vaudrait mieux encore que les chevilles qui tiennent ensemble les montants et les traverses fussent un peu hautes, larges et aplaties par le
bout, parce qu'au besoin on pourrait leur faire porter

Fleuriste.   6

une mousseline ou gaze grossière qui préserverait
l'étoffe gommée, sans lui nuire par son contact. Je
pense qu'un grand papier bien ferme conviendrait
encore mieux.

Quand l'étoffe commence à sécher, il faut l'examiner avec soin; c'est l'instant de reconnaître les petits
grumelots, les parties légèrement désempesées qui
auraient pu échapper aux regards; on enlève les premiers avec la pointe des ciseaux ou des brucelles;
on remédie aux secondes en passant dessus une
éponge ou un linge fin empesé. On n'a guère besoin
de faire ces réparations lorsqu'on a gommé sur le
châssis.

L'empois étant sec, on a plusieurs choses à observer, suivant la nature de l'apprêt. S'il s'agit d'une
étoffe blanche qui ne doive recevoir aucune autre
couleur, on la démonte et on la range. A-t-on employé
un empois coloré, on s'assure si la nuance a le degré
convenable; si elle l'a, on démonte : dans le cas contraire, on prépare la couleur analogue, et au moyen
d'un pinceau en queue de morue, on donne une couche pour renforcer la nuance. A cet effet, on agit
comme il a été dit pour appliquer l'empois sur l'étoffe
tendue; on laisse sécher, on examine, et, s'il en est
besoin, on remet une seconde couche. On termine
l'opération en passant sur l'étoffe une brosse de buffle pour enlever la poussière colorante qui pourrait
y être demeurée.

On pose les couches de couleurs de cette manière,
lors même qu'on n'aurait pas employé d'empois coloré. Mais cette manière de teindre l'étoffe est spécialement usitée pour les feuillages, ou pour donner les
premières teintes aux pétales des fleurs de couleurs

très foncées, car généralement on teint les pétales en les trempant dans plusieurs bains diversement préparés : on les plonge ainsi un à un après qu'ils sont découpés, afin de ménager les nuances, et c'est de là que vient le mot technique *tremper* (on dit tremper en rose, en jaune, etc.).

Quoique généralement on soit dans l'usage de vernisser certaines feuilles après qu'on les a soumises aux découpages, si l'on avait à préparer beaucoup de feuillages de cette espèce, il vaudrait mieux les vernisser lorsque l'étoffe serait sur le métier. Pour y parvenir on imbiberait un pinceau d'une forte dissolution de gomme arabique, ou de blanc d'œuf battu avec le lait de l'euphorbe : on promènerait également ce pinceau sur l'étoffe, puis on la laisserait sécher. Presque tous les procédés que j'indiquerai plus tard pour l'imitation de divers feuillages pourraient, en cas de grandes opérations, être exécutés sur le châssis.

II. DE L'APPRÊT DES ÉTOFFES DE SOIE

Ainsi que je l'ai dit, le fleuriste emploie du taffetas, gros de Naples, quinze-seize, satin, velours, peluche et satin de coton. Ces étoffes exigent peu de préparations, principalement le satin que l'on ne teint jamais ; on se contente de le monter à l'envers, et de l'empeser de ce côté, au moyen d'une légère dissolution de gomme appliquée avec un pinceau fin, ou une fine éponge.

Il faut acheter, si on se le rappelle, le taffetas et gros de Naples beau vert, puis, s'il le faut, on leur donne la nuance désirée, soit en les plongeant dans

la teinture, soit en les peignant sur le châssis au pinceau. Cette dernière méthode est plus usitée. Quand
le taffetas est sec, de quelque manière qu'on l'ait
gommé, on s'occupe à lui donner le dernier apprêt.
Pour cela, on enduit un pinceau fin d'une dissolution de gomme arabique très légère, et on le passe
d'un côté du taffetas : cette manœuvre lui procure le
brillant que doit avoir le dessus des feuilles. Si le
feuillage doit être velouté légèrement, on remplace
la dissolution de gomme par une eau d'amidon colorée, suivant la nuance qu'on souhaite, et on l'applique de la même façon. On doit s'attacher à ne pas
laisser durcir l'amidon, à l'empêcher d'être trop lisse,
enfin à le faire velouter convenablement. Lorsque le
velouté des feuilles est plus prononcé, on commence
par appliquer au pinceau un peu de gomme; puis,
lorsqu'elle est prête à sécher, on saupoudre avec de
la tonture de drap réduite en poussière très fine : il
va sans dire qu'on en assortit convenablement la
couleur. Pour imiter divers feuillages exotiques, il
vaut quelquefois mieux saupoudrer avec un peu de
semoule colorée réduite en poudre impalpable : semoule ou tonture, quand la gomme est bien sèche,
on secoue pour faire tomber l'excédent de la poussière.

Il est toujours avantageux de faire ces apprêts en
grand, dans un atelier bien monté; mais les personnes qui travaillent aux fleurs pour leur plaisir, devront se borner à mettre les vernis et les veloutés sur
les feuilles découpées.

Quand les feuilles ont un envers, ou dessous particulièrement vernissé, velouté ou coloré, on retourne
le châssis de l'autre côté, et on agit sur le taffetas ou

sur l'envers de toute autre étoffe de soie, comme il est convenable pour l'imitation de la nature ; mais si les feuilles ne sont qu'en partie colorées, il faut attendre après le découpage pour tremper les feuilles, ou bien leur appliquer la couleur au pinceau.

III. DE L'APPRÊT DES PAPIERS

Le fleuriste artificiel achète tout apprêtés la plupart des papiers dont il se sert ; néanmoins, il est plusieurs préparations qu'il pourrait avantageusement faire lui-même ; par exemple les trois suivantes :

Papier gazé

Prenez du papier coquille vélin, ou papier double dans les trois nuances de vert ; étalez-le sur une table de manière qu'il présente l'envers ; enduisez cette surface d'un peu de gomme, ou de blanc d'œuf récent, ou d'amidon légèrement coloré en vert. Un très petit pinceau que vous passerez légèrement, vous aidera à mettre infiniment peu de ces diverses colles ; mais cependant le papier doit être encollé partout. Immédiatement après, vous prenez un morceau de gaze verte en soie, très claire et très légère, de l'espèce dont on se sert en modes et pour voiles (Cette gaze, par parenthèse, se nomme fort improprement *gaze de laine*). Votre morceau de gaze sera de grandeur égale au papier : vous le prendrez des deux mains, et vous l'appliquerez sur ce dernier, de telle sorte que la gaze ne présente aucun plissement, et qu'elle fasse corps avec le papier. Pour y parvenir, vous appliquerez dessus un morceau d'étoffe quelconque, pourvu qu'elle ne soit point cotonneuse, et

6.

vous l'appuierez de la même manière que l'on essuie,
sans frotter, quelque partie de la peau délicate, ou
blessée. Vous laisserez sécher ensuite, et l'opération
se trouvera terminée.

En gazant de très beau papier serpente battu, et
non battu, de la couleur convenable, on prépare de
joli *papier pétale*. Ce papier imite très bien le tissu
que présentent certaines corolles; mais on sent que
les pétales qu'il fournit ne peuvent être trempés, et
qu'il faut les colorier au pinceau.

Papier ciré

Faites fondre de la cire vierge sur un feu doux, et
dans un vase vernissé : dès qu'elle est fondue, mê-
lez-y peu à peu, et en remuant continuellement, une
quantité suffisante d'essence de térébenthine, de telle
sorte que le mélange ait la consistance du miel : vous
reconnaîtrez le degré convenable de fluidité, s'il coule
comme cette substance, en en mettant une goutte sur
l'ongle et la laissant refroidir. Vous ajouterez de l'essence quand la préparation sera trop épaisse ; vous
ne la ferez point trop longtemps à l'avance. Si vous
avez quelque nuance à ajouter au papier que vous
voulez cirer, vous mettrez quelques gouttes de la
couleur convenable dans le mélange, que vous agi-
terez bien, pour mêler exactement le tout.

Vous étendrez ensuite votre papier sur la table,
mais de manière qu'il présente l'endroit; vous mettrez sur toute sa surface une très légère couche du
mélange. Cela fait, et même avant si on le juge à
propos, on fixe bien solidement, par les quatre coins,
le papier sur la table, soit avec un peu de cire d'Espagne, ou des épingles de tapissier, enfoncées dans

la table, soit même par de très légers clous, appelés
pour cette raison, *clous d'épingles*. Il importe que le
papier ne puisse faire aucun plissement. Vous prenez
ensuite un chiffon, ou tampon d'étoffe de laine, et
vous frottez le papier toujours dans le même sens :
pour le rendre encore plus brillant, vous frottez de
nouveau avec un morceau de tricot de laine. Si vous
voulez que le papier brille plus encore, laissez l'enduit quelques heures sans frotter, ou remettez une
seconde couche après avoir frotté : le papier doit toujours être fort.

Papier vernissé de M. Bochon

Faites dissoudre de la colle forte ordinaire, blanche, dans une suffisante quantité d'eau. Etalez votre
papier sur une tablette, et passez-y, au pinceau, une
couche légère de colle forte. Si vous voulez lui donner une couleur quelconque, ou ajouter quelque
nuance, placez la tablette dans un baquet pour pouvoir mettre commodément la couleur que vous aurez
choisie. Si vous désirez que votre papier ait beaucoup
de fermeté, vous réitérerez une ou deux fois encore
les couches de colle, en faisant toujours sécher sur
des ficelles chaque couche avant d'en remettre une
nouvelle. Pour mettre la couleur, le papier doit être
parfaitement sec : on verse doucement la liqueur liquide sur le papier, et on l'étend le plus également
possible avec un pinceau. S'il reste des parties de la
couleur, on les enlève avec une éponge un peu humectée d'eau, puis on fait sécher le papier en l'étendant sur des ficelles.

Le papier sec, on lui donne du lustre en y passant
une dernière couche de colle; enfin, lorsqu'il est bien

sec, on fait une dissolution d'alun, de nitre, de cristaux de tartre dans l'eau, à parties égales, on y trempe une éponge, et on la passe légèrement sur la surface. Si l'on n'a besoin que d'un papier médiocrement ferme, et qu'on ne soit pas obligé d'y mettre de la couleur, ces deux dernières opérations seront suffisantes.

IV. EMPLOI DU PAPYRUS POUR LA FABRICATION DES FLEURS ARTIFICIELLES, PAR M. DENEVERS.

Le papyrus, comme on sait, était connu des Egyptiens qui l'employaient aux mêmes usages que nous destinons le papier. M. Denevers, fabricant de fleurs à Paris, a voulu le rendre encore utile en l'appliquant à la fabrication perfectionnée des fleurs artificielles. Pour cela, l'on commence par amollir les feuilles de papyrus par la vapeur; ensuite on les décolore par les acides, le chlore, l'acide sulfureux, ou autres agents chimiques. Après cette opération, on leur fait prendre les diverses nuances que l'on désire, par les moyens usités pour la teinture des tissus destinés à la fabrication des fleurs artificielles. Le gaufrage s'obtient par le procédé connu.

Ces préparations étant terminées, on découpe les feuilles pour en faire des fleurs artificielles qui n'ont pas l'inconvénient de laisser apercevoir des fils qui se croisent, comme dans les fleurs en tissus; de plus, elles sont d'une transparence parfaite et leurs couleurs et leurs nuances sont plus vives et plus durables que celles des fleurs en baleine et autres substances animales.

V. DE L'APPRÊT DES FILS

Pour gommer et teindre commodément les fils de soie, de coton, les fils ordinaires, on commence par les bien imbiber de teinture; ensuite, lorsqu'ils ont été bien foulés et pressés, on songe à les tendre sur le châssis. Il y a deux manières de les tendre. Pour la première, on fait choix d'un châssis à pointes ou crochets, on écarte modérément les montants l'un de l'autre si le brin est très fin, crainte qu'il ne vienne à se rompre; on tient ensuite l'écheveau de la main gauche, et de la droite on dénoue la boucle serrée que le brin fait après l'écheveau, on va attacher ce brin après le premier clou de l'un des montants, puis on le conduit au clou correspondant de l'autre montant; on le passe sur ce clou sans l'attacher, puis on revient au second clou du premier montant; pour retourner ensuite de la même manière au second montant.

Quand on est parvenu à la fin des clous, on peut remonter en croisant les fils, afin qu'ils ne se rencontrent et ne se collent pas ensemble; mais pour cela il a fallu alternativement passer le fil sur un clou et laisser l'autre. Cette méthode est très bonne, elle est indispensable, même lorsque le fil est gommé, parce que c'est l'unique moyen d'empêcher les brins de s'agglomérer : elle s'appelle *tendre au brin*.

Lorsqu'on veut à la fois teindre et gommer les fils, on fait les deux opérations en une seule; à cet effet, on prépare une eau d'amidon colorée, en délayant l'empois avec la couleur convenable, et l'on foule bien l'écheveau dans cette eau. Le fil étant sec, on le vernissera, s'il y a lieu, au moyen du blanc d'œuf appliqué très légèrement avec un pinceau. On termine en détachant le fil et en en formant de grandes boucles superposées les unes sur les autres, ou bien en le divisant en diverses longueurs, qui, repliées une ou deux fois sur elles-mêmes, donneront justement la mesure des faisceaux d'étamines.

La seconde méthode de tendre les fils est plus expéditive, mais ne peut convenir sitôt qu'ils sont gommés, parce que les brins resteraient en paquets, à moins toutefois que la gomme en soit très légère.

Il arrive souvent que l'on a besoin, pour certains pistils, de coton, fil ou soie, teint sans être empesé. On trempe l'écheveau dans la teinture, d'une part; de l'autre, on entre les montants d'un châssis sur les traverses, et on les tient rapprochés, en mettant provisoirement les chevilles; on savonne quelque peu à sec ces montants du côté opposé à celui qui porte les clous, afin que les brins ne se collent pas après le bois. On presse l'écheveau, on l'entre à la fois sur les deux montants, on en écarte les brins autant que possible; cela fait, on éloigne les montants de manière à ce que l'écheveau soit parfaitement tendu, et on le laisse sécher. On peut couvrir toute la longueur du châssis d'écheveaux ainsi disposés. Pour les ôter, on rapproche les montants comme au moment de les mettre, et l'on secoue bien les écheveaux avant de les ranger. On nomme cette manière *tendre en écheveau.*

Les crins s'étendent en brin sur un petit châssis, dont les montants sont peu éloignés; on trempe ensuite un pinceau dans la couleur choisie, et on l'applique fortement, de telle sorte que le crin entre bien dans les poils du pinceau. On laisse sécher, et on

remet, s'il le faut, une seconde et troisième couche
de la même manière.

On teint le coton cardé en le plongeant dans la couleur, et en l'étendant sur une table.

VI. PRÉPARATION DES FILS DE FER

Il n'y a que bien peu de chose à dire sur cette
matière, mais il ne faut rien omettre. Le fil de fer,
comme on l'a lu plus haut, se vend en rouleaux ; par
conséquent, lorsqu'il est un peu fort, il doit être étiré
pour pouvoir se redresser. On y parvient en l'attachant après le bouton ou la poignée d'une porte ; il
vaudrait mieux encore fixer solidement, pour cet objet, un fort crochet ou patte de fer dans la muraille.
Quand le fil est attaché, on l'étire peu à peu, jusqu'à
ce que, laissé à lui-même, il ne tende plus à s'arrondir : on le coupe ensuite avec de très forts ciseaux.
Si les bouts, qu'on obtient ainsi présentaient de la
rouille, on en mettrait environ une poignée dans un
morceau de gros papier gris, et s'ils étaient bien
rouillés, dans du papier de verre. Les bouts étant en-
veloppés du papier, on les pose sur une table, et on
les frotte en les roulant les uns sur les autres avec la
main ou une brosse : si l'on veut aussi, on les place
à terre, et on les roule sous un petit balai, ou sous
les pieds chaussés de pantoufles. Cette opération
suffit pour nettoyer les fils de fer. Pour avoir du fil de
fer cuit, dans le cas où vous en manqueriez, il suffirait de mettre du fil de fer cru au feu, et de l'en retirer dès qu'il serait rouge.

VII. PRÉPARATION DES PATES A COLLER

Le fleuriste artificiel a continuellement besoin de
pâte pour coller les diverses parties des fleurs ; quand

cette pâte est préparée depuis quatre à cinq jours,
elle n'en est que meilleure : il est donc avantageux
d'en avoir toujours, et d'en faire assez abondamment.

Sa préparation est simple. On délaie dans une dissolution de gomme arabique de la farine bien blanche de seigle, de froment, et quelquefois de riz; on
remue le mélange avec une spatule, et on le met
cuire. Aux premiers bouillons, il est cuit. Si la pâte
doit être colorée, en bleu par exemple, on ajoute
quelques gouttes d'indigo à la dissolution de gomme,
ou après avoir délayé la pâte; en jaune, on met un
peu d'ocre, ou de gaude, ou de *terra merita*; en rose,
un peu de carmin, de laque, ou de carthame; en
violet, de l'orseille. La pâte blanche sert le plus communément.

Ces pâtes servent à coller les pétales, les areignes,
les petites tiges ou pédicelles aux feuilles, et générale-
lement toutes les parties des fleurs ; mais il y a encore
une appelée spécialement *pâte verte*. Cette pâte est
employée à donner une couche légère aux boutons
de roses naissants, et aux boutons plus ou moins développés d'une multitude de fleurs. Voici la manière
de la préparer :

Délayez un peu d'amidon avec de l'eau douce ;
d'autre part, prenez une petite quantité de gomme
gutte en poudre, première qualité, ou du jaune de
chrome pâle ou foncé, selon les nuances dont vous
aurez besoin ; ajoutez le jaune, choisi et délayé à
l'amidon; mélangez bien ces substances, puis ver-
sez-y quelques gouttes d'indigo ou de bleu en boules
azurées. Si vous désirez que la pâte ait une certaine
consistance, vous ajouterez au mélange quelques

pincées de farine de froment ou de riz ; vous y versez ensuite quantité suffisante de dissolution de gomme blonde, pour que la pâte devienne aussi liquide que l'amidon prêt à être cuit ; remuez bien le tout, et mettez pendant quelques moments sur le feu. Cette pâte se fait aussi à froid, mais elle est moins avantageuse. La dose de farine employée est une pincée pour une cuillerée à bouche d'amidon.

Si cette pâte se trouve trop verte ou pas assez, on remédie au premier inconvénient en ajoutant un peu d'eau ; au second, en mettant un peu de couleur.

VIII. APPRÊTS POUR FEUILLAGES

Le grand essor qu'a pris depuis une vingtaine d'années la fabrication du feuillage artificiel en a fait une importante spécialité. Telle et telle maison que nous pourrions citer a jusqu'à quatre ou cinq cents métiers, et est plutôt une usine qu'un atelier, avec chaudière, locomobile, laminoir, voitures de transport, etc., etc.

CHAPITRE VI

De la manière de faire les Tiges

Nous avons vu que les fils de fer et de laiton servent ordinairement à préparer les tiges : il est, à cet égard, très peu d'exceptions relatives à la nature, à la souplesse, à la position des tiges de certaines

plantes, ou, pour mieux dire, à certaines parties de
la tige ; car il est bien peu de fleurs où ces fils métalliques ne se rencontrent pas ; aussi regarde-t-on le fil
de fer garni de coton comme la base des tiges, et en
prépare-t-on ainsi à l'avance de petits paquets, comme
je l'ai déjà dit plus haut. On ne se sert plus de soies
de sanglier pour tiges.

Cotonner

On nomme *cotonner*, la petite manœuvre que l'on
fait pour recouvrir le fil de fer : elle est très facile.
Vous prenez de la main gauche un morceau de *trait*
coupé préalablement de la grandeur convenable ;
c'est ordinairement d'une longueur de 15 à 25 centimètres. Vous tenez de la main droite une petite masse
de coton blanc cardé, et vous écartez et détirez ce
coton entre le pouce et l'index de la même main :
dans ce mouvement l'index se trouve plié, et le pouce
pose sur la première phalange. Le filament de coton
que l'on obtient ainsi est pris entre le pouce et l'index
de la main gauche, avec le fil de fer, que ces doigts
tournent rapidement. De cette manière, le coton se
roule en spirale autour du *trait*, de façon à le recouvrir partout d'une couche égale et légère : ainsi cette
opération est semblable à celle qui se prépare pour
garnir de fil une bobine ou un petit fuseau.

Si l'on doit faire servir ce *trait* au *pied* d'une fleur,
c'est-à-dire à la tige principale qui doit porter toutes
les parties, il faut réitérer l'opération et cotonner
deux et même trois fois. Doit-on faire une branche
d'arbuste, on prend un trait beaucoup plus gros, et
on le cotonne jusqu'à cinq et six fois.

Les tiges de boutons naissants, de boutons ouverts,

se cotonnent très légèrement; quelquefois il arrive
que les filaments de coton couvrent à peine le trait.
Pour imiter les tiges aplaties, comme celles du narcisse, il faut prendre un trait assez fin, le cotonner
assez fortement, puis saisir chaque bord entre les
ongles de l'index et du pouce de chaque main. et
aplatir ainsi ces bords dans toute leur longueur.

Quand la tige doit présenter des bourgeons, il faut
renfler le coton de place en place selon le modèle,
puis ensuite pincer fortement cet excédent de coton.
Il est nécessaire d'alterner les petites grosseurs que
produisent ces pincements, de telle sorte qu'elles ne
se rencontrent jamais en face l'une de l'autre. Si l'on
doit imiter des bourgeons arrondis, on rend la petite
grosseur ronde ; dans le cas contraire, on allonge un
peu le coton, afin de figurer un bourgeon pointu. La
même opération est nécessaire pour les tiges *sarmen-
teuses*, c'est-à-dire qui présentent des nœuds ou bourrelets comme le sarment de la vigne.

Dans plusieurs ateliers, on prépare les tiges de la
manière suivante, quand on veut leur donner beaucoup de solidité : on prend une ficelle de moyenne
grosseur, on la teint à la fois avec le trait, et on les
attache ensemble au moyen d'un fil de fer très fin.
Ce dernier forme autour de la ficelle et du trait une
spirale fort éloignée; souvent aussi quelques brins de
filasse, ou du coton, font l'office de ce léger fil de fer.

Pour faire les très grosses branches ou les pieds
d'arbustes, on met deux ou trois fils de fer que l'on
cotonne ensemble. Pour imiter les tiges qui présentent une raie ou strie au milieu, il faut nécessairement cotonner deux fils de fer placés l'un auprès de
l'autre.

Il est souvent fort avantageux d'employer de la
ouate, ou coton cardé de couleur, pour cotonner. Cela
arrive toutes les fois que la tige semble revêtue d'un
tissu transparent et comme à réseau, ainsi qu'on
l'observe chez beaucoup de fleurs exotiques. Alors
on fait usage de coton vert, ou couleur bois, ou rous-
sâtre, suivant la teinte qu'offre la nature. Ce coton
est recouvert ensuite d'une gaze de semblable couleur.

Le cotonnage est, comme on le voit, la première
et la plus imparfaite des opérations qu'exige l'imitation des tiges; il faut ensuite recouvrir ce coton; on
le fait communément en papier, et cette pratique est
tellement habituelle, que tous les moyens qui la remplacent ne sont que des exceptions ou des perfectionnements. Occupons-nous en détail d'apprendre *à
passer en papier*.

Passer en papier

Vous commencez par choisir le papier convenable,
car, selon la nuance de la tige que vous devez imiter, vous aurez à choisir dans les couleurs bois et
vert, ou foncé, ou tendre. D'après la nature de la
fleur, il vous faudra peut-être aussi employer du papier serpente blanc, du papier jaune, ou bien encore
argenté et doré, parce qu'on passe avec toute espèce
de papier.

Votre papier choisi, vous en prenez une feuille,
que vous étalez sur la table, pour la plier à moitié,
de biais et dans toute sa longueur. Vous répétez ce
pli jusqu'à ce que la feuille soit repliée en seize;
vous passez bien le dos de la main sur ces plis, afin
de les marquer comme il faut, puis, avec des ci-

seaux, vous coupez le long de toutes les lignes formées par les replis : vous obtenez ainsi des bandelettes de 5 à 7 millimètres de largeur ; comme vous
avez eu soin de ne les point séparer à mesure que
vous les avez divisées, ces bandelettes demeurent
ensemble, et le papier semble encore replié. Vous
prenez le tout entre les deux mains, vous frottez légèrement ces bandelettes l'une sur l'autre, dans la
paume des deux mains réunies ; vous les prenez
toutes ensuite par un bout, vous les secouez un peu,
et vous terminez par les mettre dans un petit carton
pour vous en servir au besoin.

Les bandelettes divisées, vous songez à vous en
servir ; pour cela, vous prenez à son extrémité supérieure le trait ou fil de fer cotonné, et vous le tenez
entre le pouce et l'index de la main gauche ; en
même temps vous prenez de la main droite la bandelette, dont vous humectez le bout avec un peu de
salive, et vous l'appliquez sur l'extrémité du trait.
Souvent aussi on commence par poser l'extrémité
ainsi humectée de la bandelette sur le bout de l'index gauche, puis on place par-dessus l'extrémité du
trait. Si la tige est un peu forte, il vaut mieux appliquer légèrement le bout de la bandelette sur le bord
d'un pot de colle, que de le mouiller de salive ; mais
aussi quand la tige est fine, on se dispense de coller
le bout de la bandelette de quelque manière que ce
soit.

Le mouvement par lequel on tourne le papier sur
le trait cotonné, ressemble tout à fait à celui qui aide
à mettre le coton. En effet, on plie la première phalange de l'index sur l'extrémité intérieure du pouce
gauche, et l'on fait tourner entre ces deux doigts le

trait de gauche à droite. De cette manière la bandelette que la main droite soutient se roule en spirale
sur le trait; la seule chose qu'ait à faire cette dernière main, est de tenir obliquement la bandelette,
afin d'éviter de rouler les spires l'une sur l'autre,
défaut que l'on désigne sous l'expression de *visser* :
cette main doit aussi lâcher la bandelette à mesure
que la gauche agit, et garnit le trait en le faisant
tourner rapidement.

On le revêt ainsi dans toute sa longueur, à l'exception de 12 à 15 millimètres qu'on laisse à découvert
à l'extrémité inférieure. Cela a pour but la réunion
de cette extrémité à la tige principale sur laquelle on
fixera plus tard le trait que l'on vient de passer en
papier. Cette observation fait sentir que les tiges
principales, ou *pieds*, ne sont passées en papier qu'en
montant le bouquet. C'est en effet par cela que l'on
termine.

Pour fixer le papier au bout de la tige, on déchire
la bandelette un peu de biais, en l'appuyant sur le
trait; on mouille ensuite de salive l'extrémité pro-
duite par cette déchirure, et on l'applique sur le trait
en la serrant fortement. Pour plus de solidité, on
pose au bout de la bandelette, en dessous, une légère *pointe* d'empois ou de colle, avec la tête des
brucelles. Le mot *pointe* indique ici un *point*, une
quantité extrêmement petite. On termine en serrant
entre le pouce et l'index droits.

Passer en taffetas

Quoique souvent on passe la tige des fleurs fines
en papier, on préfère passer ces fleurs en taffetas
vert très léger, à moins que l'imitation de la nature

s'y oppose, ce qui arrive toutes les fois que la tige
semble sèche et terne. Pour les branches de rosier,
cette dernière pratique est très avantageuse, parce
qu'elle permet d'imiter la surface épineuse de la tige
de rose. Voici comment on y parvient :

On coupe en bandelettes un morceau de taffetas,
absolument comme j'ai conseillé de diviser les petites
bandelettes de papier. Il faut bien prendre garde de
les tailler parfaitement en biais, et à cet effet on doit
commencer par plier l'étoffe comme si l'on voulait
donner la forme de fichu à une pièce carrée. On
prend ensuite chaque petite bandelette, qui sera employée de la même manière que les bandelettes de
papier, et l'on s'occupe d'*épiner*, c'est-à-dire d'imiter
la tige épineuse de la rose. Il y a deux moyens :
le premier, et le plus expéditif, consiste à prendre
par un bout, de la main gauche, la bandelette, tandis qu'avec l'ongle du pouce droit, et le bout de
l'index, on tire légèrement les deux bords, afin de
les effiler à peine, on garnit ensuite le trait cotonné
de ces bandelettes de taffetas qui, serrées par les
tours de spirale qu'on leur donne, élèvent leurs petits effilés, imitant parfaitement le duvet épineux des
tiges de rose. On n'épine pas nécessairement parce
que l'on passe en taffetas.

Quant à la seconde manière d'épiner, on passe en
taffetas, comme si l'on passait en papier : le trait recouvert, on le tient de la main gauche, et l'on promène sur sa surface le tranchant d'une des lames de
ciseaux, de haut en bas et de bas en haut, comme
si l'on voulait ratisser la tige. Cette opération effile
les bords du taffetas, et donne, comme la précédente
un *duvet d'épines* (c'est le terme adopté). On choisira

celle qui semble préférable ; mais je crois que la
première convient mieux lorsqu'on a *passé en gaze*,
comme je le dirai bientôt.

On peut laisser le duvet d'épine vert ; il y a même
des espèces de roses, comme la rose blanche, la rose
marbrée, et beaucoup d'autres, même de couleur
rose, chez lesquelles ce duvet épineux n'a pas d'autre
couleur. Mais en revanche un très grand nombre de
roses, et parmi elles la rose à cent feuilles, la rose
des quatre-saisons, ont ce duvet ainsi que la tige
légèrement colorés de rouge. Pour imiter cette teinte,
on met un peu d'eau sur du rose en tasse, on prépare du carmin liquide, puis on trempe dans ces liqueurs colorantes une petite éponge de la grosseur
d'une prune, ou mieux encore, un léger pinceau.
L'un ou l'autre, très peu humecté, effleure en allant
et venant le duvet d'épine ainsi que la tige qui se
colorent convenablement.

Passer en gaze

C'est remplacer par des bandelettes de gaze d'Italie, teinte en vert, le papier et le taffetas que nous
venons d'indiquer pour recouvrir les fils de fer cotonnés. Cette gaze est opaque, à raison de son apprêt.
Lorsqu'on a cotonné en coton vert ou d'autre nuance,
et que l'on désire imiter certaines tiges qui semblent
transparentes, on passe en crêpe lisse, en gaze de
soie.

Passer en ruban

Quelques fleuristes se servent de très petit ruban,
de l'espèce de celui qu'on nomme *faveur*, pour revêtir les tiges. Cette pratique offre plus de solidité,
et peut être employée avec avantage pour monter

des guirlandes très chargées, pour les remonter surtout, mais elle n'imite qu'imparfaitement la nature,
à raison du droit fil et des lisières que présente ce
petit ruban. Il se peut toutefois que cette disposition
soit favorable à quelques tiges : ce sera à mes lectrices à en décider, après avoir bien examiné les
plantes qu'elles devront imiter. Elles verront encore
que, pour certaines tiges, il serait avantageux de
passer en canepin.

Baguettes

Les botanistes donnent le nom de *pédoncules* aux
légères tiges de fleurs, et de *pétioles* à celles des
feuilles. Nous allons adopter ces dénominations pour
éviter la confusion qu'amènerait inévitablement la
répétition fréquente du mot *tige*, surtout pour des
cas fort différents. En effet, les *pédoncules* des petites
fleurs, comme la violette, le myosotis annuel ; les
pédoncules plus déliés encore qui portent des fleurs
disposées en épi sur une tige principale, comme le
réséda, les spirées, doivent être distingués d'une
tige de pavot, de grenade, etc.

Il en est de même des *pétioles* délicats des feuilles
de jasmin de France surtout, des pétioles qui soutiennent le feuillage sur une tige commune, comme
celui du rosier. Ces pédoncules et pétioles se font
ordinairement avec des *baguettes*. Celles-ci sont formées d'un fil de fer très fin, passé en papier à tige,
et non cotonné : quand on le cotonne, c'est infiniment peu ; quelquefois, au lieu de coton cardé, on
passe, en spirale allongée, une aiguillée de coton
plat ou de soie plate.

7.

Tiges de laiton couvert ou cannetille

Les petites tiges, pétioles, ou queues de feuilles, se font ou en laiton couvert, ou cannetille couverte ou en gaze d'Italie. Pour la première façon, on coupe des morceaux de cannetille en nombre égal à celui des feuilles que l'on doit faire ; ensuite on perce la feuille à sa base sur la nervure du milieu, l'on y passe le bout de la tige de cannetille, on la double, on la tord en corde, puis, après l'avoir ainsi tordue, on la recouvre d'une légère spirale de papier de soie, de batiste, ou de taffetas effilé sur un des bords, selon la grosseur de la queue et la nature de la fleur.

La seconde manière d'employer la cannetille ou laiton couvert, pour les petites queues, consiste d'abord à la couper assez longue pour qu'elle s'étende aux deux tiers environ sous la feuille ; on étale ensuite cette feuille sur la table, à l'endroit ; on met un peu de colle sur la tige, à l'exception de ce qui doit former la queue, et par conséquent dépasser la feuille, ensuite on l'applique à l'envers de la feuille, au milieu, en y passant légèrement le doigt : cette méthode est préférable à la précédente.

Quelquefois, au lieu de cannetille recouverte, on emploie du laiton, par-dessus lequel on colle une petite bande de papier ou de batiste d'un vert pareil : on termine ensuite en roulant cette petite bande en spirale sur la queue. Mais nécessairement cette opération est longue et manque souvent de délicatesse : on ne doit la préférer que pour les feuilles un peu grandes, et lorsque la tige se trouve former une assez forte nervure au milieu longitudinal de la feuille.

Tiges de gaze

Quant aux tiges en gaze d'Italie, on coupe une bande très étroite de cette étoffe, après l'avoir teinte et empesée ; on replie cette bande, et on introduit dans le repli un peu de colle. Le repli serré ensuite, les deux parties de la bande se réunissent et forment une tige que l'on colle à l'envers de la feuille, à peu près comme je viens de l'expliquer, mais on la prolonge moins et très souvent on écarte et diminue la petite bande de gaze pour qu'elle fasse, en quelque sorte, corps avec la feuille. On peut employer, de cette manière, de la mousseline, du crêpe lisse, de la batiste très fine, du très léger taffetas, selon le degré de finesse des fleurs, et la diversité de la nature des tiges.

Tiges pendantes

Comme nous le dirons plus tard, en parlant de la manière d'imiter l'avoine en or, lorsqu'on veut que la tige ait à la fois assez de force pour soutenir la fleur et s'attacher à la branche principale, et en même temps imiter la souplesse qu'elle tient de la nature, on met une tige de fil gommé entre deux morceaux de cannetille, c'est-à-dire qu'à chaque extrémité de cette tige de fil se trouve lié un morceau de cannetille ou laiton couvert. Si l'on veut que cette tige pendante ait plus de force, on prend le fil gommé très gros, ou bien on colle deux fils ensemble, et on les attache après deux petites baguettes.

Passer en soie

Quand les pédoncules sont extrêmement fins, délicats, presque soyeux, comme dans l'*Eugenia*, après

avoir placé la petite fleur à l'une de leurs extrémités,
on les forme en couvrant un fil de fer très fin avec
une spirale très serrée de soie floche vert clair. En
quelques cas on peut employer le laiton couvert,
mais cette dernière méthode est souvent moins avantageuse (Voy. pour diviser les petites tiges rapidement, l'article *Avoine en or*, chapitre XIV).

Tiges en spirale

C'est une assez mauvaise pratique, puisqu'elle ne
peut servir à l'imitation de la nature ; néanmoins,
pour ne rien omettre, j'en ferai mention ici. On a du
laiton argenté, que l'on tient à demeure tourné autour d'une baguette de bois, ou plutôt d'une petite
broche en fer, afin qu'il conserve la forme de spirale.
Quand vient l'instant de l'employer, on le détire, on
l'arrange de manière qu'il se replie seulement de façon à présenter une espèce de ressort à boudin, au
bout duquel est attaché ordinairement un bouton de
fleur d'oranger en canepin : on emploie la soie blanche à cet effet ; quelquefois le laiton en est entièrement couvert. Dans tous les cas, cela est peu agréable, mais le tremblement que la spirale fait éprouver
au bouquet est assez joli.

Imitation de diverses tiges

Il n'entre et ne peut pas entrer dans mon projet
de donner le moyen d'imiter toutes les tiges de fleurs :
on sent que la chose est impossible, et que cette nomenclature remplirait inutilement un espace précieux. J'indiquerai seulement la manière de rendre
les particularités de certaines tiges. Ces observations
et les principes généraux que je viens de décrire

suffiront pour mettre les lectrices à même d'imiter toute sorte de tige dont la nature leur fournira le modèle. ,

Nous savons déjà en partie comment il faut s'y prendre pour imiter les tiges épineuses et bourgeonnées : il nous reste cependant quelques notions à donner à leur égard. Les premières ont, comme on sait, outre le duvet épineux, des épines grossies par degrés, à mesure qu'elles s'approchent du pied de l'arbuste, et des aiguillons plus ou moins forts par la même raison. On pourrait imiter ces épines et ces aiguillons avec une pointe de fil de fer, cotonnée à sa base, et recouverte de papier convenablement coloré ; mais cette imitation serait minutieuse, grossière, et de plus inutile, car il suffit de détacher ces parties sur la plante naturelle pour les coller sur la plante artificielle. Comme il faut en avoir à l'avance, et que la nuance de ces objets varie suivant les espèces, il sera bon de les comparer au modèle après les avoir collés : alors on y passera au pinceau une teinte verte ou rouge, ou brunâtre, selon que le modèle le demandera.

Tiges bourgeonnées

Si on se rappelle mes conseils relativement à la manière de cotonner les tiges bourgeonnées, on sait que ces tiges présentent de très petits globules, alternes, arrondis ou disposés en pointes. Avant de passer soit en papier, soit en gaze, on s'occupe de recouvrir ces petits globules avec un petit morceau de papier ou d'étoffe semblable au revêtement de la tige ; on coupe avec les ciseaux plusieurs petites rondelles à la fois, ou plusieurs petits morceaux ayant la forme du

bout du petit doigt; on prend une de ces rondelles
avec la pince, et on l'applique à l'envers sur le bord
d'un pot contenant de la pâte à coller. L'ayant ainsi
pourvue d'un peu de colle, on la pose sur l'un des
globules situés au sommet de la tige, puis on la dispose, on l'assujettit par la base avec les doigts en
s'efforçant de lui donner la forme convenable avec
l'ongle. La tige étant toute garnie, on la passe en
papier ou en étoffe assortie.

Si les bourgeons sont écailleux, on se procure des
écailles même de bourgeons naturels, et on les colle
à la naissance du bourgeon artificiel, c'est-à-dire sur
la petite rondelle de papier que l'on vient d'appliquer : on peut le faire après avoir passé la tige, mais
il est préférable de s'en acquitter avant, afin que les
bourgeons paraissent bien sortir de la tige. On peut
remplacer cette écaille par une pellicule de graine
de lin, par la graine elle-même ou par une parcelle
de la première pellicule de l'oignon. Si les bourgeons
commencent à se développer, et laissent percer le
bout d'une ou de deux feuilles, on prend deux très
petites feuilles découpées et gaufrées convenablement
s'il y a lieu : on les met l'une sur l'autre en faisant
un peu dépasser l'une d'elles, puis on les applique,
en les couchant sur le bourgeon, comme les écailles.

Les bourgeons sont souvent d'une couleur diffé-
rente de la tige; tantôt bruns sur une branche verte,
tantôt verts sur une tige couleur bois, tantôt aussi
jaune clair, rougeâtre, etc. Toutes ces nuances qui
doivent être imitées au pinceau, forment dans les
deux derniers cas de très jolis ornements de coiffure,
surtout lorsqu'on mélange avec goût ces branches
bourgeonnées de fleurs assorties.

Tiges à vrilles et mains

Les vrilles de la vigne et des plantes grimpantes s'imitent très facilement, et cela de deux manières. L'une consiste à prendre du laiton couvert bien fin, de la nuance convenable, d'en couper un morceau de la longueur de la vrille naturelle et de le contourner absolument comme le modèle.

Quand on a ainsi préparé le nombre de vrilles nécessaires, on les attache après le trait cotonné avec de la soie, ce qui se fait ordinairement en montant la fleur; aussi ne détaillerai-je pas ici la façon de les attacher. On ne passe en papier qu'après les avoir posées.

La seconde manière de faire les vrilles ou mains, est fort usitée pour les plantes délicates; en ce cas on emploie la soie floche verte fortement gommé et disposée en spirale, d'après la nature. Lorsque les vrilles sont un peu rougies sur les bords, surtout à la base, on les colore comme il a été dit pour le duvet d'épine.

Tiges velues et cotonneuses

Les tiges de ce genre sont assez nombreuses : les unes le sont depuis la base jusqu'à la fleur, et même le calice se couvre aussi d'un léger duvet; d'autres ne le sont que partiellement; ainsi dans les géraniums le duvet ne se remarque que depuis l'involucre, c'est-à-dire le calice commun, d'où partent les fleurs disposées en paquets. Souvent aussi ce duvet ne s'étend que sur un des côtés de la tige, et laisse l'autre entièrement nu.

J'invite mes lectrices à bien observer ces différences, car c'est l'unique moyen d'imiter parfaitement

la nature, et de s'assurer les suffrages des connais-
seurs. Ces observations importent surtout lorsqu'on
fait des fleurs pour la botanique.

Il ne suffit pas de remarquer la position du duvet,
il faut encore bien examiner sa nature : tantôt il est
extrèmement léger, comme dans toutes les plantes
que les botanistes appellent *pubescentes*, ce dont les
géraniums nous offriront encore l'exemple ; tantôt
aussi il est plus fort, et dès lors la tige est *tomenteuse*; plus fort encore elle est velue; un degré de
plus elle est hérissée. Il arrive encore que ses petits
poils sont tournés dans une direction spéciale, tantôt
regardant la racine, tantôt regardant la fleur.

Pour imiter ces tiges qui, étant bien faites, produisent beaucoup d'effet, il faut commencer par passer
en papier de la couleur convenable; si la tige a plusieurs nuances, il faut que le papier soit de la plus
claire, afin de pouvoir mettre la plus foncée au pinceau. Ainsi dans le géranium la tige vert-jaune a un
côté rougi.

Il ne faut pas craindre de mettre la couleur foncée
un peu forte, parce qu'elle devra s'apercevoir à travers le duvet dont on la revêtira. La couleur séchée,
on frotte d'un peu d'eau gommée la tige ou les endroits de la tige qui doivent être recouverts de duvet. De quelque espèce qu'il soit, ces préliminaires
sont indispensables. Cela fait, on sème sur la surface
de la tige le duvet que l'on a choisi.

Si la plante est tomenteuse, on emploie la poussière de coton, c'est-à-dire la raclure cotonneuse que
l'on obtient en raclant fortement avec un couteau
sur de la percale neuve ou autre étoffe de coton. Si
le duvet a un aspect soyeux, on coupe en très petits

morceaux des brins de soie plate divisée, de manière
à en faire une peluche extrêmement fine.

Une poussière de fil à dentelle ou de plume est
plus convenable en certains cas : si la tige est velue,
on emploie de la tonture de drap ; est-elle hérissée ?
on sème cette poussière plus épaisse, quelques fleuristes se servent même de cheveux ou de crins coupés en tout petits morceaux, afin de bien imiter les
poils de la tige, comme dans la bourrache. Enfin,
pour faire le pied des arbustes hérissés lorsqu'ils sont
un peu gros, on passe avec une petite bande de peluche dont on a rogné convenablement le duvet.
Quant à la direction des poils, après que la poussière
est collée, et ne risque plus de se déprendre, on la
relève ou la rabaisse avec la tête de la pince ou le
dos d'une des pointes d'une paire de ciseaux.

Tiges luisantes

Ces tiges s'imitent avec moins de peine que les
précédentes ; on peut, 1° les passer en satin vert ;
2° en papier vernissé ou ciré ; 3° les passer en papier ordinaire que l'on vernit ensuite au pinceau,
soit avec une dissolution de gomme, de colle forte
très claire ou du blanc d'œuf un peu vieilli. Ce dernier mode est préférable lorsque la tige a plusieurs
nuances, parce qu'on les applique avec le vernis.

Tiges aplaties

Ce ne sont pas les plus nombreuses, mais encore
se rencontrent-elles assez pour mériter qu'on en
fasse mention. Le narcisse nous servira d'exemple
puisque déjà nous l'avons indiqué relativement à la

manière de cotonner les tiges plates. Après donc que l'on a disposé le coton comme il a été dit à ce sujet, on ne passe pas en papier à l'ordinaire; plusieurs le font, et leur tige n'est jamais aplatie convenablement, parce que les tours de la spirale tendent à l'arrondir. Il faut prendre une bandelette de papier, l'encoller légèrement dans toute sa longueur, en se servant de la tête des brucelles, puis l'appliquer sur l'une des faces de la tige. Une seconde bandelette, posée de même sur l'autre face, achèvera de recouvrir la tige, en lui conservant son aplatissement. Pour empêcher que la jonction des deux bandelettes ne paraisse sur les côtés, on y passera une ligne de couleur verte avec un léger pinceau. On prépare de cette manière les tiges à plusieurs angles, comme le mille-pertuis.

Tiges à côtes ou striées

Elles doivent se faire ainsi que les précédentes; lorsqu'elles sont achevées et sèches, il est bon de les sillonner dans toute leur longueur avec le dos d'une lame de ciseaux, ou avec la tête des brucelles. Pour mieux marquer ces sillons, on peut commencer par les tracer en cotonnant, ce qui se fait en pinçant ou comprimant le coton, ainsi que je l'ai expliqué plus haut; mais il faut toujours terminer par se servir des ciseaux ou des brucelles.

Tiges ailées ou en feuilles

Certaines plantes offrent une tige singulière. Cette tige est en quelque sorte une feuille étroite, allongée, partagée par une très grosse nervure. Pour l'imiter, vous ferez, comme à l'ordinaire, une tige de

moyenne grosseur, puis vous y collerez de chaque
côté, sur les bords, une languette de papier découpée à l'emporte-pièce. Les bords collés de ces deux
languettes seront à l'envers de la tige, et pour
qu'ils fassent corps avec elle, vous passerez dessus
un pinceau ou une petite éponge imbibée de couleur
verte ou *verdi*.

Tiges annelées

Ces tiges, portant des anneaux comme les branches des sureaux, s'imitent avec facilité. Après avoir
cotonné un fil de fer, on y pose, de place en place,
de petits bourrelets circulaires de coton ; ensuite on
prend une petite bandelette de papier, et l'on met
sur les bords une pointe de colle.

Cette bandelette, ou plutôt ce petit morceau de
bandelette, est placé sur le bourrelet de manière à
le recouvrir exactement : pour le bien coller, on se
sert de l'ongle du pouce droit ou de la tête des brucelles. Cette manœuvre achevée, avec cet ongle ou
cet instrument, on comprime de place en place le
bourrelet, ou pour mieux dire l'anneau, afin de lui
faire imiter les étranglements qu'il présente naturellement. Il ne s'agit plus maintenant que de passer
en papier. Il va sans dire qu'à chaque anneau on
déchire la bandelette, et qu'on en colle la petite déchirure sur la base de l'anneau. Si l'on agit délicatement, cette jonction est inaperçue ; dans le cas contraire, on y remédiera avec un peu de verdi mis au
pinceau.

Tiges colorées

En parlant de la nécessité de colorer d'abord les
tiges tomenteuses et velues, lorsqu'elles présentent

plusieurs couleurs, j'ai indiqué la méthode à suivre
pour rendre toutes les tiges colorées, de quelque espèce qu'elles soient ; j'ajouterai à ces premiers détails quelques notions concernant les arbustes.

Après avoir recouvert le sommet des tiges d'un
papier ou d'un taffetas assorti à la couleur de la
plante, il faut entourer le bas d'un autre papier dont
la nuance soit semblable à celle des parties ligneuses. Afin que la réunion de ces deux papiers ne présente pas deux couleurs brusquement tranchées,
mais qu'elle offre au contraire un mélange graduellement adouci, on passe avec un pinceau sur les
parties du milieu de la tige, une couche de couleurs
convenables, délayées avec de la gomme : pour cela
comme du reste pour toutes les opérations, il est indispensable d'agir d'après nature, ou tout au moins
d'avoir pour modèle une plante artificielle parfaitement imitée. On sent que la fusion des couleurs ne
peut être faite avec goût, avec délicatesse, et par
conséquent avec vérité, qu'en suivant pas à pas la
nature.

Tiges grasses ou épaisses

Les plantes auxquelles les botanistes ont donné le
nom de *grasses* (*crassulacées*), telles que les joubardes, les cierges, les sedam, ont une tige épaisse, que
le papier ou l'étoffe ne peuvent convenablement imiter. Aussi, après avoir cotonné un peu épais et un
peu en aplatissant, après avoir passé en papier, on
délaie dans de la colle de farine, ou de la gomme
bien épaisse, les couleurs que l'on doit employer
pour peindre la tige. L'usage d'une colle est indispensable pour cacher les circonvolutions du papier,
et donner à la tige une épaisseur convenable.

Quelques-unes des plantes grasses ont une tige
plate et large, et leur surface d'un vert clair, brillant,
et comme légèrement vernissé, offre, d'espace en
espace, des aspérités remplies de poils comme le
cactus ordinaire. Vous imiterez ces tiges en cotonnant fortement, en passant en papier, comme je l'ai
dit pour le narcisse, en mettant ensuite une ou plusieurs couches de colle de farine teinte en vert clair
puis en vernissant avec du blanc d'œuf battu d'euphorbe.

Cela fait, vous prendrez un très petit pinceau,
vous le tremperez dans la pâte verte, et, de place en
place, vous mettrez une pointe de cette pâte sur la
tige, ensuite, avec un autre pinceau, vous prendrez
un peu de poussière de drap, ou mieux vous couperez des brins de laine divisée, et vous en sau-
poudrerez les petites aspérités.

Je vous conseille de préférer la laine coupée à la
tonture de drap, parce que cette dernière présente
des petits poils arrondis qui ne pourraient rendre
exactement les poils très droits dont ces aspérités sont
hérissées.

Tiges coupées, brisées

Voulez-vous figurer une tige d'après laquelle on a
coupé la fleur? En cotonnant, vous disposerez le coton en biais, de manière qu'à l'extrémité de la tige
soit une petite pointe. Vous prenez ensuite la bandelette de papier ou d'étoffe qui recouvrira la tige, et
vous en collez le bout sur la coupure en biais, au
point où elle est plus basse, et par conséquent à
l'opposite de la petite pointe; vous tournez ensuite
en spirale comme à l'ordinaire, et la coupure est recouverte exactement. Quelque préparation que vous

donniez ensuite à la tige, l'endroit de la coupure n'en doit point recevoir.

Pour imiter une tige brisée, vous cotonnez un petit morceau de fil de fer assez court; vous en ajoutez un autre plus long au bout du premier, et vous continuez de cotonner : de cette manière les deux fils de fer ne tiennent ensemble que par le coton. Cela fait, vous passez en papier, vous recouvrez exactement l'extrémité inférieure du premier fil de fer, vous passez votre bandelette sur le coton qui le joint à l'autre, vous recouvrez bien ensuite l'extrémité supérieure de celui-ci, et vous achevez de passer en papier ou en toute autre étoffe. Lorsqu'ensuite vous attachez une fleur ou un bouton après le haut de cette tige, c'est-à-dire après le fil de fer le plus court, vous le disposez de manière à ce qu'il penche sans trop vaciller : bien fait, cela a de la grâce, mais cependant les tiges coupées se font plus souvent que les tiges brisées.

Tiges noueuses

Tels sont les chaumes des *graminées*, c'est-à-dire des épis de blé, d'avoine, etc. Ces tiges se nomment ainsi parce qu'elles sont entrecoupées de nœuds, que l'on imite comme on le fait pour les tiges *annelées*.

Lorsque l'épi est petit et vert, le nœud devant être fort léger, on se contente de passer en papier à l'ordinaire sur le coton un peu renflé à l'endroit des nœuds; puis, avec le dos d'une lame de ciseaux, on serre fortement et circulairement au-dessous, puis au-dessus de la partie renflée, ce qui suffit pour former un nœud à la tige.

Tiges articulées

Les botanistes appellent ainsi les tiges composées de pièces mises les unes sur les autres, comme la saponaire, l'œillet. Leur imitation vous donnera bien peu de peine; vous cotonnerez et passerez la tige comme à l'ordinaire, ensuite vous couperez deux petites écailles arrondies, dans de la batiste vert de mer et fortement empesée; vous boulerez ces deux écailles à l'intérieur avec une boule d'épingle, et vous les collerez proprement à l'un des points où la tige doit être articulée. Pour les coller, vous en poserez le bord transversal sur le pot de colle, et vous appliquerez sur la tige ce bord, que vous presserez avec la tête des brucelles; ensuite, pour réunir les deux écailles ensemble, vous mettrez une pointe de colle sur le côté; vous terminerez en les couchant sur la tige, de telle sorte qu'elles semblent faire corps avec elle. Vous pouvez aussi terminer ces articulations avec de la pâte vert-mer appliquée au pinceau.

Passer en colle ou en pâte

Enfin toutes les tiges des boutons, toutes celles de peu de longueur, peuvent se passer en colle colorée. Pour cela on commence par cotonner très légèrement un trait fin : on le passe en papier serpente blanc, puis on le roule une ou plusieurs fois dans la colle un peu liquide : c'est ordinairement dans la pâte verte. On peut *passer* également *en cire*; il suffit de substituer à la pâte de la cire colorée, fondue et chaude (1). Il ne reste plus qu'à rappeler qu'on se servait autrefois de soies de sanglier.

(1) La mode veut quelquefois des branches de bois sec pour orner les chapeaux. Ce bizarre ornement se fait comme les tiges ordinaires, passées en papier couleur bois.

Tiges en caoutchouc

C'est là une industrie toute spéciale, née du développement qu'a pris l'emploi du caoutchouc depuis un certain nombre d'années, notamment la fabrication des tubes de toutes grosseurs.

Le fabricant de tubes s'attache à l'imitation des bois et tiges naturels; il y parvient par l'emploi judicieux non seulement des procédés chimiques, tels que la vulcanisation, qui modifient la consistance, l'aspect et les propriétés naturelles du caoutchouc, mais aussi par l'application de vernis colorés, par des tours de mains, etc. C'est ainsi qu'il fabrique des tiges épineuses, par exemple, d'une imitation presque parfaite, et dont les épines ne piquent pas.

Il livre aussi des areignes, des calices, des corolles, qui sont devenues d'un grand usage dans l'art du fleuriste artificiel.

CHAPITRE VII

De la manière de faire les Feuilles

—

SOMMAIRE. — I. Découpage des feuilles. — II. Gaufrage des feuilles. — III. De la manière de peindre les feuilles. — IV. Imitation de divers feuillages. — V. Exemples. — VI. Fabrication des feuilles artificielles, par M. Gouy-Martin. — VII. Fabrication des feuilles en gélatine pour fleurs artificielles, par M. Pinson. — VIII. Feuilles composées de substances animales, par M. Royer le jeune.

I. DÉCOUPAGE DES FEUILLES

Les dames amateurs fleuristes feront sagement de passer, sans les lire, ce paragraphe et le suivant; car je ne saurais trop leur conseiller de se pourvoir des feuilles toutes préparées que l'on trouve chez les fleuristes. Il leur sera surtout bien plus avantageux de se procurer les feuilles-modèles, car ces billots, ces plateaux de plomb, ces marteaux, découpoirs, gaufroirs, presses, seraient déplacés dans un salon; mes autres lectrices vont apprendre à faire usage des plus lourds et des plus bruyants instruments de l'atelier.

Il faut se rappeler ici ce que j'ai dit relativement au plateau de plomb et aux emporte-pièce, lorsque j'ai traité des outils. La fleuriste qui doit imiter le feuillage d'une plante, de la giroflée, par exemple, commence par choisir les découpoirs qu'il lui faudra : il lui en faut deux, un pour les grandes feuilles du pied, un autre pour les petites feuilles placées au sommet de la tige. A la rigueur même, un troisième

serait nécessaire pour les feuilles moyennes, c'est-à-
dire qui tiennent le milieu entre les grandes et les
petites feuilles, car la nature n'opère que par gradation. Au reste, il faut avoir autant de découpoirs
qu'il y a de feuilles différentes.

Comme il est fort avantageux de découper plusieurs feuilles à la fois, on place ordinairement
quatre feuilles de papier ensemble sur le plateau de
plomb. La réunion des quatre feuilles de giroflée que
donnera un seul coup de découpoir s'appelle *coupe*.
La batiste fine, la mousseline, le taffetas léger, se découpent aussi par quatre ; mais il convient de découper la percale par trois ; le calicot, le gros de Naples,
par deux, quelquefois par un seul, ainsi que le
quinze-seize, surtout si les feuilles offrent beaucoup
de dentelures. On ne place pas indifféremment ces
étoffes sur le plateau. Si les feuilles à découper doivent être gaufrées, comme celles d'héliotrope, de jasmin, de rose, et d'une quantité de plantes, on met
l'endroit sur le plomb, et l'on frappe à l'envers. Il va
sans dire que toutes les couches de papier ou d'étoffe
sont tournées du même côté.

Dans les grandes maisons, le trempeur a un livre
où sont portés, comme en une sorte de barème, les
nombres de pétales à découper pour chaque sorte de
fleurs dans les étoffes apprêtées. Il donne ce rensei-
gnement au découpeur, qui travaille alors avec plus
de précision et sans dérangement.

Pour fixer l'étoffe sur le plomb, on emploie quelquefois des chevilles de cordonnier ; mais il faut bien
prendre garde en les enfonçant ou en les retirant
après découpage, de les casser dans le plomb, ce
qui ferait ensuite ébrécher ou casser les découpoirs.

Si cet accident arrivait pourtant, il faudrait les reti-rer avant de continuer le travail, soit avec des te-nailles, soit au moyen du ciseau à froid.

Si les feuilles ne doivent pas être gaufrées, comme celles du coquelicot, il faut au contraire poser l'étoffe ou le papier à l'envers. Les quatre feuilles ou les étoffes, placées convenablement les unes sur les au-tres, on les attache ensemble avec une épingle ; puis l'ouvrier chargé du découpage s'assied sur une chaise basse auprès du plateau. Il prend un décou-poir de la main gauche, le pose bien droit sur l'étoffe, puis frappe d'un grand coup de marteau la tête de l'outil. Il le soulève ensuite et le place tout à côté de l'empreinte qu'il vient d'obtenir ; il recommence à frapper et continue de la même manière jusqu'à ce que tout le papier ou toute l'étoffe soit découpée.

Il relève ensuite un des coins du papier, les feuilles découpées restent sur le plateau ; alors il les ra-masse délicatement avec une carte roulée, les met dans un petit carton ou sur une épaisse feuille de pa-pier commun, et les porte sur la table des ouvrières ou sur l'établi de la presse. Il s'occupe ensuite d'apla-nir, avec le marteau à tête acérée et plane, les em-preintes que le découpoir a laissées sur le plateau de plomb.

Par intervalles, qui varient avec la somme des dé-coupages effectués, il retourne son plomb, pour le battre sur les deux faces, et lui maintenir la forme régulière en même temps que son homogénéité. Cela fait, il remet sur le plateau les découpures produites par les intervalles des grandes feuilles, et prenant le découpoir du petit feuillage de la plante, il tâche d'obtenir ces petites feuilles dans les entrecoupages,

A leur défaut, il prend un découpoir d'*areignes* ou
pièces de calices, que l'on appelle aussi *barbues*, en
langage d'atelier. Il est à remarquer que tous les areignes se découpent sur l'endroit. Après avoir obtenu
les petites feuilles et les calices, il reste encore des
découpures, qu'il faut recueillir et ranger dans un
tiroir, comme je l'ai dit au commencement de cet
ouvrage. Plus tard, elles pourront servir à faire des
folioles, des écailles, des feuilles de myrte, de diverses bruyères, etc.

Pour faciliter le découpage des étoffes de soie et
de coton, quelques fleuristes posent sur le plateau de
plomb une feuille de papier : cette précaution est
bonne aussi pour empêcher le papier doré ou argenté
de se ternir.

Le découpeur fera usage de l'anneau à découpoir
pour extraire les feuilles demeurées dans l'outil, et
de temps à autre il frottera les découpoirs avec un
peu de savon sec pour les rendre bien tranchants.

II. GAUFRAGE DES FEUILLES

Cette opération, qui tend à imiter les nervures et
les divers plissements des feuilles, se fait de trois
manières différentes. Ainsi l'on ne s'amuse point à
gaufrer dans un gaufroir les feuilles de bruyère du
Cap, et de beaucoup d'autres plantes semblables
dont le feuillage n'est pas plus large qu'un fil plat :
avec un mandrin pointu, que l'on fait légèrement
chauffer, et très souvent avec la pointe d'une lame
de ciseaux fins, on trace à l'endroit, au milieu, dans
la longueur de ces feuilles, une petite raie, qui forme
la nervure. Pour des feuilles beaucoup plus larges,

mais qui n'ont que deux ou trois nervures, on agit
de même : généralement on le peut toutes les fois
que la feuille offre une surface unie et sans nulle
ride, comme celle de la capucine. Ce genre de gaufrage est tout à fait du ressort des dames ; il est fâ-
cheux qu'il soit excessivement borné.

Le second gaufrage s'obtient par l'usage des gaufroirs à poignée (voyez chapitre Ier, *des Gaufroirs*).
J'ajouterai seulement aux détails donnés alors, qu'il
faut prendre délicatement la feuille par la queue, si
elle en a, ou par la base : il serait même bon de se
servir de la pince ; la feuille doit être placée sur la
cuvette, de manière que son envers touche le creux
de cette partie, et que le relief du gaufrant pose sur
son endroit. Cette mesure a pour but d'obtenir des
empreintes plus nettes.

Le troisième gaufrage, plus parfait et plus usité
que les précédents, est celui que donne l'emploi de
la presse ; je renvoie encore le lecteur au chapitre Ier,
Gaufroir à presse.

La feuille doit être posée dans ce gaufroir comme
dans le gaufroir à poignée. Lorsqu'on a donné un
tour de vis, et que la feuille est gaufrée, on retire le
gaufroir, on l'ouvre ; alors pour en ôter la feuille
sans être obligé d'y porter les doigts, on renverse la
cuvette dans la paume de la main gauche, la feuille
y tombe : on enlève la première, et l'on dépose la
feuille dans un petit carton, qui doit recevoir toutes
les coupes des feuilles à mesure qu'elles seront gaufrées. On retire de la même manière les feuilles gaufrées, au moyen du gaufroir à poignée. Il ne faut jamais mélanger les feuilles d'espèces différentes, parce
que cela embarrasserait les ouvrières : il importe

8.

aussi de mettre à part non seulement les feuilles de
même forme et grandeur, mais de nuances différentes, selon leur degré d'accroissement.

Les areignes, les folioles, les pousses ou petites
feuilles naissantes, se gaufrent ordinairement à la
boule, au mandrin à crochet, ou avec la tête des brucelles ou la pointe des ciseaux.

III. DE LA MANIÈRE DE PEINDRE LES FEUILLES

Nuances partielles claires

Nous avons vu que l'on prépare à l'avance les
étoffes de soie et de coton que l'on destine aux feuillages : nous nous rappelons aussi que le papier, la
batiste qui les composent souvent, sont aussi tout
préparés ; mais cela n'empêche pas qu'il n'y ait encore beaucoup de feuilles auxquelles il faut appliquer
plus ou moins de couleur. Tantôt, comme dans le
trèfle des prés, la feuille offre à sa base des taches
d'un blanc verdâtre, tandis que le reste présente un
vert foncé par gradation. Nécessairement, il faut découper la feuille toute entière d'un blanc légèrement
verdi, puis ensuite, avant de la gaufrer, la colorer
au pinceau avec du verdi.

Nuances partielles foncées

Lorsque la teinte à ajouter est plus forte que la
couleur générale de la feuille, on prend du papier,
ou de l'étoffe préparée à l'ordinaire, on découpe, puis
ensuite on s'occupe de peindre la feuille, ou, pour
mieux dire, quelques parties de la feuille.

1º On rose ou l'on en rougit les bords, comme
cela se pratique aux feuilles de rose : quelquefois les

dentelures en sont si légèrement rougies, que la
teinte ne se voit distinctement qu'à contre-jour,
comme pour le rosier du Bengale. Un peu de carmin liquide ou de rose en liqueur, dans lequel on
trempe une très petite éponge ou un pinceau fin, que
l'on passe sur les bords de la feuille, donne la nuance
désirée.

2° Souvent l'endroit de la feuille reçoit, un peu
avant son extrémité, une teinte rouge qui s'affaiblit
et se fond également, en commençant vers le milieu
de la feuille, et en se terminant un peu avant la
pointe. Le carmin ou le rose en tasse, légèrement
passé au pinceau sur la feuille gaufrée et placée à
plat sur la plaque de liège, remplira la disposition du
feuillage, pourvu que l'on adoucisse et gradue convenablement la teinte. Cette disposition se remarque
sur plusieurs feuilles, et notamment sur plusieurs
mille-pertuis.

3° Il arrive très fréquemment que les deux surfaces
des feuilles sont d'un vert bien différent : la surface
supérieure présente souvent un beau vert, tandis
que la surface inférieure est d'un vert glauque,
ou vert de mer. En cette occasion, il faut agir
comme pour le feuillage du trèfle : découper ce
feuillage dans un papier ou étoffe vert mer, puis
peindre ensuite le dessus de la feuille avec de la couleur verte. Sans que j'en dise la raison, cette mesure
est de principe. Il l'est également de ne gaufrer
qu'après avoir mis la couleur, lorsque la feuille doit
être entièrement peinte. La raison en est simple : la
couleur ferait disparaître les plissements délicats produits par le gaufrage.

4° Ainsi que dans la capucine, le chèvrefeuille, les

nervures seules présentent une nuance de vert diffé-
rente de celle de la feuille. Si la feuille doit être gaufrée, vous la livrez d'abord à la presse, parce qu'en
passant délicatement sur les nervures le pinceau
trempé de la couleur verte nécessaire, vous ne craignez pas de remplir les petites cavités obtenues par
le gaufrage. Lorsque les nervures sont saillantes, et
comme arrondies, vous employez de la pâte verte
très liquide.

Chez quelques plantes les nervures sont rougies,
ou légèrement orangées ; d'autres fois elles paraissent
d'un blanc argenté. Dans le premier cas, vous passerez une ligne de carmin au pinceau ; dans le second,
vous ajoutez du jaune au carmin ; dans le troisième,
un peu de blanc d'argent dont on se sert pour peindre en miniature.

Les feuilles que les botanistes nomment *panachées*
sont nuancées de diverses couleurs. La *panachure* est
tantôt naturelle à la plante, comme dans l'*amaran-
the tricolore*, ou c'est le résultat d'une maladie assez
semblable à l'étiolement. Si vous faites des pampres
et des branches de sureau d'Arabie, il sera bon d'y
mêler quelquefois plusieurs feuilles offrant une belle
couleur incarnat, mélangée plus ou moins de vert
sur les bords, ainsi que vous l'indiquera la nature.
Pour imiter convenablement ces feuilles, vous les découperez dans un papier ou une étoffe rougie, mais
non autant que la feuille doit l'être, afin de vous ménager le moyen d'imiter exactement avec le pinceau
la teinte mêlée quelquefois de jaune, d'orangé, de
vert, que présentent ces feuillages.

Dans certains cas les feuilles doivent être cirées.
Voici la composition des bains à employer ;

Bain n° 1 (Cire maigre)

Cire vierge.	1 kil.
Stéarine	500 gr.
Térébenthine	250 gr.

Bain n° 2 (Cire grasse)

Même composition, plus 30 grammes d'huile d'olives ou d'amandes douces.

Bain n° 3 (Cire normale)

Cire vierge.	1 kil.
Térébenthine	200 gr.

On parfume les trois bains en y versant pendant la fusion quelques gouttes de teinture de benjoin.

Ces bains se préparent au bain-marie; chacun dans un récipient spécial où ils refroidissent après usage ; ils ne peuvent s'employer qu'à chaud.

Pour cirer les feuilles, on les plonge une à une dans le bain convenable, on les retire et on les égoutte au-dessus du liquide en les faisant tourner entre le pouce et l'index, avec plus ou moins de rapidité, suivant l'épaisseur de cire qu'on a en vue d'obtenir à leur surface, et qui dépend de la préparation ultérieure qu'elles doivent subir : féculage, saupoudrage ou vernissage.

Féculage

Cette opération a pour but de donner aux feuilles un aspect mat et velouté. Voici comment on y procède :

On met une certaine quantité de fécule dans une passoire fine qu'on secoue doucement au-dessus de la feuille cirée, et légèrement chauffée, au préalable, pour ramollir un peu la mince couche de cire dont elle est couverte ; ensuite avec une brosse très douce on égalise le semis de fécule à la surface de la feuille, puis, quand toutes les feuilles ont été féculées, on les prend une à une et on les brosse avec une brosse un peu plus dure que la première, pour enlever l'excès de fécule. Dans les maisons importantes, les opérations sont partagées entre trois ouvriers qui les exécutent simultanément.

Saupoudrage

Il consiste à recouvrir les feuilles, un peu plus fortement cirées que pour le féculage, avec des poudres métalliques qui en changent au goût de la mode l'aspect et la coloration. L'opération se fait comme le féculage, sauf qu'on ne brosse pas les feuilles ; il suffit de les secouer pour les débarrasser de l'excès de poudre qu'elles ont pu recevoir.

Vernissage

Les feuilles destinées à être vernies sont d'abord cirées au bain maigre (n° 1). Ensuite on prend dans une soucoupe profonde une certaine quantité de vernis à l'alcool et on en met avec un pinceau plat en martre une petite quantité qu'on étend légèrement et rapidement sur la feuille, qui pend aussitôt un aspect brillant.

Pour conserver le vernis, il faut laisser la bouteille qui le contient toujours bien bouchée, afin d'éviter l'épaississement, car l'alcool qu'on y ajoute pour remédier à ce défaut trouble la liqueur et en altère les justes proportions.

IV. IMITATION DE DIVERS FEUILLAGES

Les feuilles velues, cotonneuses, hérissées, demandent les mêmes procédés que les tiges de cette sorte. Il en est de même pour les feuilles vernissées. Néanmoins, pour les premières on emploie avec beaucoup d'avantage le crêpe de laine crêpé, le voile fin, l'alépine (celle-ci à l'envers), et autres étoffes légères en laine.

Feuilles ponctuées

Les *feuilles ponctuées*, comme le mille-pertuis, semblent semées d'une infinité de petits trous, elles s'imitent très bien en faisant usage de papier gaze, et en enlevant délicatement de place en place le papier avec la pointe d'une aiguille extrêmement fine, ou plutôt d'une épingle à dentelle, à laquelle on aura mis une tête en cire, afin d'en former un poinçon, et ne se pas piquer le doigt. Si l'on veut employer du papier ordinaire, il faut le percer avec une épingle fine, mais d'une manière imperceptible, et avoir soin de piquer de nouveau à l'envers dans les trous que l'on a piqués à l'endroit. Cette manœuvre a pour but de faire disparaître le petit rebord que la piqûre produit à l'envers du papier.

Feuilles glanduleuses

Les *feuilles glanduleuses*, ou chargées de petites glandes, sont assez rares : cependant il est bon que vous puissiez imiter ces globules que portent naturellement quelques feuilles, tandis que le plus grand nombre n'en porte qu'accidentellement ; telles sont les feuilles du chène, du hètre, de l'ormeau, etc., sur lesquelles on remarque des glandes blanchàtres, quelquefois tachées de rouge, de rose ou de vert : il ne faut dédaigner aucun des accessoires naturels d'une plante, c'est le moyen de faire illusion.

Pour imiter ceux-ci, vous commencerez par découper, gaufrer la feuille comme à l'ordinaire ; vous prendrez ensuite un petit morceau de gaze d'Italie, blanche, vous en coifferez le bout du petit doigt, ou plutôt une petite boule, en tenant sa tige renversée ; vous plisserez ce morceau autour de l'extrémité de la tige, en le serrant avec les doigts ; vous appuierez ensuite la boule, ainsi revètue, sur une pelotte, et vous boulerez fortement : il serait bon que la boule eût été un peu chauffée ; vous couperez ensuite l'excédent de la gaze qui pourra se trouver au delà de la première ligne des plissements ; vous les renouvellerez en serrant de nouveau, à la naissance de la tige du mandrin, la gaze entre le pouce et l'index gauches : lorsqu'elle gonflera autant qu'il est nécessaire, vous la prendrez entre les branches de la pince, vous l'appliquerez légèrement, et seulement par les bords, sur le pot de colle, puis, immédiatement après, vous l'enlèverez et la poserez sur la feuille, à l'endroit. Il faut pour cela que la feuille soit placée horizontalement sur la plaque de liège, ou même sur la table, couverte en cet endroit de papier blanc.

Quand la petite glande sera sèche, vous l'affaisserez légèrement avec l'un des bords de la tête de la pince, et, pour cela, vous examinerez le modèle, et vous imiterez exactement les petits affaissements

qu'il présente ; enfin, avec un pinceau délié, vous
mettrez la tache colorée : le carmin liquide ou le verdi
vous servira à cet effet.

Feuilles épaisses

Les *feuilles épaisses* ou *grosses* des crassulacées recevront, comme je l'ai dit pour les tiges de cette famille, une ou plusieurs couches de colle de farine
colorée convenablement, et seront vernissées ensuite
s'il y a lieu.

Feuilles gladiées

Ces feuilles, que l'on observe chez plusieurs iris,
sont épaisses dans leur partie moyenne, minces et
tranchantes des deux côtés. Vous n'avez rien de
mieux à faire que de préparer votre feuille comme à
l'ordinaire : vous aurez ensuite un découpoir représentant cette feuille, moins la partie mince de ses
bords ; il vous servira à découper une feuille ainsi
restreinte, que vous gaufrerez comme la première,
Cela fait, vous l'enduirez à l'envers d'un peu de colle
verte, ou plutôt d'eau gommée teinte en vert, et vous
l'appliquerez sur le milieu et sur l'endroit de la première.

Je vous conseille encore une précaution ; avant
d'appliquer la petite feuille, avant même de la
gommer, il est bon d'en racler les bords avec un
grattoir, afin que ces bords, amincis graduellement, fassent mieux corps avec ceux de la grande
feuille. Vous terminerez en appliquant le pouce,
ou mieux un petit tampon de mousseline, sur les
bords de la feuille collée, vous abstenant de tam-
ponner le milieu, afin qu'il gonfle un peu plus que
les côtés, et présente ainsi un peu plus d'épaisseur.

Il vaut souvent mieux ne gaufrer les deux feuilles qu'après les avoir réunies et laissées sécher; de cette manière on ne fait qu'un seul gaufrage, et surtout les nervures ne sont point interrompues; de plus elles servent à cacher le point de jonction des feuilles Quand le feuillage est strié, il faut s'arranger de manière à faire une strie sur la ligne de jonction.

Feuilles serrées ou dentées en scie

Ce caractère que l'on remarque chez le pêcher, l'amandier, s'imite très facilement, quoique un peu minutieusement. Comme les bords des feuilles sont garnis de petites dents aiguës tournées vers le sommet, quand la feuille est toute préparée, on les prend une à une avec la pince et on les relève ou tourne convenablement.

Feuilles à bords roulés, comme le romarin

On prend, avec la pince, les bords l'un après l'autre, et on les roule en les repliant autour de la pince, qu'il faut légèrement chauffer. Les *feuilles roulées en dehors* ou *en dedans*, les *feuilles en gaîne*, s'imitent de la même manière : on peut aussi les bouler légèrement.

Feuilles brillantes

Elles ne doivent pas leur éclat au vernis de leur surface, mais au duvet doux et soyeux qui les recouvre; ainsi les feuilles du caïnitier brillent d'une couleur d'or, et l'éclat de celles du protéa l'a fait nommer arbre d'argent. Voici le moyen d'imiter ce rare et beau feuillage: vous faites votre feuille à l'ordinaire, vous l'enduisez ensuite d'eau gommée; vous préparez une poussière de brins de soie vert-jaune, et vous en saupoudrez la feuille ; vous laissez sécher. De ce temps-là vous préparez une poudre d'or impalpable (voyez au chapitre XIV, *Fleurs en or et en argent*), et vous en étendez une très légère couche sur une carte ; vous trempez ensuite dans l'eau gommée une éponge un peu plus large que votre feuille, et vous appliquez dessus celle-ci, du côté du duvet, vous la retirez de suite et l'appliquez sur la poudre d'or de la même façon : chaque poil du duvet prend une parcelle dorée. Pour imiter le feuillage du protéa, vous substituez à la poudre d'or de la poudre d'argent.

Feuilles brisées

Les feuilles étroites et allongées, comme celles du bluet et beaucoup d'autres, sont quelquefois cassées par le milieu, à la moitié ou au tiers de la longueur ; ce dernier cas étant le plus gracieux, c'est celui qu'il vous faudra rendre ; la chose est très facile. Votre feuille découpée et préparée comme d'habitude, vous diminuez, avec des ciseaux, sa largeur, au point où vous voulez figurer la cassure ; la largeur enlevée autant à droite qu'à gauche, vous tordez la feuille à ce point, en la pinçant fortement, et vous disposez verticalement la partie cassée, tandis que l'autre partie conserve une position horizontale. Vous faites en sorte qu'elle retombe agréablement.

Les autres caractères à imiter dans le feuillage ne sont point assez spéciaux pour nous occuper ici. Lorsque je donnerai la description détaillée d'un assez grand nombre de plantes, je parlerai de ces diverses feuilles, telles que celles appelées *sessiles* (sans queue), *connées*, traversées au milieu par la tige, comme le chèvrefeuille, ou portées en dessous par la tige, comme la capucine, etc. Maintenant nous allons entretenir nos lectrices, soit dames amateurs, soit fleuristes de profession, des moyens employés pour attacher le feuillage.

Première manière d'enfiler les feuilles

Le soin que l'on prend d'attacher solidement et délicatement ces parties, met une extrême différence dans la qualité des fleurs ou *bottes*, qui se ressemblent du reste sous tout autre rapport. La méthode la plus commune consiste à enfiler *simplement* les feuilles avec du laiton ordinaire ou du fil de fer, l'un et l'autre très fins : on ne traite ainsi que les fleurs communes. Avec quelques modifications, on enfile à peu près de même le feuillage plus soigné ; aussi j'engage mes lectrices à suivre avec attention les détails suivants :

Vous posez sur un plomb porte-bobines, une bobine garnie de fil de fer bien fin dont vous déroulez une certaine longueur ; l'extrémité de ce fil s'enfile dans une aiguille ordinaire. Cela fait, vous prenez une coupe de feuilles (supposez que ce soit de chêne), vous les tenez dans la main gauche, de façon que l'endroit soit tourné vers vous ; la main droite tient l'aiguille, qui perce les feuilles environ au tiers de leur hauteur, toujours au-dessus de l'extrémité inférieure, au milieu de la largeur et par devant.

A mesure que l'on perce les feuilles, on les fait glisser sur le fil de fer. Lorsque la quantité que l'on doit attacher est ainsi enfilée, on ôte l'aiguille, et l'on place le plomb bien exactement devant soi. L'endroit du feuillage regarde alors le plomb, et l'envers est tourné vers vous. Ces feuilles tiennent ainsi entre deux bouts de fil de fer : le *premier bout*, qui a servi à les enfiler, le *second bout*, qui est la suite de ce fil et tient au plomb. La dernière feuille enfilée étant maintenant la première devant vous, vous commencez par elle votre opération ; vous repliez le premier bout sur l'envers de cette feuille, le second bout sur l'endroit ; vous les réunissez à son extrémité ; vous avez soin de les bien tendre, afin qu'ils soient exactement de la longueur de la portion embrassée de la feuille ; trop longs ils ne la soutiendraient pas ; trop courts, ils la feraient désagréablement plisser. Les deux bouts, réunis et tortillés ensemble à l'extrémité de la feuille, forment la queue ou pétiole, que l'on fait plus ou moins longue, suivant l'espèce du feuillage. Je vous ferai observer que le second bout se tortille sur le premier, et aussi sur la queue en étoffe de la feuille, lorsque celle-ci en porte une. Ce second bout doit rester encore plus long que l'autre, qu'il dépasse toujours quand tous les deux sont coupés ; au reste, l'un et l'autre doivent dépasser la longueur ordinaire de la queue, afin que l'on puisse coucher un peu leur extrémité sur la tige principale, lorsqu'on s'occupera de monter les branches à la fleur. Réunir les deux bouts à l'extrémité de la feuille enfilée s'appelle *fermer la feuille*.

Comme on tient toujours le premier bout plus court que l'autre, on coupe seulement celui-ci avec des ciseaux. La feuille ainsi enfilée et détachée, on la dépose dans un petit carton qui recevra toutes les autres. Si elle est un peu grande, on tourne en crochet l'extrémité du fil de fer, et on suspend la feuille au porte-fleurs ; en même temps on recule les autres feuilles vers le plomb, afin qu'elles ne se désenfilent pas. On continue ensuite de la même manière jusqu'à ce qu'il n'en reste plus à enfiler.

La nécessité d'avoir une aiguille dont la tête soit assez ouverte pour enfiler le trait, fait souvent que la pointe en est trop grosse, et que, par conséquent, les trous percés dans les feuilles sont trop ouverts : cette ouverture est doublement désagréable, car elle nuit à l'imitation et à la solidité ; aussi, plusieurs fleuristes remplacent l'aiguille par une épingle ; voici comment : elles placent à leur droite le plomb garni de sa bobine, ainsi que je l'ai dit ; elles prennent ensuite une ou plusieurs coupes de feuilles, et les percent par devant avec une épingle fine, mais forte, et un peu allongée : une épingle de dentelle de moyenne grosseur leur conviendrait parfaitement. Elles retirent l'épingle, puis prenant le bout de fil de fer ou *trait*, le font passer par le trou que l'épingle a fait à chaque feuille. Tout le feuillage glisse vers le plomb, puis on termine comme je viens de l'expliquer précédemment.

Le trait a deux inconvénients qui doivent en restreindre beaucoup l'usage : il rouille le feuillage assez souvent, et sa couleur tranche désagréablement sur le vert. Ce dernier défaut lui est commun avec le laiton ordinaire : vous n'emploierez donc ni l'un ni l'autre pour le feuillage soigné. Le laiton couvert ou cannetille, d'une nuance assortie à celle de la feuille, doit être préféré dans le plus grand nombre des cas. On enfile avec ce dernier laiton à la façon ordinaire ; cependant le moyen suivant me semble offrir bien plus d'avantage.

Deuxième manière d'enfiler le feuillage

En faisant remarquer le désagrément de la méthode précédente, j'ai mis le lecteur à même d'apprécier le mérite de celle-ci. Le trait ou laiton qui enfile la feuille ne peut la maintenir longtemps, parce que rien ne le retient, et que l'unique trou par lequel il passe ne saurait offrir un point d'appui. Au bout de peu d'usage, souvent après quelques mouvements, la feuille vacille entre les deux bouts de laiton qui l'embrassent ; elle tourne plus ou moins, et il n'est pas rare qu'elle porte sur la tige par le côté, au niveau du trou, de telle sorte que le point de la queue relève en l'air. Cet inconvénient n'a jamais lieu lorsque la feuille est percée de deux trous, et le laiton disposé en conséquence.

Le plomb garni de sa bobine est posé sur la table, les feuilles sont toutes préparées, en un mot, les préliminaires sont exactement les mêmes, mais on ne peut percer plusieurs feuilles à la fois ; il faut les prendre une à une, les plier en deux, à l'envers, par la moitié, dans leur longueur, puis les percer au tiers de la hauteur, soit avec l'épingle, soit avec l'aiguille enfilée. En enfonçant l'aiguille à droite de la feuille à l'envers, un peu au-dessous du repli, et la faisant sortir à gauche, on a deux trous séparés par le repli : ces trous ne doivent pas être rapprochés de manière à risquer de se confondre, mais aussi ils ne doivent pas être trop éloignés. Dans le premier cas, le laiton tomberait faute d'appui ; dans le second, la feuille ne pourrait plus convenablement s'étaler, et demeurerait pliée.

Si l'on s'est servi de l'aiguille, les feuilles se seront trouvées enfilées à mesure qu'elles ont été per-

cées : si l'on a préféré l'épingle, on les enfile plus
tard, ainsi qu'il a été dit. Ces feuilles glissent sur le
laiton et vers le plomb. Il faut maintenant les attacher. Les deux bouts du laiton demeurent à l'envers
de la feuille, séparés seulement par son repli. A l'extrémité de celle-ci, on met une pointe de colle, et on
appuie dessus, avec le pouce, les deux laitons que
l'on a tortillés pour former le pétiole. Quand la feuille
est pourvue au découpage d'une queue, ce pétiole se
colle derrière elle. Outre la solidité, ce moyen a le
grand avantage de ne pas laisser paraitre le laiton à
l'endroit, en sorte que, de ce côté, la feuille n'a pas
l'air plus attachée qu'une feuille naturelle.

Lorsque les feuilles sont de grande dimension, pour
les attacher solidement, il est bon de mettre trois
laitons, un sur la nervure du milieu comme à l'ordinaire, et un autre de chaque côté. Cette précaution
regarde le feuillage de la vigne, de l'hortensia.

Les très petites baguettes couvertes de papier, de
gaze, de taffetas, ou passées en soie, servent aussi à
enfiler les feuilles, mais plus rarement que le laiton.

Troisième manière d'attacher les feuilles

Quand la queue est faite d'étoffe et tout d'une
pièce avec la feuille ; lorsque encore la feuille est
pourvue d'une foliole ou pousse à sa base, comme
le feuillage de l'oranger, on se dispense non seulement d'enfiler ces feuilles, mais encore de leur
mettre une queue étrangère. Pour l'oranger, dont le
feuillage surtout peu développé tient immédiatement
sur la tige, on plie en deux la petite queue, on met
une pointe de colle dans le repli, puis on la serre
bien sur la tige avec une spirale de soie.

Si l'on veut attacher ainsi, sans qu'il y paraisse, une feuille d'une certaine grandeur, et portant une queue assez allongée, comme celles de la pervenche, un peu plus de précaution est nécessaire ; il faut cotonner légèrement un sept de la longueur et de la grosseur convenables, puis le lier avec de la soie après la queue d'étoffe. Lorsqu'on l'a fixé ainsi en le serrant fortement, surtout vers le haut, on le passe en taffetas ou en papier.

Quatrième manière d'attacher les feuilles

Cette quatrième méthode est beaucoup plus usitée que la précédente, et cela pour plusieurs raisons ; elle convient mieux aux feuilles longues : elle est souvent indispensable au feuillage dont la nervure est saillante ; enfin elle va beaucoup plus vite, et présente beaucoup de solidité ; mais pour remplir cette dernière condition, il faut que l'on opère avec soin, surtout lorsque la baguette est de la longueur de la feuille, car autrement elle se décolle par l'usage. Cette méthode reçoit deux divisions.

La première veut que la baguette, ou le laiton qui sert de support à la feuille, ne s'étende qu'au tiers de sa hauteur environ ; la seconde, au contraire, demande que ce support continue jusqu'à l'extrémité du feuillage, comme dans l'œillet de poète, ou s'arrête un peu en avant, comme dans les feuilles allongées, l'oreille d'ours, le muguet, etc. La manière de poser ce support est la même dans les deux cas ; tous deux veulent qu'il soit assorti à la couleur de la nervure qu'il soutient, et qu'il imite quelquefois ; tous deux veulent aussi qu'il participe à la nature de la feuille, c'est-à-dire qu'il soit verni si elle est lui-

9.

sante, cotonneux si elle est tomenteuse, etc. Il est quelquefois nécessaire de le rougir légèrement ; mais tous ces soins concernent spécialement le support de la seconde espèce.

Le support de la première, ou seulement long du tiers de la feuille, se fait ordinairement en laiton couvert, dans les trois nuances de vert. Ce laiton se choisit plus ou moins gros suivant l'étendue de la feuille : il convient parfaitement au feuillage composé, comme les feuilles de rose, surtout lorsqu'il est très développé. Beaucoup de fleuristes, au lieu d'enfiler leurs feuilles, comme l'indiquent le premier et le second procédé décrits au commencement de cet article, appliquent un laiton couvert, très fin, sur les petits feuillages : la peine n'est pas plus grande, comme on va s'en convaincre, et l'ouvrage paraît plus soigné.

On commence par mettre sur un plomb une bobine garnie de cannetille de la grosseur et de la nuance choisies ; on en déroule un peu, puis on en place le bout sur le tiers de la hauteur de la feuille ; on mesure avec le laiton, et ce tiers est la longueur de la queue, que l'on fait 6 à 9 millimètres trop longue, afin que cet excédent serve à monter le feuillage sur la tige. Cette première mesure obtenue sert à couper tous les autres supports ; on en fait ainsi de petits paquets que l'on met dans une petite boîte, ou carte repliée par les bords. Il s'agit maintenant de coller ces supports sur les feuilles ; vous allez voir combien l'opération est facile : l'ouvrière, assise devant la table, a les feuilles à sa gauche et les supports à sa droite, en face un petit pot de pâte à coller, blanche ordinairement, mais mieux encore verte ; la fleuriste

prend un des supports, et l'applique délicatement,
dans un tiers de sa longueur, sur le bord du pot,
bord qui doit être recouvert de pâte ; elle saisit ensuite, avec la pince, une des feuilles, la pose à plat
sur la table, puis applique dessus la partie encollée
du support : il lui suffit, pour réunir l'une à l'autre,
de presser un peu le laiton avec le pouce. Si la feuille
doit recevoir le support à l'envers, ce qui est le plus
ordinaire, c'est l'endroit qui touche la table, et réci-
proquement si le support doit être à l'endroit.

On laisse sécher la feuille sur place, ce qui a lieu
en peu d'instants. Si l'on a mis un peu trop de pâte,
et qu'elle déborde sur la feuille, lorsqu'on presse le
laiton, il faut enlever cet excédent avec la pointe de
la brucelle, car il tacherait désagréablement la feuille.
Cette précaution est surtout nécessaire lorsqu'on
opère à l'endroit.

Pour aller plus vite, il convient d'étaler d'abord
sur la table, ou sur la plaque de liège, une coupe de
feuilles ; on encolle ensuite les supports en pareil
nombre. Pour cela on les tient d'abord dans la main
gauche, ou on les prend à mesure pour les encoller.
A mesure aussi qu'ils sont encollés on les pose sur
les feuilles, mais on ne les presse avec le pouce que
lorsqu'ils sont tous posés. On recommence la même
opération à côté de ces feuilles, ou sur une autre
plaque de liège : tandis que l'on prépare la seconde
coupe, la première a le temps de sécher ; alors on
prend par la tige les feuilles attachées, et on les met
dans un carton.

La manière de poser les supports sur les longues
feuilles, diffère peu de la précédente. Souvent elle
est presque la même, lorsqu'il s'agit de feuilles al-

longées, étroites, très découpées, comme la fougère,
quelques bruyères, les capillaires, l'inquiantus, etc.,
car ce feuillage délicat exige l'emploi du laiton recouvert très fin. Mais dans le plus grand nombre de
fleurs, on commence par préparer de fines baguettes,
passées soit en papier, en taffetas, en gaze, verts, de
la nuance désirée.

Pour cela, on divise du fil de fer en morceaux de
la longueur nécessaire, et en nombre égal aux feuilles à attacher. Les baguettes préparées, on les encolle, et on les pose comme je l'ai expliqué. Elles se
mettent toujours sur la nervure principale, soit au-
dessous, soit au-dessus de la feuille. Quand le support ne doit pas aller jusqu'à l'extrémité de la feuille,
on taille les baguettes en conséquence, puis on les
applique en commençant par le haut, et par approximation. Mesurer ce qui doit rester entre l'extrémité
du feuillage et le support ferait perdre beaucoup de
temps et fanerait la feuille : les dentelures, les nervures aident l'œil. Il en est de même quand on place
les supports au tiers de la hauteur du feuillage.

Cinquième manière d'attacher les feuilles

C'est un mélange des moyens précédents, ou plutôt
le perfectionnement de l'enfilage des feuilles. On
perce les feuilles d'après la seconde méthode, c'est-
à-dire à deux trous ; on les enfile d'un fil de fer, ou
de laiton nu, très fin, on tord ce fil en corde, puis on
le passe en papier, en batiste, en taffetas, suivant la
grosseur de la queue ; on termine en mettant à la
base de la feuille une pointe de colle pour maintenir
la queue. On peut aussi percer seulement la feuille
d'un trou ; alors on introduit dans ce trou le fil de

fer verticalement, et non horizontalement, comme on l'a fait jusqu'ici. Au lieu de passer le fil de fer en papier, on le recouvre aussi d'une petite bandelette de papier, de batiste ou autre étoffe assortie au feuillage. Cette bandelette se passe sur le bord du pot de colle, et s'applique délicatement sur le fil métallique qu'elle doit recouvrir.

Sixième manière

J'ai dit que les supports de la quatrième méthode se détachent par l'usage, surtout lorsqu'ils s'étendent tout le long de la feuille : voici le moyen d'y remédier et d'attacher très agréablement celle-ci.

On commence par diviser en morceaux de longueur convenable, du fil de fer de grosseur assortie à l'étendue de la feuille; on coupe ces morceaux un peu trop longs, comme de coutume; cela fait, on taille, en nombre égal, de petites bandelettes de papier, ou d'étoffe semblable à la feuille, et aussi longues qu'il le faut, d'abord pour recouvrir à plat le support, ensuite pour être passées en spirale autour du petit pétiole, s'il y a lieu. On pose sur la table les feuilles, à l'envers ou à l'endroit, selon le cas; on roule les morceaux de fil métallique, un à un, sur le bord du pot à colle, afin de les bien encoller partout : on les applique ensuite sur la feuille.

Une trace de colle se montre sur la feuille des deux côtés du support, qui lui-même présente une surface collée. C'est sur cette surface et cette double trace que l'on pose une des petites bandelettes. En la pressant bien dans toute sa largeur et sa longueur avec le pouce, on la colle parfaitement : cependant quand le papier, ou l'étoffe qui la compose, est très fort, il n'est pas mauvais de l'appliquer auparavant un peu sur le bord du pot à colle.

Septième manière

Je l'ai vu employer avec beaucoup de succès par une très habile fleuriste. Lorsque le feuillage est de grande dimension; qu'il présente des replis formant de profondes ou de petites cavités, on doit l'attacher selon cette méthode, parce que ces cavités contribuent à lui donner de la fermeté. Manquent-elles, on le doit encore, pourvu que l'étoffe ou le papier qui compose le feuillage présente une certaine raideur.

Voici quel est ce moyen : on prépare des languettes un peu plus longues que le tiers de hauteur de la feuille. En beaucoup de cas, ces languettes, terminées en pointe, ont la forme d'une petite feuille de bluet, ou toute autre feuille étroite et longue. Si l'on a une assez grande quantité de languettes à faire, il est bon de les découper à l'emporte-pièce, sinon on se sert de ciseaux. On donne à ces languettes la gaufrure convenable : c'est ordinairement une suite de stries assez rapprochées, et la pointe de ciseaux fins fortement appuyée, et près à près sur la languette, suffit quelquefois pour la strier exactement, autrement on met les languettes au gaufroir (souvent on ne les gaufre pas, comme pour le *chrysanthemum*). Cela fait, on trempe un petit pinceau dans la colle verte, très tenace : on en enduit la feuille à l'envers, à sa base, et jusqu'au point que doit recouvrir la languette : on enduit celle-ci également à l'envers, puis on l'applique sur la feuille. On laisse sécher, et lorsqu'on monte le feuillage, il se maintient parfaitement, sans qu'on puisse apercevoir son attache. Les feuilles que l'on dispose ainsi, sont sessiles ou sans queue; on met quelquefois un petit laiton sous la languette.

Les feuilles composées naissantes de rose, qui présentent sur une tige d'étoffe ou de papier trois ou cinq petites feuilles, découpées et gaufrées toutes ensemble, s'attachent de cette façon, c'est-à-dire que l'on double la tige d'une bandelette pareille que l'on enduit de colle à l'endroit. Ces petites feuilles sont trop faibles pour pouvoir recevoir une pétiole : la force que l'on donne à la tige commune en la doublant suffit pour les maintenir; ce procédé est fort bon pour toutes les feuilles composées naissantes.

Folioles ou pousses

Le premier terme est emprunté à la botanique, le second au langage des ateliers. Ces pousses sont de très petites feuilles naissantes, et par conséquent d'un vert naissant, souvent roulées, presque toujours demi-fermées. On les voit quelquefois rosées en totalité, ou seulement sur les bords : la batiste est ce qui convient spécialement pour les faire, quoiqu'on emploie avantageusement le papier et le taffetas légers. On ne leur met jamais de support : leur gaufrure, quelques tours de soie floche donnés en montant la tige qui les porte, une pointe de colle au besoin, est tout ce qu'il faut pour les maintenir. Je ne puis donner de règles précises à leur égard : il faudra les examiner soigneusement sur la plante, et les imiter du mieux possible. Il en est de même pour les bractées, et toutes autres folioles qui se trouvent à la base des feuilles, du calice, ou à diverses parties de la tige.

Manière d'attacher trois par trois les petites feuilles sessiles

La bruyère du Cap va nous servir d'exemple : sur chaque branche de la longueur du petit doigt, il y a souvent vingt-quatre à trente feuilles, à peu près semblables aux feuilles du thym. On sent que, si l'on découpait, vernissait, striait et montait ces feuilles une à une, non seulement on n'en finirait pas, mais qu'on aurait bien de la peine à pouvoir les tenir : heureusement l'on procède de toute autre manière. Le même emporte-pièce en découpe trois à la fois, dans une feuille de papier vernissé. Elles sont réunies ensemble. Ces feuilles découpées en étoile sont étalées sur une pelote ou une plaque de liège ; elles présentent leur envers à l'ouvrière ; celle-ci, au moyen d'un petit poinçon, ou d'une grosse épingle, sillonne chacune d'elles, au milieu, dans sa longueur, puis perce d'un trou l'intervalle qui se trouve au milieu des trois feuilles (fig. 36).

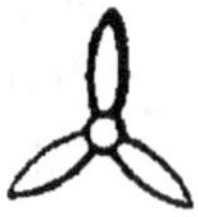

Fig. 36
Perçage des feuilles

Ainsi préparé, ce feuillage se rassemble dans un petit carton jusqu'au moment de l'*enfiler* sur la tige : remarquez que je dis enfiler et non monter. En effet, lorsque la fleur est faite, et la tige passée en papier, on renverse la première, de manière à ce qu'elle regarde la table ; on la tient verticalement de la main gauche. En même temps, on prend de la main droite, avec la pince, une des triples feuilles par le bout, on entre la tige dans le trou du milieu, de manière à ce que l'endroit des feuilles regarde la fleur, et par conséquent soit tourné par en bas. On fait couler la triple feuille jusqu'au point convenable; cela achevé, on met une pointe de colle verte au point où sont réunis la tige et le trou, en prenant soin de poser cette pointe de colle au-dessus de la feuille, c'est-à-dire à l'endroit. On continue de la même façon à garnir toute la tige (1).

D'autres feuilles plus étroites encore, puisqu'elles sont composées par quatre à cinq fils de batiste fine, telles que celles de bruyère cendrée, d'œillet de mai, se découpent à l'emporte-pièce, dans de la batiste vert clair convenablement gommée. Ces petites feuilles présentent de cinq en cinq un vide qui pourrait en contenir quatre : on verra bientôt pourquoi est ménagé cet intervalle. Découpées, elles présentent la forme indiquée par la figure 37.

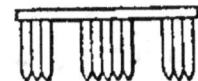

Fig. 37. — Feuilles découpées.

L'ouvrière prend une des petites bandes ainsi préparées, l'applique sur la pelote ou le liège, en la fixant par les deux bouts avec une épingle, la bande lui présente son envers : avec la pointe d'une aiguille, d'une épingle, ou d'un poinçon bien fin, elle sillonne ou raie chaque petite feuille, de telle sorte qu'à l'endroit elles paraissent roulées comme une espèce de cordon, et qu'on n'aperçoive point leurs bords. Cette manœuvre achevée, la fleuriste retourne la bandelette à l'endroit, et la rougit légèrement avec une petite éponge trempée de carmin liquide. Il ne s'agit plus que d'attacher ou de monter le feuillage.

(1) Toutes les petites étoiles ou petits feuillages réunis, et dont le centre est percé, s'enfilent de même. Voyez, plus loin, la manière de faire le noisetier en or.

Passer en feuillage

Pour cela, vous commencez par faire une baguette en papier vert-jaune, ensuite vous prenez cette baguette de la main gauche, et la bandelette de feuillage de la droite, puis vous tournez celle-ci en spirale autour de la première, comme si vous passiez en papier, ce qui, par parenthèse, se nomme en quelques ateliers, avec beaucoup de raison, *passer en feuillage*. L'espace qui se trouve entre les feuilles embrasse alternativement la tige en se roulant autour d'elle ; ce mouvement rapproche les feuilles qui, à leur tour, sont écartées convenablement par les tours de spirale dans l'endroit où elles étaient extrêmement serrées. On a soin, en commençant la spirale, de garnir l'extrémité de la tige de plusieurs petites feuilles ; on y parvient aisément en repliant un peu le bout de la bandelette feuillée.

La nuance rouge qu'a reçue préalablement cette bandelette colore agréablement la spirale ; aussi ce moyen suffit-il pour imiter toutes les teintes foncées que l'on peut mettre sur la couleur verte, mais il est insuffisant quand la nuance est claire. Ainsi quelques jolies bruyères à fleurs rosées très pâles, qui ont la tige d'un gris douteux, à peine rosé, demandent un autre procédé. Voici celui dont on fait usage.

Deuxième moyen de passer en feuillage

On commence par préparer, pour les petites tiges, des morceaux de fil de fer légèrement cotonnés, et, pour la tige principale, un fil plus gros et cotonné deux ou trois fois : on découpe ensuite à l'emporte-pièce des bandelettes feuillées comme les précéden-

tes ; mais comme on doit passer en papier après avoir
passé en feuillage, et que les tours de la bandelette
feuillée seront très écartés, on laisse peu d'espace
entre les feuilles. Il semble seulement que toutes les
cinq feuilles on en ait enlevé une. Sans autre préparation, on prend la bandelette feuillée et on la tourne,
sur le trait cotonné, en spirale très éloignée; de telle
sorte que la tige présente au moins autant de parties
cotonneuses que d'endroits recouverts. Cela fait, on
passe en papier gris pâle et rosé, en disposant agréablement les feuilles à chaque tour que l'on donne ;
on a soin de les coucher imperceptiblement et de les
relever toutes du côté des fleurs, direction exigée dans
cette espèce de bruyère. Il faut éviter de replier les
feuilles sous le papier, de les froisser, ou de les en-
tasser ; mais les arranger de manière à ce qu'elles
garnissent également la branche, quoiqu'elles soient
très nombreuses à son extrémité : cette opération fait
paraître le feuillage un peu plus court.

Maintenant que mes lectrices connaissent les règles
adoptées pour les divers feuillages, il leur suffira
d'examiner une feuille quelconque, soit naturelle, soit
artificielle, pour être en état de l'imiter. Les touffes
d'herbe ou de gazon qu'emploient parfois les modistes
se font par les mêmes procédés.

V. EXEMPLES

L'imitation des feuillages naturels a pris depuis
quelques années une telle extension, et est arrivée à
un si haut degré de perfection, que nous croyons
nécessaire de réunir dans ce chapitre un aussi grand
nombre que possible d'exemples et d'indications pra-

tiques sur ce sujet, en les distribuant en deux sec-
tions :

Feuillages pour modes ;
Feuillages d'ornement.

Feuillages pour modes

Rose de Provins. — Cette feuille se fait avec une
étoffe légère et fine, dans des nuances assez soutenues d'un vert olive ; dans le nombre doivent s'en
trouver quelques-unes rougies à la dentelure ; cette
feuille se monte en tiges par trois.

Rose du Bengale. — Prendre une étoffe brillante et
ombrée, vert frais (quatre tons) ; rougir quelques
feuilles en tête. Cirer au bain maigre et monter en
tiges par trois.

Rose des quatre-saisons. — Etoffe mate ; ombrer le
pied et rougir trois par douzaine en tête, une douzaine au pied, très légèrement. Tirer un filet au milieu
de la feuille avec du blanc jauni ; ensuite, cirer au
bain gras et féculer. Se monte en tiges par trois et
par cinq.

Rose thé. — Etoffe mate de la nuance vert Loiseau
en cinq tons gradués du vert jaune au vert foncé ;
ombrer avec du vert mêlé de jaune et fixer à la
gomme. Rougir une feuille par douzaine et cirer au
bain maigre. Se monte par trois.

Rose cent-feuilles. — En toutes qualités d'étoffes et
pour toutes sortes de montures : fleurs de vases,
d'églises, couronnes de première communion et de
distributions de prix, bouquets de fête, de pâtissier,
bobèches, etc.

Vigne. — Pour faire de belles feuilles de vigne, on

peut prendre autant de nuances et de tons que l'on
veut, depuis le jaune jusqu'au vert foncé, sans oublier
le rouge. Il importe de noter que, au rebours des
autres feuillages, la *petite* feuille de vigne est plus
foncée que la grande. On ombre sur le jaune avec du
vert tendre, sur le rouge avec du brun pas trop foncé
et quelquefois avec du vert tendre.

La feuille de chasselas est féculée après cirage au
bain gras; celle de raisin noir est simplement cirée
au bain maigre.

Il ne faut pas oublier dans les montures de feuilles
de vigne les vrilles (*surettes* ou *tire-bourre*, en termes de métier), qui se font avec du fil de laiton en-
roulé sur une baguette après avoir été recouvert de
papier vert.

La feuille de vigne est une des plus employées pour
les coiffures et parures de bal (trainasses), et alors on
les fait en soie ou satin, trempés au vert liquide;
quelquefois aussi en percale d'or fin, et alors montées
avec du raisin d'or; dans ce cas, les surettes se font
avec du papier d'or.

Lierre terrestre. — D'un emploi aussi fréquent que
la feuille de vigne; se fait avec une feuille nue, sur
laquelle on tire des filets au blanc d'argent un peu
modifié avec du jaune, une parcelle de vert et de
l'eau gommée; dans l'intervalle des filets, on dépose
quelques petites taches de brun; quelquefois on
ombre avec du vert. Le fruit du lierre, petite baie passant, suivant son âge, du vert au noir, après avoir été
rouge puis brune, se fait avec du coton, par les procédés connus, et accompagne presque toujours sa
feuille.

Violette. — Cette feuille ne comporte aucun enjolivement; on la fait en toute sorte d'étoffes, et on la cire au bain maigre. Ne s'emploie qu'avec sa fleur, comme la suivante.

Géranium régent. — Se fait en étoffe mate; avec de la laque carminée, on pratique au centre l'espèce d'auréole brune qui distingue la feuille naturelle. Cirer au bain gras et féculer ensuite.

Dans un genre plus commun, on ne fait point d'auréole et on emploie une étoffe à double face.

Géranium rosa (ou *rosat*). — Se fait en étoffe mate sans autre agrément qu'un ombré léger au centre de la feuille, vers le pied. Cirer au bain gras et féculer.

Verveine. — Cette feuille, des plus simples, ne fait qu'accompagner sa fleur, et ne sert pas dans les ornements. Se fait en vert quatre tons; quelques-unes doivent être rougies. Cirer au bain maigre.

Sycomore. — L'une des plus usitées, et qui se prêtent le mieux à la fantaisie du fleuriste ainsi qu'aux caprices de la mode. Se fait en toute étoffe : percale, velours de coton, de soie, satin, etc. Les principales variétés sont :

1° Ombré vert sur jaune paille, filets bruns ;

2° Ombré vert et rouge sur ponceau, filets jaunes;

3° Ombré vert et brun sur rose, filets jaunes ;

4° Ombré vert au bord, repiqué d'argent, filets orange ;

5° Ombré vert sur violet, filets blancs ;

6° Ombré vert foncé sur vert tendre, filets or.

Sur soie ou velours, on peut avoir les mêmes nuances au trempé dans les couleurs d'aniline.

Acacia. — Se fait en nansouk nuances fraîches; ombrer au pied, sans rougir, et monter sur laiton, au papier vert, soit en tigettes de cinq feuilles, soit en branches ou traînasses de dix-huit ou vingt feuilles. Pour la fantaisie, on emploie le satin, le taffetas, même le velours, trempés à la couleur d'aniline ; et on monte avec de la soie floche, verte ou brune.

Oranger. — Se fait en toute étoffe, sauf le velours, surtout en percale et en satin de soie ou de coton. Point d'autre enjolivement qu'un simple filet au blanc d'argent teinté de jaune.

Begonia (petit). — Se fait, surtout pour la fantaisie, en satin ou velours trempé à l'aniline en diverses couleurs, suivant le goût du moment. Sur étoffe verte, on ombre par côté avec du brun, qu'ensuite on piquète d'argent fin délayé avec de la gomme, et tout autour on trace un filet selon la forme de la feuille. Voici quelques-unes des panachures les plus usitées :

1° Ombré vert frais, repiqué de vert foncé, avec un bordé de rose repiqué de cerise et filets bruns ;

2° Ombré vert repiqué de vert plus foncé sur les bords ; taches d'argent fin ; filets carmin ;

3° Fond laque Solférino sur blanc ; bordé vert frais repiqué de vert foncé ; taches d'argent fin ; filets bruns ;

4° Sur jaune taché de rouge quart de brosse vert, repiqué d'un filet vert noir, bordé de rouge clair presque rose.

Cirer à volonté, soit au bain gras, soit au bain maigre, soit à la cire normale.

Houblon. — D'un usage très fréquent, et se prêtant aux innovations de coloris, sinon de forme. Se fait en velours trempé, en satin de soie ou de coton, en taffetas, etc.

1° Ombré de brun, panaché de brun sur fond bleu de ciel, ou bleu lumière, avec repiqué de blanc ;

2° Ombré vert sur rose, repiqué de noir, panaché or ;

3° Ombré de bois sur jaune, panaché de vermillon ;

4° Bordé carmin sur rose, pied de la feuille vert; panaché de blanc ;

5° Ombré vert sur paille, bordé rose; panaché de brun.

Fuchsia. — Se fait en couleur naturelle. Sur étoffe vert foncé, et vernissée. Les jeunes feuilles sont presque rouges en dessous, ainsi que les nervures, surtout la nervure médiane.

Noisetier. — Sert avec son fruit à former des corbeilles, où se trouvent d'autres feuillages et d'autres fruits. Se fait en nansouk; cirer au bain gras et féculer ensuite.

La feuille de *noisetier d'Amérique,* au lieu d'être féculée, est saupoudrée de laine blanche hachée, comme en fournissent les marchands d'apprêts. Mais avant cette opération, on doit l'ombrer au centre, d'un ton très foncé; et si l'on en rougit quelques-unes, le rougi doit être également très prononcé, la laine atténuant les tons.

Primevère. — Se fait en étoffe d'un vert frais; ombrer dans le fond, cirer au bain gras et passer ensuite à la laine hachée.

Lilas. — Se fait en étoffe légère, nuance vert tendre en trois tons seulement; cirer au bain maigre, à moins qu'on n'ait employé, comme cela peut se faire, une étoffe caoutchoutée.

Capucine. — Ne se fait qu'en étoffe, et se monte avec la fleur et les graines ; employer le vert quatre tons, du vert clair presque jaune jusqu'au vert vif, suivant l'âge de la feuille. Ombrer légèrement au milieu, d'un ton doux ; filets de blanc jauni à partir du tiers de la feuille. Cirer à la cire normale.

Cassis. — Se fait en étoffe double face. Sans autre façon qu'un cirage au bain maigre, à moins qu'on ne prenne une étoffe vernissée. Elle est toujours accompagnée de son fruit, qui se fait en verre soufflé, et que l'on trouve chez les marchands d'apprêts.

Capillaire. — Cette feuille, très recherchée pour sa grâce et sa délicatesse, ne présente guère de difficulté à exécuter ; il faut seulement des doigts fins et légers pour la retirer du fer et la dédoubler, vu sa petitesse (elle n'est pas plus grosse qu'une feuille de cerfeuil). On la monte sans la coller, tellement elle est légère, en branches de 25 à 30 feuilles, qui se rattachent ensemble.

Rose trémière. — Se fait en percale verte épaisse, à double face, et de quatres tons gradués, du vert jaune au vert foncé. Sert à faire des piquets d'arbustes, à garnir des fleurs de vase ; s'exécute aussi en papier doré ou en gaze d'or, de Lyon, pour les fleurs d'église.

Groseillier à grappes. — Se fait non seulement en étoffes à feuillage vert frais (4 tons), mais aussi en velours de soie, en satin (soie ou coton) ; on la trempe en toutes couleurs, dites *de mode*. Elle se fait aussi en fantaisie, panachée à quart de brosse (Le quart de brosse s'obtient en tenant sa brosse penchée, et en ne se servant que du bord).

Fleuriste. 10

Cette feuille accompagne ordinairement son fruit dans les montures; mais on peut aussi l'utiliser dans les piquets pour accompagner des fleurs.

Cissus. — Feuille originale, très goûtée pour orner les serres chaudes, à cause de sa forme allongée et de son ornementation naturelle qui s'imite facilement. Se fait sur étoffe brune; on ombre à la brosse avec de l'argent fin, on panache de vert et on repique de noir, puis on cire et on fécule. Elle s'exécute aussi en étoffes de différentes couleurs : sur blanc, fond rose, bord vert frais, repiqué de vert foncé, et panachure brune; sur fond corail, quart de brosse vert tendre, repiqué de vert foncé, et panachure de carmin; sur jaune orangé au milieu, ombré vert au bord, repiqué de vert foncé, panachure brune, etc.

Trèfle. — Se fait en percale d'un vert assez foncé pour que, avec du vert clair, on puisse revenir sur le milieu de la feuille, produisant ainsi cette espèce d'auréole qui la caractérise à l'état naturel.

Cresson. — Se fait en étoffe fine, vert 3 tons; on cire au bain maigre, et quelquefois on ombre avec une légère teinte brune. Si on vernit, il faut allonger un peu le vernis avec de l'alcool bon goût, et de façon à ne pas l'altérer.

Liseron. — Se fait en étoffe fine, d'un beau vert, et en quatre tons. On ombre au pied, et on fait des filets roses sur la grande nervure; on déblanchit, on cire au bain maigre et on vernit. S'utilise dans les belles suspensions, en traînasses qui retombent sur les bords, pendant que d'autres descendent le long des chaînes.

Dahlia. — Se fait en étoffe vernissée, d'un vert

très frais : étoffe forte pour arbustes, étoffe Loiseau pour modes (dans ce dernier cas on cire au bain maigre). Lorsqu'elle est gaufrée, on peut y tracer un filet sur la grande nervure du milieu avec du déblanchi.

Camélia. — Se fait en étoffe de nuance tendre ; on ombre tantôt d'un côté, tantôt de l'autre, laissant le côté opposé dans son ton naturel ; quand la première teinte d'ombré est faite, on applique un deuxième ton sur la partie déjà ombrée, ce qui donne à la feuille un reflet splendide ; on procède ainsi sur chaque ton de vert jusqu'au vert le plus foncé ; on cire ensuite au bain maigre et on vernit soigneusement.

Seringa. — Se fait aisément, en percale légère, vert 3 tons ; on en rougit quelques-unes en tête et on cire au bain maigre.

Althæa. — Se fait en velours, en soie, en satin (soie ou coton), en percale ; nuançage à l'aniline, ombré vert au milieu et filets dans les nervures. En fantaisie, on la fait de diverses couleurs :

Sur blanc et vert frais, ombrée brun, panachée de filets vermillon ;

Sur jaune, bordée rouge, fond vert, repiqué de vert plus foncé, panachée de déblanchi verdâtre ;

Sur rose vif, bordée de vert, repiquée de vert plus foncé, filetée dans toutes ses nervures avec du déblanchi ;

Sur corail à fond vert bien tendre, repiqué de vert un peu plus foncé, et panaché de rose tendre ;

Sur ponceau, ombré de brun grenat, et repiqué de brun plus foncé, avec panachure au vermillon ;

Enfin on la fait aussi en noir pour les articles de deuil, en étoffe ordinaire pour les fleurs de vases et d'église.

Chèvrefeuille. — Se fait en étoffe Loiseau, avec un ombré léger à la base de chacun des deux lobes; cirer au bain maigre.

Platane. — Cette feuille, l'une des premières qui soient apparues dans les collections, se fait en toute espèce de fantaisie, car elle est d'une forme facile à traiter en nouveauté. Elle se prête à des effets de feuille morte, que l'on obtient comme suit : on fait sur les bords, à droite et à gauche, une large tache couleur chamois; on revient dessus avec de la couleur bois, puis avec du noir, et on y figure la trace de la chenille mineuse.

Pavot. — Cette feuille, large du bas, étroite du haut, est à la fois facile à faire et à utiliser; on l'ombre à la brosse orientale, et on en varie comme on veut l'aspect, soit par la diversité des nuances, soit par des filets tracés au pinceau. Par exemple sur fond bleu ombré de vert frais, sur ses bords, on ombre le centre en vert plus foncé, glacé de rose bien fondu, avec panachures de grenat pratiquées au pinceau; on peut aussi recourir, pour varier, à cette sorte de pointillé qu'on appelle *picotage*, dans le dessin pour impression sur étoffes.

Houx. — La feuille de houx, qui s'emploie généralement avec son fruit, que les fabricants de fruits en coton imitent admirablement, se découpe dans de l'étoffe blanche, raide d'apprêt. On y fait un ombré vert très frais et très soutenu, sorte de tache dont le pourtour demeure d'un blanc vif et net. On revient

ensuite sur l'ombré avec un ton de vert plus accentué, et, pour deux ou trois feuilles par douzaine, on
pratique sur la bordure blanche un léger ombré d'un
ton rosé.

On peut aussi découper sa feuille dans une étoffe
vert foncé, en trois tons, l'ombrer dans le pied, et la
border avec du blanc d'argent délayé dans de la
gomme légère. Pour éviter l'écaillure du blanc, il
est bon de ne le poser qu'après gaufrage.

Cerisier. — Comme la précédente, la feuille de
cerisier s'emploie surtout avec son fruit, que l'on
fait couramment en verre soufflé, en coton ou en
cire. Elle se fait soit en étoffe Loiseau, soit en étoffe
double face, soit en vert anglais, selon l'usage qu'on
en veut faire. Elle se prête peu à la fantaisie; cirer
au bain maigre.

Framboisier. — Comme pour la précédente.

Ronce. — Cette feuille se fait, avec de beaux ombrés bien fondus, sur une étoffe de qualité supérieure
(satin de coton, taffetas, velours de coton ou de soie
trempé); elle est d'une fabrication assez délicate et
veut un tour de main que la pratique seule apprend.

Mûrier. — Comme pour le cerisier.

Réséda. — Même observation.

Pervenche. — La feuille accompagne ordinairement
la fleur, et se fait en toute étoffe, même soie ou velour. Quelquefois on y pratique un filet, dans le milieu, au long de la nervure principale, soit avec du
déblanchi, soit, plus rarement, avec du rose tendre.

Chrysanthème. — Feuille analogue, comme fabrication et même comme aspect, à celle du pavot.

10.

Aristoloche. — Cette feuille, qui n'est pas sans rapport d'aspect avec celle du nénuphar, manque de galbe; ni le velours ni le satin ne conviennent pour la faire. D'un vert jaunâtre à l'état naturel, elle se prête à de beaux effets d'ombré, en lui appliquant en tête une légère teinte rosée, en pied un vert fondu, et, sur la nervure du milieu, un filet rose. Du reste on peut essayer d'autres teintes, par exemple deux tons superposés de vert avec des filets bruns, ou la nuance corail avec fond vert repiqué de vert plus foncé et filets roses, ou jaune d'or ombré de brun et filets de vermillon, etc.

Erable. — C'est la plus gracieuse de toutes les feuilles naturelles et aussi l'une des plus recherchées parmi les artificielles. On peut l'exécuter sur blanc, à fond rose dans le pied, ombrée de deux verts superposés en tête de la feuille, et finement panachée de brun; ou encore sur jaune, bordé de bois vert, panaché de carmin, et, dans chaque alvéole, de petites taches de deux verts superposés.

Nénuphar. — Cette feuille a été l'objet des imitations les plus fantaisistes et les plus variées. A l'époque où le commerce, ne fournissant pas les emporte-pièce nécessaires, on était obligé de les faire à la main, ces feuilles étaient déjà l'occasion pour les feuillagistes de faire œuvre de goût et d'imagination. Un des types les plus en vogue s'exécute sur percale épaisse, ou même double, avec fond jaune bordé de vert fondu ombré en forme d'arceaux également fondus partant du bas de la feuille en forme d'arète de poisson, panaché de brun, et semé de taches blanches sur ce qui reste de jaune.

Caladium. — Se fait sur étoffe blanche, ombré

fond rose; bordure vert frais avec liseré vert foncé; tache blanche dans la feuille; panachure brune. ·

Pendalium. — De grandeur moyenne à l'état naturel, la feuille de pendalium ne s'exécute qu'en réduction. Elle présente un coloris original et doit être copiée sur nature.

Argentine. — Ressemble à la feuille de pervenche, de forme oblongue et sans dents. Sa beauté consiste dans ses nervures, semblables à des fils d'argent, et prenant quelquefois un ton rosé, puis rouge. On l'imite parfaitement en y ajoutant un léger ombré vert, plus foncé que le fond de la feuille qui est d'un vert très frais et très tendre.

Héliotrope. — Cette feuille, très simple, se fait en percale verte vernissée, de trois teintes d'étoffe. On la colle une fois découpée, on la gaufre, on la met sur queue. Cirer au bain maigre. ·

· *Fougère.* — Assez dure à découper, et de types très variés, la feuille de fougère constitue une véritable spécialité qui exige un outillage perfectionné.

Pas d'âne. — Se fait en percale vert tendre, avec ombré vert, et des reprises de vert plus foncé; quelques filets blancs et roses, ou même rouges. Il ne faut pas songer à la gaufrer avec ses nervures naturelles; il suffit d'employer un gaufroir dit *passe-partout*, légèrement galbé.

Nous arrêtons ici la nomenclature détaillée des feuillages qu'il est d'usage d'imiter aujourd'hui, nous bornant à mentionner encore l'*Aucuba*, la *Boule-de-neige*, le *Peuplier*, le *Tradescantia*, le *Muguet*, le *Laurier rose*, l'*Amaryllis équestre*, l'*Anémone*, le *Bouton d'or*, la *Pâquerette*, la *Marguerite*, le *Coque-*

licot, l'*Oreille d'ours*, le *Pois de senteur*, le *Mûrier*, le *Sorbier*, le *Citronnier*, le *Jujubier*, l'*Œillet*, le *Myosotis*, la *Mauve*, la *Pivoine*, la *Pensée*, le *Pêcher*, l'*Abricotier*, la *Clématite*, etc.

Notre lectrice en sait assez pour appliquer à n'importe quel feuillage les notions que nous lui avons données précédemment, et son goût la dirigera plus sûrement que ne pourraient faire nos indications multipliées.

Les feuillages dont il a été traité dans les pages précédentes composent plus particulièrement ce qu'on appelle l'article *modes*; c'est-à-dire qu'ils sont utilisés surtout, sinon uniquement, pour la parure féminine.

Feuillages d'ornement

Il en est d'autres, en nombre aussi grand, et même toujours croissant, qui concourent exclusivement à l'*ornement* des intérieurs; les plus luxueux et les plus modestes, où ils remplacent, en en faisant l'illusion presque complète, les plantes vivantes, souvent difficiles à se procurer et dont la conservation en bonne santé dans nos salons est à peu près impossible.

Parmi les plantes, d'origine exotique pour la plupart, qui sont ainsi imitées dans leur feuillage toujours très décoratif, nous devons citer les *Calatheas* (mieux *Marantas*), les *Coleus*, les *Caladiums*, les *Bégonias*, les *Cannas*, les *Phalenopsis*, et une foule d'autres que les progrès de l'horticulture ont fait connaître depuis quelques années. Voici des indications au sujet de quelques-unes de ces plantes :

Maranta Veitchiana. — Cette plante, originaire des

Andes de la Nouvelle-Grenade, porte des feuilles de
0^m30 à 0^m35 de long sur 0^m18 à 0^m28 de large,
obovales, vert foncé, avec de larges panachures vert
clair le long de la nervure médiane, et des taches
de même teinte, disposées circulairement à quelque
distance du bord. Se fait en percale épaisse, à deux
faces, l'une vert clair, l'autre brun. Cirer au bain
maigre.

Coleus Verschaffeltii. — Originaire de Java; tige
tétragone, ramifiée, haute de 0^m50 à 0^m60; nombreuses feuilles cordiformes, dentées, de couleur
pourpre, veloutées, inégalement bordées de vert. Se
fait en étoffe vert-mixte à envers violacé, avec panachures roses sur fond vert; comporte du reste toutes
les variations de teintes compatibles avec le bon
goût.

Caladium. — Originaire du Brésil, le caladium a
fourni de nombreuses espèces toutes plus remarqua-
bles les unes que les autres par la beauté de leur
feuillage, qui offre de nombreuses diversités de forme
et de coloration. Se fait en percale demi-forte; cirer
au bain maigre, et passer ensuite dans un léger vernis blanc à l'alcool atténué.

Begonia. — Genre si abondant en espèces et variétés que les écrire ou les énumérer nous serait difficile. Le *Begonia daedalea* est le type le plus usité
par les fleuristes, bien qu'il ne soit guère cultivé aujourd'hui. Se fait sur étoffe verte, assez forte; chaque feuille doit recevoir quelques taches d'argent
vierge en poudre, délayé avec une solution légère
de gomme arabique; ces taches se posent à l'entour
de la feuille, presque au bord. Puis, avec du vert,

foncé, et en suivant la même courbe, on fait une panachure au quart de brosse, marquant toutes les
nervures, et sur laquelle on revient avec une plus petite brosse chargée de brun grenat. Cirer à la cire
grasse et féculer.

Canna. — Les Cannas peuvent être divisés, au
point de vue de leur feuillage ornemental, en trois
groupes, selon qu'il est vert ou vert nuancé, violacé
ou brun, pourpre ou bronzé. Les nombreuses espèces de ce genre, très cultivé aujourd'hui, peuvent
toutes fournir des types plus ou moins élégants au
feuillagiste.

Il y a peu de choses à dire au sujet de la confection de ce feuillage, sinon qu'il faut se servir de percale verte très légère, et joindre à l'emploi du gaufroir spécial celui d'un couteau mousse avec lequel,
la feuille étant posée sur une planche, on la racle
latéralement en demi-cercle pour la friser un peu.
Cirer au bain maigre.

Phalænopsis schilleriana. — Cette orchidée, originaire de l'archipel de la Sonde, tire son nom de la
ressemblance de ses feuilles avec la phalène (papillon de nuit). Se fait sur étoffe vert frais ; de distance
en distance, le long de la nervure médiane, on pratique avec la brosse imprégnée de vert foncé des panachures qui arrivent jusqu'au bord de la feuille.
L'envers en est brun. Cirer à la cire normale (cire
vierge, presque pure, additionnée de très peu de
térébenthine).

Fougères

La fabrication des feuilles de fougères fait l'objet
d'une spécialité pour un petit nombre de maisons ;

et leur confection, en dehors des ressources d'un atelier monté et organisé dans ce but, présente de réelles difficultés. Toutefois nous allons donner quelques indications utiles.

Le découpage des feuilles de fougère se fait sur le plomb, comme d'ordinaire; mais il faut retourner l'emporte-pièce, conservant encore la découpure, le poser à plat sur le plomb, et avec un petit marteau de plomb terminer le travail en frappant à petits coups mesurés sur l'étoffe, qu'achève alors de former dans les plus délicats détails l'emporte-pièce contre lequel l'étoffe est pressée dans tous ses points successivement. A ce travail le marteau se déforme bientôt; on en est quitte pour le refondre dans son moule.

Parmi les vingt et quelques espèces qui sont le plus goûtées des acheteurs, nous citerons :

Gymnogramnna calonulanos ;
Polypodium effusum ;
 — *tetragonum* ;
 — *fraxinifolium*, etc.

Verdure

Après les fougères, la *verdure*, c'est-à-dire au point de vue du fleuriste artificiel, les herbes agrestes, principalement les graminées indigènes ou exotiques, forme une spécialité où les fabricants sont connus sous le nom de verduriers. L'*Andropogon*, le *Sorghum*, le *Panicum ciliare*, le *Bromus rupestris*, le *Poa flexuosa*, l'*Arundo donax*, le *Festuca fluctans*, — *cliator*, — *ciliata*, etc., fournissent ample matière à l'imitation, sans compter que les fantaisies de pure imagination sont permises et acceptées.

Sous le nom de *roseaux*, et avec une liberté aussi grande, le verdurier exécute une assez grande variété de feuilles qui ont pour type plus ou moins lointain notre roseau commun. Il emploie pour cela une étoffe de nuance claire, suffisamment corsée (dite déblanchie) dans laquelle il découpe des bandes de largeur proportionnée à la dimension des feuilles qu'il se propose de confectionner; il les taille haut et bas, en imitation de la nature ; puis il y pratique, au pinceau chargé de vert tendre, des bandes longitudinales, étroites ; à côté de celles-ci d'autres avec du vert plus foncé, d'autres encore brunâtres pour renforcer le ton général; il fait ensuite, avec du fil de fer recuit, coupé de la longueur de la feuille, une baguette qu'il recouvre de papier de la couleur du fond de l'étoffe, arrête le papier à la gomme, le colle à la pâte et le cire à plat sur une plaque chaude à la cire maigre.

VI. FABRICATION DES FEUILLES ARTIFICIELLES, PAR M. GOUY-MARTIN

Dans l'ancien système, on cherchait à imiter la nature en faisant sur les diverses feuilles, découpées dans les étoffes à ce destinées, des filets avec des couleurs broyées à la gomme ; ces couleurs, opaques et lourdes, arides et cassantes, ne pouvaient résister au gaufrage, qui, faisant toujours prêter l'étoffe, forçait ainsi les filets dont il s'agit à disparaître, à voler en éclats.

A cet inconvénient s'en joignait encore un autre non moins grave, c'est que ces filets, qui se trouvaient établis au hasard, ne coïncidaient jamais avec

les nervures que portent les matrices ; de plus, étant
minces, clairs et faits à l'eau, ces filets prenaient
bientôt un aspect plus foncé, puis se mêlaient à la
couleur de l'étoffe, et exerçaient ainsi sur la teinture,
qui se détrempait, une sorte de décomposition capa-
ble de les détériorer eux-mêmes, double dommage
qui révélait des vices notables de fabrication.

Pour donner plus de consistance à la feuille ame-
née à ce point de confection, on la renforçait au
moyen d'un fil de fer recuit, qui, une fois adapté,
était recouvert d'une bandelette de mousseline ou
d'étoffe analogue, dont le grain et la nuance contras-
taient plus ou moins avec le grain et la nuance de
la percale.

Ce fil de fer, devant être préalablement mouillé
pour être collé, était bientôt accessible à la rouille,
prenait une couleur noirâtre qui pénétrait la feuille,
et la souillait d'une manière très remarquable.

Quant aux feuilles le plus communément employées
dans la fabrication des fleurs, et qui sont tout unies,
c'était à l'aide de brosses, dont on se sert pour la
peinture dite orientale, qu'on les ombrait dans le milieu, afin de leur donner un air plus léger et un plus
bel aspect.

Tels étaient les principaux moyens et procédés de
l'ancienne méthode, avec lesquels, sans imiter sé-
rieusement la nature, on ne pouvait, malgré tous
les soins admissibles, obvier à une foule d'inconvénients plus ou moins sensibles et défavorables à l'industrie des fleurs.

De la teinture et de l'apprêt

Je commence par teindre ma mousseline, ma percale, etc., en vert, par exemple, ou en toute autre
couleur nuancée d'une manière quelconque ; puis je
l'apprête par les procédés connus dans la fabrication
des fleurs, en lui donnant, sur un métier de fleuriste,
la tension convenable.

Lorsque mon étoffe est sèche, qu'elle a perdu toute
l'humidité de l'opération qu'elle tenait de l'apprêt, je
la dispose pour lui donner des dimensions analogues
à celles des planches dont je me sers pour l'impression, planches qui peuvent être soit en zinc, soit en
cuivre ou autres métaux, soit des pierres lithographiques.

De l'impression

S'il s'agit des feuilles dont les nervures soient larges, peu senties ou pour ainsi dire superficielles,
j'imprime à l'instar des lithographes.

Pour cela, je dispose mes nervures sur une pierre,
à l'aide d'une contre-épreuve vulgairement dite dé-
calque, prise sur une feuille gaufrée, puis je fais mes
teintes à l'encre, et, pour les adoucir, je les passe au
crayon lithographique.

Si, au contraire, il s'agit d'établir des nervures
bien senties, profondes ou saillantes, comme celles,
par exemple, que comportent le lierre, j'opère aussi
avec des pierres lithographiques ; mais ces pierres
portent leur type en relief, ce qui les transforme en
véritables clichés, et j'imprime alors à l'instar des
typographes.

Enfin, quand je me propose de reproduire des
feuilles dont les nervures sont fines et compactes,

j'utilise pour l'impression les procédés de la gravure sur cuivre, acier, zinc, ou tous autres métaux ; quelquefois même l'emploi d'un cylindre remplit assez bien mon but.

J'établis aussi des feuilles dont les nervures sont reproduites à l'endroit et à l'envers.

Dans ce cas, je procède à l'aide de repères, s'il s'agit de leur donner des nervures saillantes, et à l'aide de maculatures, s'il ne leur faut que des nervures pâles, peu senties ou seulement figurées.

Avant de faire subir à mon étoffe l'action de la presse, j'ai soin de la cylindrer pour la rendre lisse et lui faire prendre l'encre plus convenablement, puis, au second tirage, comme l'étoffe a produit son effet, qu'elle s'est tant peu retirée, qu'elle se trouve ainsi plus juste et retombe fixe dans les nervures, j'ai soin de faire des repères à l'impression, pour me guider dans l'opération du découpage des feuilles, que j'exécute sur un plomb, à l'aide d'un emporte-pièce.

Lorsque les feuilles sont découpées, il convient de leur donner de la consistance, de les renforcer ; à cet effet j'adapte verticalement à leur envers un fil métallique recouvert de filaments et destiné à cet emploi, que je recouvre ensuite soit d'une bandelette de papier serpente de même nuance que la feuille, si celle-ci est unie, soit d'une bandelette de papier végétal verdi, par exemple, et faisant transparent si la feuille comporte des nervures.

Vient ensuite l'opération du gaufrage, qui s'accomplit au moyen d'une matrice en fer ou en acier, et d'une sorte de cuvette ou contre-estampe en plomb, zinc, rosette, etc., entre lesquelles je place la feuille sur laquelle il s'agit d'opérer.

Mais pour que, en gaufrant, l'action de la presse ne fasse pas couper ou crevasser la feuille vers sa partie épaisse et renforcée par la queue métallique dont il vient d'être question, j'ai soin de disposer préalablement dans la contre-estampe un blanchet ou morceau de drap analogue à celui que les typographes placent sous le tympan de leur presse et qui, par assimilation, a ici pour but de faire disparaître ou dissimuler à l'œil les éléments de solidité adaptés à la feuille, et dont la couleur offre une teinte égale à la nuance du feuillage.

Cette opération étant terminée, je cotonne la queue métallique de la feuille, puis j'y adapte des petits fils de fer assez minces et non recuits, pour pouvoir conserver leur propriété élastique ; toutefois, quand il s'agit de feuilles petites et légères, on peut avantageusement substituer la cannetille au fil de fer.

Lorsque la queue de la feuille est ainsi garnie, je recouvre cette extrémité en y roulant très régulièrement du papier serpente bien lisse et rosé ou de toute autre couleur, assortissant le mieux possible le genre ou la nature de la feuille elle-même.

Enfin, pour prêter aux foliflores le lustre, la transparence et la souplesse dont sont douées les feuilles naturelles, j'ai recours aux procédés et moyens connus, c'est-à-dire que je passe les foliflores dans un bain de cire à laquelle je donne la teinte la plus convenable, et à laquelle, parfois, on mêle un peu d'alcool ou d'essence de térébenthine, etc.

Dans la fabrication des feuilles de fantaisie qui assortissent les bouquets ou guirlandes de fleurs dont on fait généralement emploi dans les soirées, j'ai recours, de préférence, au procédé lithographique, pour obtenir une impression en or, en argent, en bleu de France, etc.

Cette impression s'exécute à l'aide d'un mordant quelconque, sur lequel on passe, avec un morceau de peluche, une patte de lièvre, etc., un de ces divers métaux ou éléments, tout préparé dans le commerce pour qu'il ait la propriété de s'attacher promptement aux feuilles qu'il doit recouvrir, d'y adhérer d'une manière égale, uniforme, et de reprendre ensuite son brillant primitif ou naturel sous l'influence du cylindre, à la pression duquel doivent être soumises les feuilles sur lesquelles l'application a été faite.

Dans l'impression des pétales de géranium, de volubilis, je procède également à l'instar des lithographes, pour faire venir à la presse les nervures qu'elles doivent porter : seulement l'étoffe que j'emploie reçoit l'impression en blanc et de telle sorte que, une fois imprimée et découpée, je puisse, en trempant mes pétales (à l'aide des procédés connus), leur donner les nuances qui leur conviennent naturellement.

VII. FABRICATION DES FEUILLES EN GÉLATINE POUR FLEURS ARTIFICIELLES, PAR M. PINSON

Ces feuilles, que l'on peut obtenir de toutes dimensions, ne diffèrent guère des étoffes employées le plus ordinairement pour fleurs qu'en ce que ces premières ne contiennent pas de tissu. La suppression du tissu a pour but l'économie de la dépense et une plus parfaite imitation des fleurs et de leurs feuilles, qui ne présentent, dans aucun cas, l'apparence d'un tissu.

Les feuilles de gélatine ont la propriété d'être découpées très nettement et de bien recevoir et conserver le gaufrage ; ce n'est, d'ailleurs, qu'aux apprêts de gélatine, de colle de peau ou de pâte, ou à ceux de gomme, que les tissus doivent de pouvoir être découpés et gaufrés.

Les feuilles de gélatine pour fleurs doivent être très minces pour la plupart des cas : on les fabrique en étendant de la gélatine, convenablement colorée, sur des surfaces lisses, telles que celles de verre, de métal ou de toute autre matière analogue.

La gélatine est susceptible de recevoir toutes les couleurs et toutes leurs nuances, même toutes les panachures ou colorations totales ou partielles qu'on désire leur donner après coup.

VIII. FEUILLES COMPOSÉES DE SUBSTANCES ANI-MALES, PAR M. ROYER LE JEUNE

Pour obtenir des feuilles composées de substances animales propres à confectionner des fleurs artificielles de toutes couleurs, destinées à être appliquées sur robes, garnitures, et sur toute espèce d'objets en carton, gainerie, nécessaires, etc., on prend d'abord la partie d'une peau de vélin que l'on juge la plus propre à l'usage qu'on se propose d'en faire, et on la trempe dans un bain de cire vierge chaude, de manière ce que la surface de cette peau en soit enduite.

Cette première opération terminée, on prend une certaine quantité de colle de poisson, que l'on fait fondre dans l'eau ; lorsque cette colle est fondue, on y ajoute environ un sixième d'une liqueur de poisson dont nous donnerons tout à l'heure la composition, et on mêle le tout ensemble. Le mélange parfaite-

ment fait est passé au travers d'un linge fin, tel que
de la mousseline. Enfin on donne une couche de
cette composition sur la peau de vélin enduite de
cire avec un pinceau de cheveux, et quand cette première couche est sèche, on en applique plusieurs autres en divers sens, jusqu'à ce qu'on s'aperçoive que
les feuilles en sont suffisamment chargées.

Lorsque la dernière couche est sèche, on coupe les
bords de la peau de vélin, et à l'aide d'un instrument tranchant on enlève l'enduit qu'on y avait appliqué, et qui forme des feuilles transparentes imitant la nacre.

La peau de vélin qu'on a employée à cette opération peut servir plusieurs fois sans qu'il soit nécessaire de la recouvrir à nouveau de cire.

Les feuilles transparentes que l'on obtient par ce
procédé sont susceptibles de recevoir diverses couleurs; elles ont en outre les propriétés de se découper et de se gaufrer de la même manière que les
fleurs artificielles, et de s'appliquer sur toute espèce
d'objets avec une grande facilité.

La liqueur de poisson, dont nous avons parlé plus
haut, s'obtient des écailles du petit poisson de rivière
nommé ablette; ces écailles sont mises dans un vase
d'eau froide, où, en les remuant avec un pilon, on en
détache le brillant; on fait ensuite filtrer l'eau au
travers d'un canevas, et la matière brillante reste au
fond du vase; enfin, on mélange cette matière brillante avec de la colle de poisson fondue, et l'on a,
de cette manière, la composition, que l'on applique,
comme nous l'avons dit, par couches, sur la peau du
vélin.

CHAPITRE VIII

—

De la manière de faire les Etamines et les Pistils

Chaque art doit avoir son langage ; aussi, malgré la convenance et l'habitude, je n'emploie dans ce Manuel les termes botaniques qu'à défaut d'expressions reçues chez les fleuristes. Mais je renonce à cette préférence, relativement aux parties délicates qui vont nous occuper maintenant : quelques mots en expliqueront le motif. Les noms employés par la science sont très précis, suffisants, faciles, et, par cela même, usités généralement ; ceux de l'art varient d'atelier en atelier ; plusieurs organes essentiels n'en ont aucun, et par conséquent il faut sans cesse recourir à des circonlocutions obscures et fastidieuses. Ces noms ne peuvent donc être qu'un accessoire, tandis que les dénominations des botanistes doivent être la principale manière de s'exprimer.

Afin de prévenir toute ambiguïté, je vais brièvement expliquer les deux langues.

Les filets les plus longs qui s'élèvent au centre des fleurs, et portent sur la semence, se nomment *style* en botanique ; la sommité qui termine le style varie de forme, de couleur, mais, dans tous les cas, cette partie reçoit le nom de *stigmates* : l'un et l'autre forment le *pistil*, ou organe femelle. Un, deux ou trois filets au plus composent ce pistil. Il n'en est pas de même des *filets* plus courts qui l'entourent et qui sont appelés *étamines* : ils sont souvent si nombreux

qu'on ne les compte plus ; c'est le cas de la rose et
d'une multitude de fleurs. Les globules qui terminent
les étamines ou organes mâles, se nomment *anthères*. Les petites excroissances ou folioles particulières
qui se trouvent à la base intérieure des pétales,
comme dans le narcisse, les jonquilles, la pervenc-
che, sont appelées *nectaires*.

Voici maintenant les termes d'ateliers. Le pistil
s'appelle *ballaye* ; on donne aussi ce nom aux courtes
aigrettes formant le centre des fleurs composées. Les
étamines conservent la même dénomination, mais les
anthères s'appellent *graines*, et l'action de les imiter
est dite *grainer*. Quant aux nectaires, ils se nomment *godets*. On ne les imite que dans le cas où ils
sont développés et fort apparents. La réunion de ces
organes, ou la fleur dépourvue de sa corolle, est encore nommée par les fleuristes *cœur de fleur*.

Etamines à filets non apparents

La première division que nous allons établir entre
les étamines sera de les partager en *apparentes* et
non apparentes. Dans le dernier cas, on se dispense
de les imiter, comme dans la jacinthe simple. Si l'anthère s'aperçoit seulement un peu, ainsi que dans le
lilas, on agit de la manière suivante :

Avant de coller ensemble les deux bords latéraux
de la corolle, de manière à en former un tube, on
met à l'orifice de ce tube, et par conséquent au bas
des découpures de la corolle, une petite gouttelette
d'eau gommée, ou une pointe de colle (la première
au moyen d'un pinceau très fin, la seconde, avec la
pince), on applique ensuite cette partie encollée sur

11.

une poudre ou semoule convenablement colorée.
Quelques grains de cette poussière s'y attacheront et
représenteront les anthères. On fait encore ces étamines plus simplement (voyez *Lilas*).

Pour une multitude de petites fleurs, dites *à étoiles*, comme le *pensez-à-moi*, le mouron rouge et
blanc, dont les étamines sessiles, ou pourvues d'un
filet caché, ne laissent voir au centre de la fleur qu'un
point coloré, on s'y prend ainsi. On coupe un petit
morceau de trait extrêmement fin, ou de gros fil,
pour former la tige de la petite fleur : souvent, en ce
dernier cas, on met le fil double. On trempe ensuite
dans l'eau gommeuse l'extrémité de cette tige, puis
on l'applique et on la roule sur de la semoule colorée, suivant la grosseur que les anthères doivent
avoir. Presque toujours on commence par éplucher
un peu, avec la pointe d'une épingle, l'extrémité du
fil, de manière à en faire une toute petite aigrette. On
laisse sécher sur une feuille de papier ou une petite
boîte, car ces tiges sont trop petites pour les suspendre au porte-fleurs. Il faut cependant mieux les planter dans la sébile à sable. On enfile ensuite la corolle
au-dessous.

Etamines moulées

Les fleurons des fleurs composées, telles que la
pâquerette et autres marguerites, la scabieuse, paraissent aux fleuristes des étamines à filets peu ou
point apparents : c'est une erreur ; mais comme elle
ne peut leur être préjudiciable, et qu'il serait long,
inutile de la rectifier, nous dirons donc comme eux
les étamines, le cœur de ces fleurs. L'imitation de
ces prétendues étamines est facile, mais généralement elle diffère un peu des moyens ordinaires d'*éta-*

miner. Prenons la pâquerette pour exemple. Le centre de cette fleur est d'un beau jaune, et les fleurons qui la composent présentent à tout autre qu'aux botanistes une suite de petites élévations arrondies régulièrement.

Voici comment on rend cette disposition : on découpe une petite rondelle de batiste de la grandeur de la fleur, on la perce au milieu avec un poinçon, si le découpoir ne l'a fait ; on passe le sommet de la tige dans ce trou, puis on le colle solidement ; on prépare ensuite avec de l'ocre en poudre un peu de farine de froment et d'eau gommée, une pâte analogue à la pâte verte ; il faut avoir soin de lui donner une consistance un peu ferme : ensuite avec la lame d'un couteau, on en lève une tranche, et sur place on y applique un petit moule de plomb plat et circulaire, percé comme un dé à coudre, mais en relief ; c'est en quelque sorte un cachet. Cela fait, on humecte d'un peu d'eau gommée le dessous de ce cœur ainsi préparé, et l'on applique solidement sur la rondelle de batiste portée sur la tige ; au-dessous se collera le calice, et autour de ce cœur seront placés les pétales. Pour abréger, on peut commencer par mettre le calice à la place de la rondelle, mais alors on a beaucoup de peine à coller proprement la corolle.

Les cœurs de fleurs analogues s'imitent souvent avec plus de facilité. Voici comment : vous faites une petite boule de coton que vous aplatissez comme le modèle ; vous enfoncez au milieu et par-dessous (sans le rendre sensible) le trait qui formera la tige ; vous la cotonnez après cela ; vous prenez ensuite l'extrémité de ce trait cotonné, et renversant la boule

plate, vous la trempez dans l'empois, la colle, ou
mieux encore dans une eau gommée. Si le cœur de
la fleur présente une nuance particulière, autre que
celle des fleurons, vous colorez convenablement
l'eau gommeuse, mais ce cas n'arrive presque jamais, les fleurons étant toujours trop rapprochés
pour laisser apercevoir le réceptacle qui les soutient.
Le cœur bien gommé, vous le saupoudrez d'une
poudre ou semoule assortie.; vous le laissez ensuite
sécher.

Plusieurs fleuristes n'emploient les pâtes moulées
ou saupoudrées pour cœurs de fleurs qu'aux objets
communs.; elles préfèrent avec raison le coton à broder, jaune, gros et demi-tors. Puisque la marguerite
des champs nous a déjà servi d'exemple, elle nous
en servira encore. Formez avec du coton réunissant
les qualités requises, un petit faisceau de six, huit ou
dix brins, suivant la largeur du cœur; ces brins seront longs au plus de 10 à 15 millimètres : vous les
plierez en double, puis vous prendrez un trait bien
fin, et vous le plierez aussi en double par le milieu,
de manière qu'il prenne la forme d'une petite pin-
cette : placez le faisceau de coton au point où le trait
est courbé, et entre les deux branches qu'il présente ;
renversez le faisceau et tordez entre les deux doigts
les deux branches, qui alors deviendront une petite
corde. De cette façon, le faisceau de coton se trouvera solidement assujetti dans la petite boucle que
forme le trait.

Cet assemblage a la figure d'un T, dont les brins
de coton forment la partie transversale ; pliez-les en
les réunissant dans la direction du trait, coupez-les
tous bien également, et vous aurez une espèce d'ai-

grette ou pinceau appelé *ballaye* : avec la pointe des
ciseaux épluchez un peu l'extrémité des brins coupés
afin que l'aigrette soit bien pelucheuse ; donnez
quelques tours de soie pour en bien réunir les parties, ce qui, du reste, pourra se faire en attachant
les pétales. Cette aigrette courte, touffue, imitera le
centre de la marguerite bien plus naturellement que
la pâte moulée, qui offre toujours une sécheresse désagréable.

Etamines collées

Quand les étamines sont peu nombreuses, écartées,
tenant à la corolle, on les colle sur cette partie une à
une, comme dans le chèvrefeuille et beaucoup de
fleurs monopétales (à corolle d'une seule pièce).

Pour les coller, on en roule l'extrémité inférieure
sur le bord du pot à pâte, et on applique cette partie
encollée à l'endroit désigné. Ce collage convient surtout quand les étamines sont très longues, parce qu'il
les soutient mieux dans la direction convenable. On
ne pose ces étamines qu'après les avoir *grainées*,
c'est-à-dire les avoir pourvues d'anthères en les
trempant par le bout dans l'eau gommée, puis en
les appliquant ensuite sur une poudre colorée, ainsi
que je l'ai expliqué pour les étamines à filets peu
apparents : elles se font ordinairement en fil blanc
gommé.

Etamines en faisceau

La description du faisceau de coton jaune ou ballaye, propre à faire le cœur d'une marguerite, me
dispense de décrire comment se font les étamines en
faisceau, puisque l'opération est absolument la
même. Il y a seulement quelques observations à
faire ;

1° L'aigrette de la pâquerette étant très courte, le coton qui la forme ne doit point être empesé : mais il n'en est pas ainsi pour les étamines ordinaires, tout au contraire, les fils qui les composent, qu'ils soient de coton, fil ou soie, doivent être assez fortement empesés pour demeurer droits, quoiqu'ils soient d'une certaine longueur.

2° Le ballaye seulement éparpillé n'a point été grainé, et l'on graine toujours les étamines en faisceau.

3° Ce n'est point avec les ciseaux, mais avec la tête de la pince que l'on écarte le pinceau que donnent les brins liés, parce qu'on les éparpille seulement, et qu'on ne les épluche jamais.

Ce genre d'étamines est le plus usuel, on l'emploie pour les roses, l'aubépine, les coquelicots, presque toutes les grosses fleurs.

Quelquefois le faisceau cotonneux de la pâquerette ou ballaye se combine avec le faisceau empesé ordinaire. Par exemple, dans la rose blanche, le chrysanthemum, les étamines sortent irrégulièrement d'un cœur cotonneux vert, très pâle. On réunit donc à la fois, en faisceau, des brins de coton courts, nombreux, et des brins de fil beaucoup plus allongés et plus rares. On coupe le tout bien également, suivant sa longueur, avec la pince, on éparpille et dispose les étamines dans le cœur, selon le modèle, puis on s'occupe à grainer.

Si les étamines sont à filets courts, il faut user de précaution pour ne mettre ni eau gommée, ni poudre colorée sur le faisceau cotonneux. Au lieu de tremper l'extrémité des filets dans l'eau gommeuse, on peut l'appliquer légèrement sur la pâte à coller,

qui ne risque pas de couler. Pour tout faisceau d'étamines, beaucoup de fleuristes enduisent l'extrémité
des filets avec un pinceau humecté d'une solution
gommée, mais cette manœuvre est un peu plus lente
que l'autre. Dans tous les cas, on termine en appliquant de suite l'aigrette renversée sur la poudre convenablement colorée.

Lorsqu'il s'agira de l'imitation des étamines particulières, nous indiquerons les diverses substances
et les différents objets avec lesquels on peut grainer.

Etamines liées

Les petites fleurs en tube allongé, comme le jasmin, la bruyère rosée, et beaucoup d'autres dont les
étamines sont longues, peu nombreuses, généralement toutes les fleurs à deux, trois, cinq, six étamines, etc., lorsque celles-ci ne se collent pas, s'ac-
commodent fort bien de la méthode qui va nous occuper.

Voici comment vous opèrerez : Si les étamines sont
en nombre pair, vous couperez tous les morceaux de
fil gommé d'une longueur double, afin d'aller plus
rapidement : dans le cas contraire vous ne couperez
simple que l'étamine impaire. Vous taillerez ainsi à
la fois toutes les étamines de la plante, ensuite vous
les réunirez en botte dans votre main, vous les tiendrez par l'une de leurs extrémités, et vous les grai-
nerez de l'autre. Vous laisserez sécher la botte en la
plaçant dans le goulot d'une fiole ou d'une bouteille
ou dans un petit pot à pommade vide, suivant sa
grosseur. Le moment venu d'attacher les étamines,
vous prendrez un trait fin, cotonné, vous entourerez
son extrémité supérieure du nombre voulu d'étami-

nes, en les retenant bien autour de la tige entre le
pouce et l'index gauches ; ensuite vous les fixerez
avec deux ou trois tours de soie solidement arrêtée
sur la tige un peu plus bas. On lie souvent le pistil
en même temps, au milieu des étamines : il doit un
peu les dépasser.

Lorsque les étamines sont en laine, comme pour le
dahlia, on les lie avec trois tours de laiton.

Etamines en rangée

Ces étamines ne se font jamais comme les autres,
en brins, mais en étoffe effilée, découpée, ou en papier découpé également. Lorsque le pistil est fort et
saillant, comme dans la fleur d'oranger, lorsqu'il faut
imiter dans une très petite fleur une rangée délicate
et régulière d'étamines, cette manière de les placer
est fort avantageuse.

Si les étamines doivent être d'étoffe effilée, on
coupe une petite bandelette de mousseline gommée,
un peu grosse ; on en tire transversalement les fils,
de telle sorte que les fils longitudinaux restent seuls
et présentent de petits filets. S'ils étaient trop rapprochés, on en retrancherait alternativement un. On
graine ensuite ; on met sécher en étendant la bandelette sur un petit carton ou un pot, d'un bord à l'autre. Pour aller plus vite et se donner moins de peine,
il est inutile de diviser la bandelette en autant de
portions qu'il y a de fleurs à étaminer. On la prépare
d'une certaine longueur, et on ne divise qu'après le
collage autour de la tige ou du pistil.

Quand la bandelette grainée est suffisamment sèche, vous la laissez en place et vous l'enduisez, par
le bord, d'une légère couche de pâte à coller, mise

au moyen d'une petite éponge, d'un pinceau ou du doigt. Si vous le trouvez plus commode, vous la transportez sur la table pour faire cette opération ; vous la prenez ensuite par le bout, et vous l'appliquez du côté encollé autour du style. Celui-ci bien entouré, vous coupez la bandelette, et vous en rapprochez les bords l'un de l'autre en appuyant dessus avec la pince. Vous disposez après cela les étamines, en les écartant ou les courbant agréablement suivant les indications du modèle. S'il est nécessaire, vous recommencez l'opération en collant une seconde bandelette autour de la première : cela dépend du nombre des étamines.

On peut encore se servir, selon les cas, de mérinos fin non croisé, de couleur convenable, que l'on effile et place de la même façon. Le crêpe lisse, la gaze de coton et toutes les étoffes à tissu lâche et non croisé, peuvent être utiles pour cet objet.

Le papier, blanc pour l'ordinaire, et légèrement verdi ou jauni, suivant les convenances, se découpe en bandelettes à l'emporte-pièce. Ces bandelettes d'étamines ont absolument la même forme que celles de très petites feuilles qui servent à passer en feuillage : on strie également chaque découpure avec une forte épingle. Ordinairement ces découpures qui représentent les filets d'étamines ne se grainent pas, mais se trempent par le bout dans une pâte liquide et colorée convenablement.

La mousseline, la batiste, le taffetas, très fins et très gommés, peuvent se découper en bandelettes comme le papier, pour imiter certaines étamines. La manière de coller ces bandelettes ne varie pas.

Etamines diverses

Quand les filets sont très forts, très allongés, et que la fleur est de grande dimension, comme les belles tulipes, plusieurs fleurs exotiques, on emploie pour les imiter des *baguettes* minces : on sait qu'une baguette est un fil de fer passé en papier. Si le filet est renflé en certaines parties, on cotonne, et l'on pince délicatement le coton pour le goufler aux endroits convenables. Les filets plats veulent de très étroites bandelettes de batiste fine. Vernis, il faut, avant de grainer, les rouler dans les matières que j'ai indiquées pour vernisser les tiges et les feuilles. Colorés inégalement, on doit, avec un petit pinceau, passer soigneusement la nuance voulue. Pour agir vite, on étale toutes les étamines à colorer sur la table, puis on les laisse sécher pendant quelques instants. Presque toujours elles ne sont ainsi colorées que d'un seul côté.

Etamines en spirale

Quand les étamines sont soudées ensemble, c'est-à-dire réunies de manière à présenter une sorte de petite colonne garnie d'étamines, ainsi que les malvacées, on commence par découper une très étroite bandelette de batiste, comme s'il s'agissait d'*étamines en rangée*; on graine, puis on place cette bandelette en spirale serrée autour du bout de la tige cotonnée, que l'on a prise plus longue, afin que cet excédent serve de support aux étamines.

Les filets fins et soyeux s'imitent avec de la soie plate, divisée ou torse, mais en ce cas elle doit être d'une grande finesse. Les fleurs qui sont presque entièrement composées d'étamines, comme la filipen-

dule, les eugenia, les spirées, et dont les étamines
sont si délicates, veulent absolument des filets de
soie divisée et gommée: une bandelette de taffetas
effilé offre un moyen avantageux.

En d'autre cas, il faut employer de la laine colorée,
dont on fait une houppe ou faisceau. Cette laine, dont
les brins sont bien également coupés et bien éplu-
chés, imite parfaitement les étamines de quelques
fleurs; ainsi, la laine brune, violet foncé ou lilas,
rend exactement le centre des scabieuses; la laine
rose ou jaune, ou clair orange, celui de quelques
fleurs des champs fort agréables, d'une sorte d'œillet
d'Inde, de la petite marguerite de jardin.

Les filets cotonneux s'imitent par les mêmes procédés que les tiges; seulement il faut agir avec beaucoup plus de précaution. Les crins teints de diverses
nuances imitent les filets à demi transparents.

Anthères

Les anthères globuleuses, comme celles de la rose,
sont les plus communes : elles s'imitent en grainant
avec de la semoule, ou poudre d'ocre, que l'on étend
sur une lame de verre ou sur une capsule. Lorsqu'elles ne sont pas jaunes, ce qui est une exception,
on emploie des semoules diversement colorées, ou
des couleurs pulvérisées assorties. Ainsi, pour imiter
les anthères blanches, on se sert de craie; d'un jaune
orangé, d'ocre mêlé d'une très faible proportion de
cinabre ; de divers rouges, on prend de la cire à
cacheter pulvérisée, du rouge de Prusse, du cinabre.
Les anthères sont-elles bleues, l'indigo sert à les
rendre plus foncées; pour le brun, c'est le café en

poudre et le tabac qui conviennent; le noir se fait
avec le noir d'ivoire, et le gris jaunâtre avec du
sable fin.

Quant à leurs diverses formes, si délicates, si variées, il est presque impossible de prévoir tout ce que
l'on peut faire, car à l'imitation de chaque fleur il faut
deviner, essayer les substances qui se trouveront plus
favorables. Je vais cependant indiquer un assez grand
nombre de règles, laissant les exceptions imprévues
à la sagacité de mes lectrices, et ne doutant pas que
tant d'exemples divers ne les mettent à même de
trouver ce qui conviendra.

Si l'anthère est pointue, on délaie avec un peu
d'amidon clair, ou plutôt d'eau gommée un peu
épaisse, la couleur convenable. On tient de la main
gauche l'aigrette des filets convenablement écartés;
de la main droite on place, avec un pinceau délié,
une petite goutte demi-liquide de couleur à chaque
filet; ensuite on la pince délicatement, et l'on obtient
un petit cône. Il importe d'agir avec beaucoup de
soins pour ne pas salir les filets, et pour éviter d'en
coller plusieurs ensemble. Pour abréger, on peut
agir comme si l'on grainait, c'est-à-dire tremper dans
la bouillie colorée l'aigrette renversée, et appointer
la gouttelette comme il a été dit. Si la couleur s'épais-
sit trop pendant le travail, on y ajoute un peu d'eau,
en remuant bien.

Lorsque l'anthère représente en quelque sorte une
très petite foliole, comme il arrive à certaines roses
blanches, à quelques espèces de coquelicot, vous
râpez délicatement du sapin, ou bien vous taillez avec
les ciseaux des bouts de copeaux très fin, et vous
vous en servez pour grainer. Quelquefois on mélange

ces folioles de copeaux avec de la poussière de bois semblable, de la semoule, ou de l'ocre en poudre.

L'anthère forme-t-elle une sorte de traverse, comme il arrive dans le lis après la fécondation, où elle est en équilibre sur le filet qui lui sert de pivot, vous couperez des petits morceaux de papier fort, ou des brins de paille, de bois blanc dit paille de riz, du liège, des barbes de plumes: vous leur donnerez la forme et la longueur convenables, et après avoir appliqué au pinceau, ou à la pince, une pointe de colle sur chaque anthère, vous les collerez après l'extrémité du filet, en appuyant celui-ci sur la pointe de colle. Il va sans dire que les anthères sont étalées sur la table ou sur la plaque de liège. Vous laissez sécher sur place. Vous relevez ensuite en prenant le bout du filet, et vous appuyez la face de l'anthère sur l'eau gommeuse, puis vous la saupoudrez d'une poudre colorée comme il convient.

Lorsque les filets sont en baguette, on imite les anthères avec du coton cardé, dont on fait d'abord une petite boule. On l'aplatit, ou on lui donne telle forme exigée, en la comprimant avec la pince et les doigts. On termine en l'enduisant de colle ou d'eau gommée et en la saupoudrant de la poussière voulue.

Souvent les anthères paraissent striées et peu développées, ainsi qu'on le voit encore dans les lis avant l'époque de la fécondation. Pour les imiter, ayez deux ou trois fils un peu gros, longs de deux lignes, et collez-les, le long du filet, à son extrémité.

Pour rendre une anthère brune, aplatie et pointue à ses extrémités, vous n'avez rien de mieux à faire que de coller sur le filet une graine de lin. D'autres fois, une très petite foliole, ou morceau de batiste fortement empesé, taillé et peint de la manière convenable, est ce qu'il vous faut employer. Du taffetas, du jaconas également préparés, peuvent aussi être fort utiles. De la poussière de soie effilée, de plumes, de coton, de laine, de paille, de crin, quelquefois du riz concassé, toutes sortes de petites graines, des fragments choisis de mousse ; enfin, une multitude d'objets peuvent servir à l'imitation des anthères.

Etamines mélangées de pétales, ou bouillottes

On sait que, dans leur origine, toutes les fleurs étaient simples, et que, par la culture seulement, les étamines se changent plus ou moins en pétales. De là, souvent, un agréable mélange des uns et des autres, qui fait pressentir l'invasion complète des derniers. Très facile à imiter, il aide la fleuriste à produire beaucoup d'illusion. Deux exemples apprendront la manière d'imiter ce mélange dans tous les cas.

Vous voulez faire un bouquet de chrysanthemum et montrer quelques pétales épars dans les étamines : pour représenter celles-ci, il vous faut à la fois combiner une aigrette courte et cotonneuse ou ballaye, et des étamines à plus longs filets en fils. En même temps que vous disposez les doubles de coton verdâtre et de fil jaunâtre, vous placez entre les uns et les autres six à huit courts pétales très gaufrés, qui seront retenus par la même boucle de laiton qui lie les doubles et forme l'aigrette ; mais il faut que ces pétales tiennent ensemble par l'extrémité inférieure (ou *onglet*, suivant les botanistes), afin de tenir solidement dans la boucle métallique, et se redresser avec le reste de l'aigrette.

Celle-ci achevée, au moyen de la pince, vous donnez aux pétales ainsi introduits la position convenable, d'après les indications du modèle : tantôt vous
les courbez en dedans jusqu'à l'aigrette cotonneuse ;
tantôt vous tournez en dehors et les confondez avec
les pétales de la circonférence ; tantôt encore vous
collez l'un des pétales de la première rangée placée
autour du cœur, et vous le collez sur le milieu de
l'aigrette du ballaye. Pour cela, vous portez, avec le
pinceau, une goutte d'eau gommée sur la pointe du
pétale ; vous le couchez ensuite sur l'aigrette, et en
pressant quelques secondes, avec la pince, sa partie
encollée, vous le fixez sur le centre de la fleur.

L'autre opération, spécialement employée pour la
rose, est un peu plus compliquée : les fleuristes donnent le nom de *bouillotte* aux pétales roulés qu'elle
a pour but d'imiter.

Lorsque l'aigrette des étamines d'une rose est préparée, on coupe, dans l'étoffe dans laquelle ont été
pris les pétales, de petits carrés de deux centimètres
environ ; on plie ces carrés en biais comme un fichu
double ; on en prend les deux extrémités transver-
sales ou *pointes* entre les doigts de la main gauche,
puis avec la main droite on y réunit les deux autres
pointes restantes.

Le carré ainsi disposé, devient *bouillotte*, c'est-à-
dire qu'il présente un gonflement ou *bouillon*. En
tenant toujours bien solidement les pointes, on pince
avec la brucelle ce gonflement, on le creuse, on le
tortille pour lui faire imiter les inégalités qu'offrent
les pétales roulés. Cela fait, on pose la bouillotte sur
la tige des étamines en écartant bien celles-ci, afin de
les diviser en trois parties : quelques tours de soie

attachent les bouillottes autour ou au milieu des étamines.

Imitation du pistil

Quand les styles sont de simples filets semblables à ceux des étamines, mais seulement plus allongés, il va sans dire qu'on emploie les mêmes procédés ; mais il arrive fort souvent que les styles sont gros, réunis par le bas, souvent dans toute leur longueur, à l'exception de leur extrémité supérieure. Ce cas présente peu de difficultés : on coupe autant de brins de fil, de soie ou de coton qu'il en faut pour rendre le volume de l'organe ; on donne à ces brins la longueur et la couleur convenables ; on les graine s'il y a lieu, puis on termine en les étalant sur la table et les enduisant de colle soit avec la tête des brucelles, soit avec le doigt ; on les réunit ensuite et on en forme ainsi une petite colonne. Le point où les styles se divisent n'est point encollé, il est éparpillé au contraire avec les branches de la pince.

Lorsqu'il arrive que la colonne doive être formée d'un bout à l'autre du pistil, et ne présente point de stigmates, mais finit seulement en cône, on appointe délicatement les fils, et même on en rogne quelques-uns avant de les coller.

Quand le style est fort et renflé, comme dans la fleur d'oranger, on le fait avec du coton cardé auquel on donne la forme convenable : on revêt ensuite cette sorte de moule en le trempant dans une pâte à coller, liquide et colorée comme l'exige la fleur ; la base du pistil est verte, le centre blanc, l'extrémité jaune : on emploie aussi du coton cardé coloré. Si l'organe est cotonneux, on a recours aux moyens employés pour les feuilles, tige, etc. Il en est de même si le style est vernissé, nuancé, hérissé, etc.

Stigmates

Assez souvent le stigmate n'est en quelque sorte qu'un simple ou double crochet un peu arrondi en spirale. Il est extrêmement facile de rendre cet effet : après avoir coupé le brin de fil qui sera le style, on le contourne par le bout avec une épingle, si le crochet est simple ; est-il double, on use de plusieurs moyens, ou bien l'on divise à l'extrémité supérieure le fil en deux parties, de manière à obtenir la longueur du crochet, et l'on contourne avec l'épingle les deux brins divisés : il faut que les contours soient opposés (fig. 38), ou bien, pour réussir plus sûrement, on colle ensemble deux brins de fil fin, excepté à l'extrémité ; on courbe un peu avec une épingle leurs deux bouts en les opposant, et l'on obtient le stigmate crochu : les barbes de plumes sont très propres à faire des styles contournés.

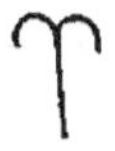

Fig. 38.
Stigmates.

Souvent, comme dans les géraniums, on emploie ce moyen en collant ensemble un certain nombre de fils, dont les bouts libres forment ainsi une petite aigrette. Souvent aussi on tord un peu la petite colonne que présente la réunion des fils collés. Enfin, souvent cette colonne part de l'ovaire visible (fig. 39), que l'on imite avec le coton cardé, enduit de pâte à coller, le plus souvent d'un vert-mer extrêmement pâle. Quand les ovaires sont striés ou rayés transversalement, on les imite en tournant et retournant de la soie autour d'un ou

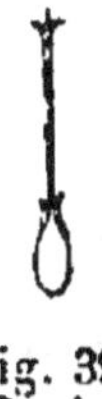

Fig. 39.
Ovaire
visible.

Fleuriste.   12

de plusieurs fils de laiton; d'autres fois on passe
ainsi en soie un long trait pour le replier ensuite
sur lui-même comme il convient.

Ovaires

Dans le coquelicot, l'ovaire est à côtes tronquées,
et présente absolument la forme d'un petit parapluie
demi-fermé. Voici le moyen sûr et facile de l'imiter.
Vous commencez par faire une boule un peu allongée
en coton cardé; vous en trempez le bout dans la pâte
vert clair; d'autre part, vous découpez à l'emporte-
pièce de petites rondelles en batiste vert-jaune clair;
ces rondelles sont du diamètre d'un moule de bouton
de moyenne grosseur; vous pliez en deux et vous
passez sur le pli un pinceau délié, trempé dans la
couleur brune.

Tandis que vous préparez ainsi les dernières rondelles, les premières sèchent; vous reprenez celles-ci,
et les pliez dans l'autre sens, en marquant encore le
pli avec le pinceau; vous les reprenez ensuite une
troisième fois pour obtenir et peindre un troisième
pli, de manière que la rondelle ait six côtes peintes.

Pour abréger, vous pouvez étaler les rondelles sur
la plaque de liège, et d'un bout à l'autre en sens
divers tracer les côtes avec le pinceau : quand la
rondelle est sèche, vous la pincez sur les endroits
colorés. Vous terminez en l'appliquant sur la boulette
de coton, de manière que le centre de cette rondelle,
d'où se trouvent partir les rayons bruns, soit au
sommet; elle ne se colle qu'à moitié, les bords restent libres et comme plissés. Ces longs détails vous
mettront sur la voie de faire tous les ovaires de ce
genre.

C'est toujours par l'ovaire que l'on commence la
fleur en le plaçant au sommet de la tige quand il est
apparent : dans le cas contraire on se dispense de
l'imiter ; si l'ovaire est multiplié, les boulettes de coton
cardé se multiplient de même.

Lorsque les stigmates se couvrent de gouttes brillantes de liqueur, on recouvre de blanc d'œuf la tache
colorée dont il est formé : en d'autres cas il faut coller
une parcelle de gomme blanche ou rousse, ou mieux
encore, du verre réduit en poudre plus ou moins
fine.

Nectaires

Ces organes, que les fleuristes nomment *godets*,
ne s'imitent que dans le cas où ils sont fort apparents,
comme celui du narcisse qui paraît au centre de la
fleur comme une petite couronne plissée, rouge sur
le bord, jaune ensuite et verdâtre au centre.

On l'imite en découpant à l'emporte-pièce un morceau de batiste jaune, circulaire, et large de un
à deux centimètres : on colore le bord avec une
petite éponge trempée dans du carmin, et le centre
avec de la couleur verte très foncée, que l'on applique aussi à l'éponge, ou plutôt au pinceau ; on perce
ensuite le centre avec un poinçon, et on enfile dans
le trou qu'il fait la queue des étamines, de manière
que celles-ci paraissent à l'endroit du godet, c'est-à-
dire du côté où il a été peint. Les autres nectaires
sont faits d'après des procédés semblables.

CHAPITRE IX

Manière d'imiter la Corolle des fleurs

———

Les fleuristes ne se servent point de ce mot *corolle,* si propre cependant à désigner la partie colorée de la fleur; on ne peut le remplacer en beaucoup de cas par celui de *pétales,* puisque souvent la fleur n'a qu'un seul pétale, ou même pas du tout. Le langage botanique offre le grand avantage de faire connaître par un seul mot si la corolle est composée de plusieurs pétales (*polypétales*), d'un pétale unique (*monopétale*), enfin si le pétale manque (*apétale*). Nous adopterons ces trois dénominations, ainsi que le nom de *corolle,* parce que leur emploi nous semble indispensable pour se faire comprendre exactement. Toutefois, nous indiquerons les termes usités dans les ateliers.

Noms des pétales

Quoique reçu, le nom de pétale est remplacé par celui d'*amande* : les diverses dispositions de la corolle ne se désignent nécessairement que par de longues et obscures circonlocutions. Relativement aux différentes parties des pétales, les termes botaniques ne me paraissent pas devoir être préférés comme précédemment. Il est indifférent, en effet, de nommer, avec les fleuristes, *tête* l'extrémité large et supérieure d'un pétale de rose, *joues* ses côtés, *pointe* ou *queue* la partie effilée par laquelle il est attaché au calice, ou d'appeler avec les botanistes les joues et tête *limbes*, et la pointe *onglet*.

On imite spécialement les fleurs doubles comme les plus belles; aussi distingue-t-on les pétales d'après leur position et leur dimension. Dans la même fleur, une rose, par exemple, il y a, 1° les *pétales de cœur*; 2° les *pétales de tour* (ou pétales de la circonférence). Les premiers reçoivent une division et forment, 1° les *pétales de petit cœur*; 2° les *pétales de grand cœur*. Les pétales de petit cœur se placent devant ou entre les houillottes, les pétales de grand cœur viennent ensuite, et les pétales du tour se mettent les derniers. Pour les reines-marguerites et autres fleurs composées doubles, les pétales s'appellent aussi *de la première, de la seconde* et *de la troisième rangée*. Comme on commence toujours par attacher les pétales du centre les premiers, il s'ensuit que la troisième rangée est la circonférence.

Les fleurs se divisent encore en régulières, c'est-à-dire à pétales égaux; en irrégulières, à pétales inégaux, comme le pois de senteur, la violette, etc.

Examen de la corolle

Ces différentes divisions établies, voyons comment opèrera la fleuriste qui doit imiter une fleur exotique qu'elle voit pour la première fois. Sans doute il lui en faudra examiner toutes les feuilles, tiges, etc., avec beaucoup d'attention; mais pour le moment il ne s'agit que des pétales. Le premier regard lui apprendra si la fleur est *simple* ou *double, régulière* ou *irrégulière*, mais elle ne verra pas avec la même facilité si la corolle est *monopétale* ou *polypétale*, car il

12,

arrive souvent que la corolle, d'une seule pièce, a de
profondes découpures, et que son tube est caché par
le calice, comme dans le jasmin.

Pour s'assurer du fait, il faut enlever la corolle
avec une épingle. Il faut aussi la partager longitudinalement si elle est resserrée, afin d'examiner l'insertion des étamines. Si la fleur est polypétale, il
faut arracher les pétales pour bien apprécier leur
forme, il faut enfin les compter. Quand la fleur est
double, il est nécessaire de trier et de compter chaque rangée de pétales. Ces observations achevées, on
regarde s'il se trouve dans l'atelier une collection de
découpoirs et de gaufroirs semblables : dans le cas
contraire, on fait préparer ces instruments.

Découpage des pétales

Les pétales se découpent à l'emporte-pièce, comme
le feuillage ; seulement, au lieu de plier l'étoffe en
quatre, on la met en huit ; on la couvre dessus et
dessous de papier gris lorsque les couleurs en sont
très tendres, ou qu'étant blanche elle est destinée à
recevoir des nuances claires. On coud à longs points
ce papier sur l'étoffe, à 3 centimètres à peu près de
chaque bord, que les ciseaux doivent égaliser. Il faut
poser sur le plateau de plomb cet appareil, de telle
sorte que les lisières soient sur les côtés. A moins
que le tissu du pétale ne semble l'exiger, comme
dans les géraniums blancs, tous les pétales doivent
être découpés de biais.

Quand la *coupe* est faite, on enlève le papier, et
l'on ébarbe les pétales s'ils tiennent ensemble, ou
ne sont pas découpés assez nets.

Les dames amateurs fleuristes peuvent aisément

découper les pétales en en collant un de chaque division, ou rangée, sur de très fort papier avec un peu d'eau gommeuse ; puis quand il sera sec, en découpant le papier tout autour : elles auront alors un patron qui leur servira à tailler l'étoffe. Mais cette opération est extrêmement lente ; elle ne réussit bien que pour les corolles polypétales, dont encore les pétales sont de grande dimension et peu dentelées. Il leur sera donc bien plus avantageux de se procurer les pétales tout préparés.

On se rappelle que les pétales se font en mousseline, percale, jaconas, calicot, taffetas, satin, velours, papier même, mais généralement en batiste fine. Nous avons vu que ces étoffes sont apprêtées et teintes à l'avance. Il va sans dire que les fleurs blanches, et toutes celles de couleurs tendres, veulent leurs pétales découpés en blanc. Il en est de même pour celles dont les pétales, de couleur foncée, ont quelque partie de couleur plus claire.

Pétales en étoiles

J'ai dit qu'il faut observer avec soin si la corolle est monopétale ou polypétale ; mais ce principe ne concerne que les fleurs de grande dimension, car, pour abréger, on fait toutes les petites d'une seule pièce. Voici comment. Il serait long, inutile, et quelquefois d'un effet moins agréable, de tailler, de placer pétale par pétale les corolles exiguës d'une multitude de fleurs, comme la spirea, la filipendule, l'aubépine, les petits œillets de mai, etc. Toutes ces corolles sont faites en *étoiles*, c'est-à-dire réunies comme les feuilles très petites et sessiles, fig. 40. (Voyez à cet égard, le chapitre VII, *des Feuillages*,

manière d'attacher les feuilles de la bruyère du Cap,
et le chapitre XIV, qui traite des fleurs en or, à l'ar-

Fig. 40. — Corolles en étoiles.

ticle *Noisetier*). La corolle *enfilée* sur la tige, et collée
sous les étamines, cache sa base dans le calice, et
semble polypétale. L'opération a demandé très peu
de temps.

Pétales en bandelettes

On peut aussi de cette façon faire les corolles des
fleurs composées, des fleurs doubles, comme les pâ-
querettes, les roses pompon, etc. Il ne s'agit que de
préparer trois étoiles de diverses grandeurs, que l'on
superpose l'une à l'autre, en encollant leurs bords :
on termine par les enfiler ; mais quand le calice et,
par conséquent, le tube de la fleur, sont allongés,
on ne peut agir comme on le fait pour ces fleurs
aplaties. Il faut alors découper la corolle en bandelettes, ainsi que je l'ai expliqué à l'article *passer en
feuillage*, chapitre VII, et à celui des *étamines en
rangée*, chapitre VIII.

Toute la différence consiste dans le plus ou moins
de grandeur, car on découpe, gaufre et colle la bandelette de pétales comme les bandelettes d'étamines :
la nature n'est imitée qu'à l'extérieur de la fleur,
mais cela suffit. Prenons pour exemple la *cinéraire*,
fleur composée dont les pétales, d'un bleu lapis, entourent une houppe soyeuse et d'un bleu jaune. Ces

pétales (ou demi-fleurons), semblables à ceux de la
pâquerette, sont terminés par une petite queue blanche et très effilée, entièrement cachée par le calice
tout d'une seule pièce et très élevé. Faire chaque
pétale séparément serait perdre son temps ; on prépare une bandelette que l'on colle autour des étamines comme on colle celles-ci autour de l'ovaire (1).

Pétales deux à deux

Voici donc trois manières de découper les pétales :
un à un en étoile, et en petite bandelette; on peut
encore les découper deux à deux, c'est-à-dire en les
faisant se réunir l'un à l'autre par l'onglet : cela est
expéditif et commode pour les fleurs doubles comme
l'anémone, parce qu'en mettant une pointe de colle
à la base repliée de ces pétales joints, ou plutôt en
l'appuyant sur le pot à coller, on les fixe à la fois
autour des étamines. De cette manière on place deux
rangées de pétales en même temps. Il est inutile de
remarquer que l'un des pétales doit être plus petit
que l'autre, et gaufré dans un sens différent; aussi
ne convient-il de faire ces pétales que lorsqu'on les
gaufre avec les mandrins.

L'irrégularité des pétales n'apporte aucune différence dans les opérations.

Gaufrage des pétales

Il est quelques pétales pour lesquels on a des gaufroirs spéciaux; tels sont ceux de la grande linaire,

---

(1) On fait aussi des pétales roulés et collés par les bords comme
un tube, mais cela n'est qu'une exception qu'on applique à la corolle de la *surelle* on *alleluia*. Ces pétales, pointus par le bout,
ont assez la figure d'une corne.

des utriculaires, du mufle de veau, et de beaucoup
de fleurs exotiques ; mais le plus ordinairement on
gaufre les pétales avec des mandrins de différentes
formes et grosseurs. Les roses, les giroflées, qui offrent tant de plissements inégaux, ont des pétales de
cœur gaufrés avec la tête de la pince, et ceux de
tour *boulés*, c'est-à-dire creusés ou gaufrés avec une
boule sur la pelote. Une multitude de corolles sont
boulées ; mais décrivons d'abord le gaufrage à la
pince.

Gaufrage à la pince

Prenez des pétales petit cœur d'une rose des quatre-saisons, assemblez-les deux à deux et pliez-les à
moitié dans toute leur hauteur; posez-les ainsi fermés dans le creux de la main gauche, prenez la
pince de l'autre main, par les branches, et posez-en
la tête à 3 ou 5 millimètres de l'extrémité supérieure
et arrondie de ces pétales réunis ; glissez la pince en
appuyant bien sur cette partie; ouvrez ensuite ces
pétales, et tenant la main creusée et presque à demi-
fermée, servez-vous maintenant des branches de la
pince *pour pincer le milieu des pétales*, depuis le
milieu de sa hauteur jusqu'en bas : renouvelez cette
pincée à droite et à gauche de chaque côté de la
première.

On sent qu'il est impossible de décrire tous les
plissements divers qu'offrent les pétales des roses ;
mais quelques autres détails suffiront avec les précédents, pour qu'on puisse imiter ceux de toutes les
roses possibles. Avec les branches de la pince fermée,
on contourne les bords des pétales de tour, comme
si l'on voulait friser du papier découpé pour bobè-

ches. Souvent on pince les bords du pétale, et on les roule en dedans ou en dehors. Tantôt ces contours ont lieu sur l'une des joues d'un pétale, tantôt sur les deux ; tantôt ils sont pincés sur la paume de la main aplatie, et paraissent presque striés.

S'agit-il de pétales de coquelicot, on les plisse à la main, en long, au milieu seulement, comme les repasseuses plissent délicatement les bandes de batiste. On retient tous ces plis de la main gauche ; on appuie le pétale contre la pelote, et on le presse avec la pince que l'on passe sur les plis. On déplie ensuite, et l'on chiffonne un peu.

La pince sert aussi à strier les pétales rayés dans un sens ou dans l'autre, comme ceux de l'amaryllis, du lis. L'opération est simple : on met les pétales sur la pelote ou le liège, et on les raie avec la tête de la pince, puis avec ses branches, pour obtenir trois stries parallèles, en agissant seulement deux fois. Un poinçon peu aigu, une forte épingle, ou même la pointe des ciseaux, peuvent rendre le même service que les brucelles.

Gaufrage à la boule ou boulage

Ce gaufrage, extrêmement simple, est très usuel, car on le met en usage pour toutes les parties des fleurs qui présentent une surface concave ou convexe. On commence par étaler sur la pelote ou la plaque de liège, convenablement recouverte, les pétales à bouler ; on choisit ensuite une boule qui soit assortie à la dimension des pétales et aux creux que l'on veut obtenir : on fait pendant quelques instants chauffer cette boule, on l'essuie, et on l'essaie avec un chiffon, crainte qu'elle salisse ou brûle les péta-

les (1) ; ensuite de la main droite on l'appuie fortement sur le point à creuser. Plus ce creux doit être
profond, plus on appuie ; plus il doit être large, plus
on penche la boule, en la tournant, autour du creux
que l'on a fait d'abord. Voici quelques exemples des
diverses applications de ce gaufrage :

Si vous voulez gaufrer une corolle en étoile quelconque (supposons que ce soit celle du myrte cana-
dien), vous prenez une des plus petites boules, et
vous l'appuyez sur chacune des petites dentelures :
vous ne passez de l'une à l'autre qu'après avoir tellement pressé et tourné l'instrument, que la dentelure offre absolument la courbure naturelle. Quant
aux boutons, vous imprimez, sans le déplacer, le
mouvement circulaire à la boule, jusqu'à ce que la
dentelure soit courbée de manière à ce que son extrémité supérieure soit approchée du trou central.
Ces dentelures ainsi resserrées imitent parfaitement
la forme des boutons. En boulant plus ou moins fort,
on rend avec beaucoup de précision les différents degrés d'épanouissement.

Les corolles vraiment monopétales et qui se font
d'un seul morceau, comme la campanule miroir de
Vénus, les liserons, sont seulement plissés ou boulés
sur les bords ; la partie étroite qui doit former le
tube ne doit jamais être gaufrée. Pour obtenir l'imitation des liserons, il faut appliquer l'embouchure du cornet sur la pelote, et bouler seulement
les bords. En d'autres cas, il faut faire précisément
le contraire, lorsque, par exemple, comme dans le

(1) Très souvent, pour ménager la couleur, on se dispense de
chauffer ; mais alors le gaufrage fatigue davantage, parce qu'il faut
bien plus presser.

muguet, la corolle présente un cornet pour ainsi dire ventru, plus large qu'à la pointe et à son embouchure. C'est alors au milieu, et non à l'extrémité supérieure, que l'on doit bouler.

Les corolles polypétales, ou pétales détachés, se boulent tantôt en dedans comme la fleur d'oranger, afin de resserrer l'ouverture de la fleur; tantôt en dehors comme la jacinthe, pour la mieux élargir. Tantôt on boule sur les bords, sur les joues, au centre, selon que l'exigent les diverses courbures des pétales.

Mouillage, trempage, rinçage des pétales

Nous savons qu'ordinairement l'étoffe dans laquelle on découpe les corolles est teinte en grand par différents procédés, mais que la nécessité de fondre les teintes, de produire certaines nuances, veut souvent que l'on prépare les pétales un à un, après qu'ils sont découpés.

Il suffit de jeter les yeux sur quelques fleurs pour observer que la couleur d'un pétale n'est point uniforme partout. Les roses de couleur, les pivoines, les reines-marguerites, enfin une multitude de fleurs ont les pétales diversement colorés. Il est naturel que l'onglet soit beaucoup plus pâle; que le dessous des pétales, principalement de la circonférence, soit d'une teinte plus foncée; que les joues soient tantôt plus, tantôt moins fortement nuancées, et qu'enfin la dégradation de ces teintes s'opère insensiblement. Grâce au trempage, on imite la nature sur ce point agréable et délicat, comme sur tous les autres.

On commence par s'assurer si l'étoffe que l'on doit employer aux pétales à tremper a été apprêtée ou rincée à la crème de tartre. Comme une étiquette attachée à cette étoffe doit l'annoncer, la vérification est bientôt faite. On sait que cette préparation, très favorable à la couleur rose et à ses teintes composées, serait nuisible à d'autres couleurs : si l'étoffe n'a point été acidulée par la crème de tartre, on mettrait dans le bain deux ou trois pincées de cette substance ; si l'étoffe a été préparée, le bain des pétales est seulement de l'eau claire dans un verre, avec une assiette dessous : on procède ensuite au mouillage. .

On s'assied devant une table, ayant les coupes de pétales placées à sa gauche, de manière que les plus petits soient dessus le tas, parce qu'on commence toujours par les pétales de petit cœur, grand cœur, ainsi de suite. On prend de la main gauche, coupe par coupe, ou même plusieurs à la fois, si les pétales ne sont pas de forte dimension, on les tient par la pointe, la tête en bas. En prenant la tête avec la pince que l'on glisse dans toute la hauteur des pétales, on les sépare, et on les contourne par-dessus.

Après cela, la coupe se reprend de la main droite, toujours par la pointe, ce qui est de rigueur, pour ne pas flétrir le pétale en le touchant par une partie visible. On trempe dans le verre d'eau placé devant soi le haut des pétales jusqu'à moitié de leur longueur ; on les agite, on les soulève, on les presse entre les doigts, on les replonge et on les agite de nouveau pour que toute la coupe soit également humectée. On la retire enfin de l'eau et on la comprime entre les doigts, puis on la pose sur le bord de l'assiette ; on place ensuite sur cette première coupe les

autres coupes trempées de la même façon. Cela fait,
on retourne avec la pince tous ces pétales, de telle
sorte que les plus petits et les premiers mouillés se
retrouvent dessus.

. On termine en pressant encore toute la masse, afin
de la débarrasser de l'eau surabondante.

. On passe ensuite au *trempage*; on commence d'a-
bord par préparer la couleur. Les instruments sont
fort simples; une ou deux assiettes, deux ou trois
verres d'eau, quelques soucoupes, la pince, un pinceau délié, quelques feuilles de papier gris commun
non collé, voici tout ce qu'exige le trempage le plus
compliqué. Si la couleur dont on veut se servir est
liquide, on commence par en verser quelques gouttes
dans un verre, ou dans une soucoupe, puis on y
ajoute de l'eau douce. La quantité de couleur et
d'eau ne saurait être déterminée : on colore plus ou
moins l'eau suivant la nuance désirée, et pour s'assurer que l'on obtiendra cette nuance, on l'essaie sur
un petit morceau de batiste. On ajoute ensuite, s'il y
a lieu, de l'eau ou de la couleur, selon les cas.

Si la couleur n'est point liquide, et est en tablette,
on humecte un petit pinceau avec de l'eau douce, et
on la délaie, en y ajoutant peu à peu de l'eau, toujours selon la teinte désirée.

On s'occupe ensuite de l'avivage d'après les principes que j'ai donnés dans le chapitre III, des *Couleurs*. Les substances qui composent cet avivage doivent être mises dans l'eau par très petite quantité et
avec beaucoup de précautions : qu'elles soient sèches ou liquides, on les prend avec la tête de la
pince, et on les introduit dans l'eau en y plongeant
celle-ci. En agissant autrement, les gouttes que l'on

verserait se succèderaient trop, ou bien les parcelles de sel seraient trop nombreuses; dès que la couleur commence à *tourner* (à se changer), la quantité est suffisante.

La couleur préparée, on prend avec la pince chaque coupe par l'onglet, en tenant ainsi la tête du pétale en bas, et la trempant la première. La pince s'étend à peu près sur le tiers du pétale. Tous les pétales de la coupe ainsi tenus, on les asseoit dans la couleur, c'est-à-dire on les y plonge; afin de bien faire pénétrer la couleur également partout, on frappe à plusieurs reprises sur les pétales avec le bout du doigt : on retire ensuite la coupe de l'eau colorée, on la presse, puis on la retrempe une seconde fois. On répète encore cette opération souvent trois ou quatre fois; on commence toujours par les plus petits pétales qui doivent avoir une teinte plus foncée, parce qu'ils prennent la force de l'eau colorée.

Après leurs immersions répétées, la couleur étant un peu affaiblie, reçoit les pétales de grand cœur et les pétales de la circonférence: ceux-ci se trempent comme les précédents. Si l'eau colorée pâlit trop pendant ces immersions, on ajoute un peu de couleur. Il arrive souvent que l'onglet des pétales de fleur blanche est légèrement rosé, comme dans la rose musquée. C'est alors cette partie que l'on trempe.

Taquetage

A mesure que l'on trempe les pétales, on les comprime entre les doigts et on les pose sur le bord d'une assiette la pointe en bas, ou sur la tablette à pétales. Lorsqu'ils sont tous trempés, on prend la première coupe, toujours par l'onglet des pétales, et on s'occupe de les *taqueter* au milieu, afin de foncer la teinte dans cette partie ; sauf quelques dispositions particulières à peu de fleurs, on agit généralement ainsi. On taquette donc souvent ; pour cela on trempe un petit pinceau soit dans l'eau du trempage, soit dans de la couleur fraîche, et l'on pose délicatement ce pinceau sur le milieu du pétale qui se trouve le premier sur la coupe, et l'on fond délicatement la couleur.

Lorsque, pour y parvenir, on a assez usé du pinceau, on frappe avec le doigt sur la partie taquetée du pétale, afin de faire pénétrer le taquetage à travers toute la coupe. Pour être bien sûr que la couleur pénètre, on retourne la coupe et l'on agit sur le dernier pétale comme sur le premier ; vers l'onglet du pétale, qui est ordinairement blanc, on verse une goutte d'eau avec le bout du doigt sur l'extrémité de la couleur, ce qui la délaie et la fait venir en mourant.

On place la coupe taquetés sur le bord d'une autre assiette ou de la tablette, et on taquette les autres coupes. Si l'on a beaucoup de pétales à préparer, il ne faut pas attendre, pour rincer les premiers, que la besogne soit achevée, car, en été, il suffit de cinq minutes pour que la couleur soit complètement fixée dans l'étoffe, et en hiver, il en faut dix. Il est bon, en ce cas, d'être deux personnes à opérer.

. C'est l'état d'humidité des pétales qui empêche la couleur de monter plus haut qu'il ne convient ; aussi, lorsqu'il fait très chaud, et que les coupes à tremper sont nombreuses, on a souvent besoin d'humecter de nouveau avec le bout du doigt, surtout quand on retourne les pétales, soit pour les taqueter, soit pour donner une seconde et une troisième teinte au pinceau.

Le rinçage, auquel on passe cinq à dix minutes après le trempage, se fait dans trois eaux, et, selon quelques personnes, dans cinq ; mais c'est une précaution inutile. On place un verre plein d'eau claire auprès d'un autre verre d'eau acidulée par la crème de tartre (si l'on trempe une rose, du laurier-rose), et l'on met encore un troisième verre d'eau dans laquelle on verse une goutte de beau bleu liquide.

On prend une coupe avec la pince, on plonge bien dans le premier verre d'eau ; on soulève, on replonge dans le même verre, puis, vivement, et sans quitter la coupe, on agit de même dans l'eau acidulée, puis dans l'eau légèrement bleue. Lorsqu'au lieu d'acide la couleur veut de l'alcali, c'est du sel de tartre qui remplace la crème de tartre. Quelques personnes pressent les pétales entre les doigts à chaque immersion ; d'autres s'en dispensent et font bien, car il importe d'agir vite. A mesure que chaque coupe est rincée, égouttée ou pressée, on la pose sur le bord d'une assiette. Toutes les coupes rincées, on les presse à la fois, on y ajoute les teintes partielles convenables, comme, par exemple, le verdi qu'il faut mettre à la pointe et aux joues de certaines roses.

On termine en séparant les pétales, et en les mettant un à un sur du papier gris pour les sécher : lorsque le papier se trouve trop mouillé on le replace sur un second ; enfin, avant de gaufrer les pétales, on regarde s'il n'est pas besoin d'en ébarber les bords, effilés quelquefois par le trempage.

Manière d'attacher les pétales

Il est deux façons de fixer les pétales autour des étamines : 1° en les liant avec de la soie ; 2° en les collant. Cette seconde division à son tour en reçoit plusieurs autres, car il y a, 1° *collage des pétales au cœur*, c'est-à-dire autour du centre de la fleur ; 2° *collage des pétales hors le cœur*, c'est-à-dire sans qu'ils soient réunis au centre ; 3° *collage des pétales un à un* ; 4° *deux à deux* ; 5° *trois à trois* ; 6° *par une bande unique*, soit que la corolle soit monopétale, soit que ses pétales très étroits et profondément divisés se réunissent sans interruption (voy. plus haut, *Pétales en bandelettes*) ; 7° *collage des fleurs doubles à corolles étoilées*, qui se pratique en superposant les corolles, c'est-à-dire en mettant dans la plus grande une seconde un peu plus petite, et souvent, dans celle-ci, une troisième corolle plus petite encore. Avant de les introduire ainsi, on encolle légèrement leur pointe ; on a soin de faire alterner les divisions des unes et des autres. C'est ainsi que l'on agit pour la jacinthe, la violette double, etc.

Assez communément, lorsqu'on fait des grosses fleurs, comme la rose, la pivoine, on combine les deux manières de fixer les pétales ; ainsi on colle les uns et l'on attache les autres alternativement, pour que tour à tour, la soie ne multiplie pas trop ses tours, et pour que la fleur ne se trouve pas souillée de colle. Il n'y a pas de règle à donner à cet égard ; cependant il est d'usage d'attacher les pétales du petit cœur, parce qu'on emploie à cet effet la soie qui a lié le faisceau d'étamines à la tige, et de coller les pétales de tour, parce qu'à raison de leur grandeur ils manqueraient de solidité si l'on agissait autrement.

Pour attacher les pétales, il suffit de les placer circulairement autour du centre en les prenant délicatement avec la pince, et de les entourer et serrer avec trois ou quatre tours de soie floche; on arrête ensuite par un nœud coulant, et on laisse pendre la soie, qui, du reste, ne doit pas être séparée de la bobine montée ou plomb.

Pour bien réussir au collage des corolles polypétales, comme le pavot, la rose de Judée, etc., il faut prendre la pâte à coller avec la pointe du pétale, en mettant légèrement cette pointe sur le bord du pot à coller ou d'une spatule, ainsi que je l'ai expliqué pour le collage des supports des feuilles.

Il importe ensuite de présenter ce pétale à la place qu'il doit occuper, avant de le coller, afin qu'il y laisse un peu de la pâte qu'il a prise; ainsi, on appose à peine ce pétale sur la partie qu'il doit recouvrir, on le soulève un peu, puis on l'appuie enfin à cette place, et on le fixe en appuyant dessus le bout du doigt. On procède ainsi pour tous les pétales, soit préparés, soit réunis.

Il est impossible de coller de cette façon les joues des pétales parce qu'on s'exposerait à souiller de colle la fleur entière : d'ailleurs l'opération serait d'une extrême lenteur; aussi doit-on s'y prendre autrement lorsque les pétales doivent être réunis par leurs joues, comme le coquelicot, dont les pétales plissés se placent à moitié l'un sur l'autre.

Vous commencez par étaler sur le liège les quatre pétales qui forment la fleur; avec une très petite éponge vous encollez légèrement leurs joues à droite

et à gauche, environ à moitié de la hauteur : au
reste, vous serez guidé par la nuance jaune et blanchâtre et par le plissement ou gaufrure, parce que
l'une s'étend jusqu'au point encollé, et que l'autre
commence où finit celui-ci. Deux des pétales doivent
recevoir la colle à l'endroit, et les deux autres à l'envers, d'une largeur de 5 à 10 millimètres.

Vous prenez ensuite un des pétales encollés à l'endroit, vous le pliez en deux, à l'envers dans sa hauteur, puis vous appliquez sur ses joues les joues des
deux autres pétales encollés à l'envers. Vous appliquez le quatrième de la même manière, d'un seul
côté, car vous ne terminez ce collage qu'après avoir
posé autour de l'ovaire ces pétales formant une sorte
de cocarde, libre par le haut et ouverte par un seul
point. Vous pouvez néanmoins achever de coller, et
enfiler la cocarde fermée, par le trou que forme l'onglet rapproché de chaque pétale : pour cela, vous la
tenez de la main gauche, et entrez de la droite la
tige terminée par l'ovaire, ainsi que je l'ai expliqué
pour le nectaire du narcisse.

Il ne faut pas oublier que pour bien imiter le coquelicot demi-épanoui et toutes les fleurs semblables dans cet état, il faut, après avoir encollé
la joue de l'onglet du pétale, rapprocher toujours la
colle du milieu du pétale à mesure que l'on avance
vers le haut. Cette mesure est indispensable pour
que le bord de la joue soit libre sur le pétale auquel
elle est attachée. La partie collée commence au quatrième ou cinquième plissement du pétale. On n'encolle souvent que deux des pétales.

Nous avons vu que le gaufrage des bords supérieurs des corolles monopétales suffit pour en imiter

les courbures : on se rappelle ce qu'à cet égard j'ai dit pour les liserons, mais le gaufrage est insuffisant lorsque la fleur monopétale, quoique en forme de cornet, est terminée par une sorte de grande bordure ou *limbe* profondément divisée et retombant presque horizontalement, comme la pervenche. Il est alors nécessaire de faire le tube en cornet d'une seule pièce, de l'étaler sur la pelote après avoir passé sur la colle son extrémité supérieure, puis d'appliquer sur la partie encollée les divisions rabattues en manière de soucoupe; elles donnent à la fleur l'apparence d'un entonnoir dont le front est très aplati et garni d'une bordure renversée. On sent que la portion qui compose le cornet ne serait plus assez large pour faire les divisions.

Toutes les corolles monopétales à tube plus ou moins long (le jasmin d'Espagne, le muguet, la belle de nuit, en offrent l'exemple), se collent avec délicatesse sur les côtés, soit après avoir été collées autour du cœur, soit avant; dans l'un et l'autre cas, il faut seulement glisser l'un des côtés sur les bords du pot à colle, afin d'opérer plus délicatement; dans le second cas, on enfile dans le tube la tige garnie des organes sexuels.

Le collage des reines-marguerites, des chrysanthemum et autres semblables, se fait en posant trois par trois les pétales ainsi découpés : on les colle aussi deux par deux ou quatre par quatre.

Lorsque les pétales présentent beaucoup d'épaisseur, on ne peut employer, si la fleur est soignée, une grosse étoffe, parce que son tissu grossier serait loin d'imiter celui du pétale : on découpe ce pétale double; le dessous avec de la percale forte, et le dessus avec de la percale plus fine et moins serrée. On étend un peu d'eau gommée, avec une éponge légèrement humectée sur la partie qui fera l'envers de la feuille, puis on y applique l'autre partie ; on laisse sécher, puis on gaufre et colore comme il convient. On attache ensuite le pétale par les procédés ordinaires.

CHAPITRE X

Calices, Boutons, Epis, Graines

Sommaire. — I. Calices. — II. Manière d'imiter les boutons. — III. Manière d'imiter les épis. — IV. Imitation des spathes. — V. Imitation des graines. — VI. Imitation des petites baies.

I. DES CALICES

Le calice est, ou *simple*, comme dans la plupart des fleurs, ou *double*, comme dans les mauves et autres plantes de la même famille ; d'une seule pièce, ou en *tube*, comme dans l'œillet, ou ayant plusieurs divisions nommées *areignes*, comme dans la rose (on donne alors spécialement le nom de calice à l'ovaire). Il est en forme de soucoupe dans la fleur de grenadier, et se traite à peu près comme la corolle de la pervenche.

Quoiqu'on le fasse assez généralement d'une seule pièce, communément il se compose de quelques petites feuilles vertes réunies à leur base, et qui s'imitent de la même manière que les *corolles étoilées*,

comme dans le réséda et une multitude de fleurs.
Tantôt le calice est imbriqué ou entuilé, ainsi que
dans le chrysanthemum, le bluet, c'est-à-dire formé
de folioles courtes qui se recouvrent les unes les autres comme les tuiles d'un toit ; à côtes, comme le
narcisse, la cinéraire. Parfois ces folioles sont écail-
leuses ou colorées. Le calice participe presque toujours de la nature de la tige, et par conséquent il est
ou cotonneux, ou vernissé, etc. Quelquefois le calice
a de longues folioles qui dépassent la corolle, comme
la nielle.

Les fleuristes ont divers moyens pour imiter cet
organe, et se servent à cet égard de différents objets.
Le plus ordinairement elles font le calice en batiste
unie, gommée et teinte, à l'avance, dans toutes les
nuances de vert : mais le papier, pour les fleurs
communes, le taffetas pour les fleurs fines, s'emploient
encore assez souvent. On sera peut-être surpris d'apprendre que la cire, la pâte verte ou convenablement
colorée, sont encore matière à calice. Expliquons la
manière de réussir à faire toutes les sortes de calices
indiqués.

Calices à areignes

C'est un calice à divisions profondes, que l'on fait
séparément de la partie cylindrique, pour les réunir
ensuite. La rose va nous servir d'exemple.

La partie globuleuse du calice de cette fleur, ou
l'ovaire, est spécialement nommée *calice* par les
fleuristes. Les cinq folioles, ou petites feuilles allongées qui la surmontent, sont les *areignes*. Les agréables dentelures qui garnissent les areignes s'appellent *griffes* dans l'atelier, et *appendices* chez les botanistes ; ces griffes ne se trouvent pas à toutes les

areignes ; sur quatre d'entre elles, deux ne le sont
pas, et la cinquième n'est dentelée que d'un seul
côté. La *tête* de l'areigne est sa partie large et renflée. Les areignes sont toujours de grandeur et de
nuance relatives aux fleurs et aux boutons qu'elles
doivent garnir.

On commence par découper à l'emporte-pièce les
areignes dans l'étoffe dont on fait choix, ou plutôt
dans les découpures de cette étoffe ; on les pose ensuite sur la pelote, et l'on pince les griffes, ainsi que
la foliole allongée qui termine l'areigne et qu'on
appelle sa *pointe* ; on boule après cela leur tête ;
on les prend par un des côtés avec la pince, et on
les encolle comme les pétales pour les coller de
même, soit autour d'une rose ou de ses boutons.
Dans le premier cas, on les écarte un peu ; dans le
second, on les met quelquefois l'une à moitié sur
l'autre. On les colle aussi alors, dans toute leur hauteur, avec de l'empois mis au moyen de la tête des
brucelles ; on a soin d'écarter les griffes pour ne les
point coller. Il vaudrait mieux placer cet empois
avant de fixer les areignes.

D'autre part, préparez une petite toupie, ou une
boulette allongée, en coton cardé, à laquelle vous
donnez la forme du calice : trempez ce moule dans
de la cire fondue, à laquelle vous aurez joint du
verdi pour lui donner la nuance convenable ; retirez
votre moule et, tout de suite, percez-en la partie conique avec une épingle. Il faut, en le plongeant dans
la cire, tenir le globule par la partie ronde et supérieure ; elle ne sera point cirée et vous servira d'ouverture pour extraire et le coton de cette partie, et
quelque peu de celui qui se trouve au centre du glo-

bule. Cette manœuvre n'a lieu qu'après le refroidis-
sement complet de la cire. Au lieu de cette substance vous pouvez employer de la pâte verte; il faut
aussi ne *vider* le calice qu'après sa parfaite dessiccation.

Il est bon d'avoir en boîtes une provision de calices
ainsi préparés en cire ou en pâte. Je conseille aux
dames amateurs de les acheter tout faits. L'emploi
de ces calices est facile. On débute en rafraîchissant
les bords, c'est-à-dire les débarrassant, avec les ciseaux, de l'excédent de coton. On regarde s'ils sont
assez vidés; puis, en les tenant de la main droite,
par la partie pointue, on introduit par l'orifice le
trait que termine la rose ou le bouton garni d'areignes; on fait monter ce calice vers elles afin d'y en-
fermer leur extrémité inférieure, puis on les fixe en
bas et en haut avec de la pâte verte, de la colle ou
de l'empois.

Il est une autre manière de faire les calices pour-
vus d'areignes. Elle est moins nouvelle que la première, et moins usitée maintenant; la voici :

Après avoir réuni les pétales autour des étamines,
vous roulez du coton cardé autour du trait ou tige,
afin de former une petite toupie immédiatement au-
dessous de l'insertion des pétales. En même temps
que les areignes, vous découpez dans la même étoffe
un petit morceau en forme de V, pour recouvrir la
toupie et faire par conséquent le calice, En le boulant fortement vers sa partie élargie, vous lui ferez
imiter le renflement du calice Vous prendrez ensuite
délicatement ce cornet ou calice ouvert sur les côtés,
et vous collerez à son bord supérieur les areignes.
Vous finirez en encollant la boule de coton en la rou-

lant sur le bord du pot à pâte, et en appliquant dessus le cornet, dont vous collerez les côtés l'un sur
l'autre. Vous aurez soin que les areignes embrassent
convenablement les pétales de tour. On peut encore,
après avoir collé les areignes au calice ouvert,
en fermer les côtés, et l'enfiler comme le calice de
pâte.

Calices en tube ou cylindriques

L'œillet nous servira d'exemple pour toutes les autres fleurs portant des calices semblables. Vous préparez d'abord de la batiste vert-mer, et si fortement
gommée qu'elle ait presque la consistance d'une
carte à jouer. Avec cette étoffe vous découpez à l'emporte-pièce le calice tout d'un seul morceau allongé ;
vous en boulez l'extrémité inférieure, de manière à
l'arrondir partout également ; cela fait, vous collez
délicatement un côté sur l'autre, de façon à ne
laisser au bas qu'un petit trou propre à recevoir la
tige de la fleur. D'autre part, vous prenez cette tige
surmontée de tous les pétales réunis, et vous entourez de coton cardé le prolongement que forment les
onglets assemblés ; vous disposez ce coton en manière de tube, puis vous enfilez la tige dans le calice,
comme il a été dit précédemment. Vous veillez à ce
que les divisions du bord supérieur emboîtent convenablement la base des pétales, et à ce que le bas
du calice soit bien arrondi ; ensuite vous découpez,
dans la batiste qui a servi à faire le calice, une sorte
de corolle étoilée que vous boulez au centre seulement : c'est ce qui fera les écailles posées à la base
du calice ; vous les enfilerez avec la tige par le trou
qui doit être percé au milieu, ainsi que dans toutes
les étoiles ; vous les remonterez jusqu'au calice, et

collerez en même temps celui-ci et ses écailles après
la tige : il faudra, avec la tête de la pince, placer à
l'extrémité des écailles une pointe de colle, afin
qu'elles soient parfaitement appliquées au calice.

La *Petite Fleuriste* fait ce calice d'autre façon. Elle
en recouvre le tube de coton, puis en colle les côtés
sur le coton même : « le bas est lié avec de la soie
de couleur semblable, et l'on s'efforce de l'arrondir
et de fondre les plis de manière à ce qu'ils soient peu
apparents ». Il est vrai que les écailles dont elle ne
parle point cacheraient ce travail si défectueux ; mais
la partie inférieure du calice serait toujours grossière
et l'on aurait plus de peine qu'avec le premier procédé.

Les calices étoilés ne diffèrent en rien des corolles
du même genre, et se placent absolument de même.
Selon que l'indiquera la nature, il faut que les folioles soient tantôt redressées vers les pétales auxquels elles sont même collées quelquefois, tantôt
qu'elles soient renversées vers la tige, et alors on les
boule à l'avance en dehors ; tantôt enfin maintenues
dans une situation horizontale.

Calices étranglés

Ces calices, comme ceux de la belle-de-jour, des
liserons, sont d'abord arrondis à la base, puis renflés,
resserrés tout à coup avant les divisions qui se présentent évasées au-dessus de cette espèce d'étranglement. Voici comment on les imite :

Vous découpez votre calice tout d'une pièce, non
pas arrondi comme les étoiles, mais ouvert de haut
en bas comme les calices cylindriques. Les divisions

doivent être rigoureusement pareilles au modèle ; mais il importe que le reste du calice soit un peu plus large que la nature. En voici la raison : s'il était juste, vous ne pourriez point évaser convenablement les divisions où areignes, et vous croisez un peu les côtés en les collant l'un sur l'autre.

Ainsi donc, le calice découpé, vous le boulez par le bas, et pincez les areignes que vous creusez aussi un peu avec la boule d'épinglé. Sans lui faire quitter la boule, vous le relevez sur celle-ci que vous tenez en sens inverse, et vous collez les bords comme il convient. Vous préparez au bas de la fleur une boulette de coton, et vous enfilez le calice dessus comme à l'ordinaire ; vous prenez ensuite un très gros fil, bien tors, et vous l'attachez fortement au-dessous des areignes ; vous lui donnez plusieurs tours en serrant très fort ; vous l'ôtez ensuite, et vous avez obtenu l'étranglement qu'offrent les calices de ce genre. Quelques personnes serrent avec un fil de soie qui demeure.

Calices imbriqués

Les calices imbriqués ou entuilés, comme le bluet, se font en trois, quatre ou cinq pièces ; mais ils ne sont pas plus difficiles pour cela. On découpe d'abord une étoile dentelée, assez grande pour que ses dents entourent le dessous de la corolle : une seconde étoile, de même forme, mais plus petite, se découpe également. Vient ensuite une troisième étoile, plus petite encore, ainsi de suite.

Toutes ces étoiles sont percées au centre avec un poinçon, et colorées convenablement à l'extérieur autour de chaque dentelure. On les encolle ensuite à

l'intérieur, puis on commence par enfiler la plus
grande ; après celle-ci, la seconde, ainsi de même
jusqu'à la dernière. A mesure qu'on enfile, on fait
alterner les dents, ét l'on appuie le bout du doigt
sur la base de celles-ci, afin de fixer comme il faut.
Si les dentelures doivent être libres, on se garde d'y
mettre de la colle, et on les relève un peu avec la
pince. Si le calice est écailleux et qu'on veuille imiter
exactement la nature, il faut coller sur chaque dentelure une écaille enlevée aux bourgeons, portion de
feuille naturelle sèche ; mais on se contente ordinairement de faire le calice en papier, et de colorer les
dentelures de manière à imiter les écailles.

Calices côtelés ou à côtes

Lorsque le calice tout d'une pièce, et un peu haut,
est formé d'une suite de petites côtes d'un vert plus
foncé que les intervalles qui les séparent, comme la
cinéraire, vous découpez le calice dans de la batiste
vert-jaune, vous l'étalez sur la pelote, puis avec une
très grosse épingle, ou plutôt un poinçon, un mandrin délié et pointu, selon la grosseur des côtes, vous
gaufrez ce calice de place en place. Pour ce gaufrage-
là, il faut coucher l'instrument en long, et le tenir
bien appuyé de la main droite, tandis qu'avec la
gauche on pince l'étoffe en la relevant délicatement
de chaque côté du mandrin. Quand la côte est très
petite, on se contente de pencher l'instrument alternativement à droite et à gauche : d'ailleurs on retourne le calice dans l'autre sens, et en évitant
d'aplatir les côtes en relief, on passe de nouveau le
mandrin sur les côtés en creux. Afin de connaître
exactement le nombre des côtes et de mesurer leur

intervalle, il est bon de commencer l'opération par
les marquer en faisant des plis, dans chacun des-
quels on gaufre ensuite. Le gaufrage terminé, on
verdit au pinceau les côtes saillantes, qui sont ordinairement terminées par des areignes très courtes,
ou dents.

Pour ce calice, comme pour tous ceux dont on
colle les côtés, il faut avoir soin de faire ce collage
dans l'intervalle des deux dentelures : il en est de
même au reste pour les corolles. Vous y veillerez en
achetant les découpoirs.

D'après l'indication donnée relativement aux calices
de cire ou de pâte, on pourrait croire qu'il n'y a plus
rien à dire à cet égard ; il en est cependant encore
un autre genre que l'on emploie lorsque la tige est
aussi recouverte en pâte. Les calices à cinq divisions écartées, étroites, peu profondes, tel que celui
de la fleur d'oranger, se font de cette manière. On
passe d'abord la tige en papier serpente blanc, on
termine la fleur, puis on prend avec un pinceau de
la pâte verte, et on l'applique sur la base des pétales,
de manière à imiter les folioles du calice. Le dessous
de la fleur exactement recouvert, on passe en pâte
d'eau puis on laisse sécher.

Pour les fleurs dont le calice et la tige sont d'une
couleur brun rouge, on prépare de la pâte à laquelle
le bistre ou l'encre de Chine un peu carminée, donne
cette nuance, et l'on s'en sert comme je l'ai dit. Souvent aussi les boutons participent à cette coloration
jusqu'à peu près leur sommet, et alors on les fait en
canepin, et on les recouvre de cette pâte.

**Appareils servant à faire des calices de roses, de
grenades, d'œillets et boutons de fleurs d'oranger
artificiels, par des moyens nouveaux, expéditifs,
par M. Bouvet.**

Figure 41, A B, lame en cuivre de 3 centimètres
de largeur, et d'une longueur et épaisseur confor-

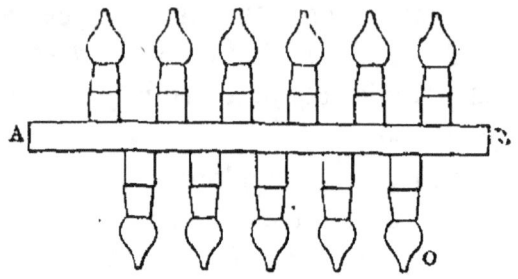

Fig. 41. — Lame en cuivre avec cylindres soudés.

mes à la figure, à laquelle sont soudés des cylindres
tournés en cuivre C (fig. 42) dont les extrémités D

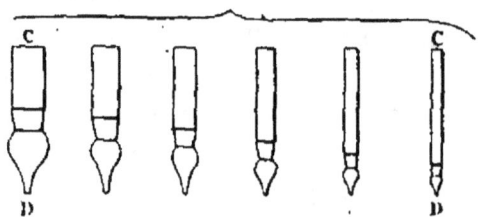

Fig. 42. — Cylindres tournés en cuivre.

représentent des calices de roses de diverses grandeurs, ou un calice d'œillet E (fig. 43), ou celui d'une
grenade F (fig. 44), ou enfin des boutons de fleurs
d'oranger G (fig. 45) : toutes ces figures représentent
les modèles pour toutes les dimensions qu'on y remarque.

Ces différentes sortes de calices étant soudées sur

autant de lames en cuivre décrites plus haut A B
(fig. 41) forment ce que je nomme série ; il y a par

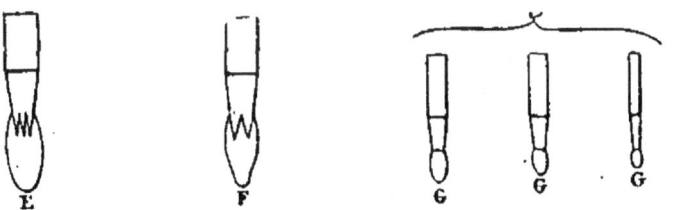

Fig. 43.   Fig. 44.   Fig. 45.
Calice d'œillet. Calice d'une grenade. Boutons de fleurs d'oranger

conséquent six séries pour les calices de roses, une
pour ceux d'œillets, une pour ceux de grenades et
trois pour les boutons de fleurs d'oranger, ce qui
nous représente les diverses grosseurs que nous re-
trouvons dans la nature aux diverses époques de la
végétation.

H I J K (fig. 46), auge en cuivre rouge ayant les
mêmes dimensions en longueur et hauteur de la

Fig. 46. — Auge en cuivre.

figure, et 3 centimètres de largeur,
qui sert à contenir la pâte propre à
fabriquer les objets dont il vient
d'être question.

Enfin une paire de pinces ou tenailles L (fig. 47) ayant aussi les
mêmes formes et grandeur que la
figure, et dont les deux mâchoires
câves et garnies en cuivre M em-

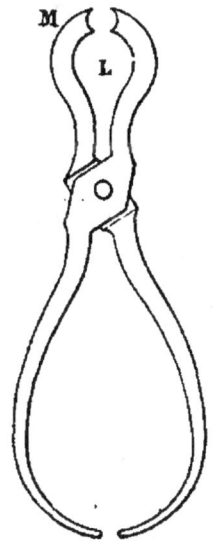

Fig. 47. — Pinces.

boîtent exactement la partie étranglée des calices et
boutons.

Manière d'appliquer ces différentes machines à la confection des calices dont il est question

On saisit une série (fig. 41) par les deux extrémités A B, et on la descend perpendiculairement dans
l'auge (fig. 46) jusqu'au-dessus des renflements O
(fig. 41) qui doivent se trouver sur le même aligne-
ment.

Cette auge (fig. 46) est pleine d'une pâte composée
de gélatine fondue dans la moitié de son poids d'eau
et colorée en vert pour les calices de roses et d'œillets
avec du jaune de chrome et du vert métis (on pro-
portionne ces deux couleurs de manière à approcher
le plus possible du vert de la nature, l'œil seul peut
servir de guide à cet égard), en rouge pour les calices de grenades avec du vermillon, et en blanc avec
du sous-carbonate de plomb pour les boutons de
fleurs d'oranger. Cette pâte doit être chaude à environ 60 degrés; on la verse chaude dans l'auge et on
la maintient à la même température, en plaçant
l'auge au-dessus d'un fourneau oblong dont on mo-
dère le feu suivant le besoin.

Aussitôt que les séries ont été abaissées dans
l'auge, comme il a été dit plus haut, une petite partie de la pâte qu'elle contient y adhère en couche
fine; on retire de suite la série de l'auge, on la retourne sans la quitter, et on en fait autant au second
côté qui se trouve d'abord au-dessus. Celui-ci ayant subi
la même opération que le premier côté, on place la série
sur une étagère préparée de manière à ce que les
deux extrémités A B, s'emboîtent sur deux tasseaux

et que l'air circule librement au-dessus et au-dessous ; .
où on la laisse jusqu'à ce que la pâte qui entoure
les moules soit à peu près sèche.

L'opération est parfaitement semblable pour toutes
les séries formées avec les modèles que représentent
les figures 42, 43, 44, 45, en ayant soin, comme on
le sent fort bien, de mettre dans l'auge la pâte qui
convient au genre de calice qu'on veut faire.

La pâte qui entoure les moules étant à peu près
sèche, on saisit les petites tenailles (fig. 47), dont les
mâchoires, M, en cuivre et demi-circulaires, emboîtent exactement le dessus du renflement des moules : les ayant donc appliquées là, on serre légèrement les tenailles en tirant à soi ; elles glissent alors
sur la surface du renflement en s'entr'ouvrant, et en-
traînent avec elles le calice, qui, à raison de son élas-
ticité, que lui donne un peu d'humidité qu'il recèle,
s'écarte sans se fendre et revient sur lui-même sans
se déformer : on les laisse ensuite à l'air pour achever leur dessiccation. L'opération dont je viens de
parler est très expéditive ; on peut, par exemple,
retirer cent calices en quatre à cinq minutes, et il
n'en faut pas plus de deux pour tremper ce même
nombre.

Si l'on compare maintenant cette méthode avec
celle pratiquée jusqu'à ce jour pour produire les
mêmes objets, on verra d'abord qu'on peut faire plus
de cinquante calices pendant qu'un bon ouvrier n'en
ferait qu'un seul à la main, et bien moins parfait. Je
ne crois donc pas qu'il soit superflu de donner ici un
court aperçu des méthodes usitées jusqu'à ce jour
pour le même genre de travail, et de faire remarquer par là la différence énorme qui existe entre

elles ; n'y ayant pas une seule pratique, pas une seule substance, pas un seul instrument qui aient le moindre rapport de l'ancienne à la nouvelle méthode.

Voici les procédés suivis jusqu'à ce jour :

1° Le long d'un fétu de paille p et q (fig. 48), que l'on tient par l'une de ses extrémités avec la main gauche, en le faisant tourner entre le pouce, l'index et le médius, on applique avec la main droite du coton autour de cette paille, de manière à former peu à peu la forme que l'on remarque sur la figure 48 en $r\,r\,r$; il faut, comme on voit, de grandes précautions pour pouvoir leur donner une forme régulière.

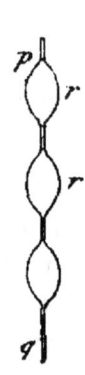

Fig. 48.
Fétu de paille.

2° Cela fait, on applique, en tournant toujours la paille, une pâte faite de farine et de gomme à la surface des dits moules en coton.

3° Cette opération faite, qui n'est pas sans embarras, on recommence une autre couche avec une pâte colorée en vert : le difficile est de rendre le contour bien lisse et sans stries, et surtout bien rond, après on laisse sécher.

4° On reprend ensuite cette paille, et on en retire les moules qui sont alors comme le représente la figure 49.

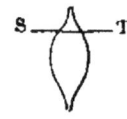

Fig. 49.—Moule

5° On les coupe suivant la ligne S et T, même figure, avec un canif.

6° On vide alors le coton que les calices contiennent, opération longue en ce qu'il en reste toujours adhérent aux parois internes, ce qui nuit à l'usage auquel ils sont destinés.

On voit facilement combien le procédé connu est long, défectueux, et de beaucoup inférieur à celui que je me propose d'y substituer, que la moindre des six opérations nécessaires est plus longue que les deux miennes ensemble, qui sont la trempe d'une série et la sortie des calices au moyen des tenailles, ce qui me donne une supériorité, dans la vitesse de la fabrication, de cinquante contre un.

II. MANIÈRE D'IMITER LES BOUTONS

Les *boutons* se rapprochant toujours de la manière dont on fait la fleur elle-même, ne devraient pas être traités séparément; néanmoins, on peut encore à cet égard établir des principes utiles. Ainsi l'on distingue d'abord les boutons des grosses fleurs et ceux des petites. Les premiers se divisent en *boutons naissants* ou sans pétales, et en *boutons fleuris* ou à pétales. Ceux-ci sont plus ou moins ouverts, afin d'imiter la progression charmante de la floraison. Les boutons des petites fleurs ne sont ordinairement que d'une seule espèce.

Les fleuristes divisent encore les boutons : 1° en *boutons tout verts,* comme ceux du dahlia, du coquelicot, de la rose d'outre-mer; 2° en *boutons roulés,* tels que ceux de la belle-de-jour, des liserons; 3° en *boutons arrondis,* comme ceux de la fleur d'oranger, du myrte; en *boutons pointus,* ainsi que ceux de la rose, du géranium, du jasmin; en *boutons à côtes,* comme le chrysanthemum.

De quelque espèce que soient les boutons, le coton cardé en forme la base. Pour les faire tous, on commence d'abord par mouler ou former une boulette

Fleuriste.   14

serrée de coton blanc cardé. Cette boulette, à laquelle
on donne la forme de la nature, se recouvre ensuite
avec du papier blanc serpente battu ou du canepin,
ou bien enfin de pétales semblables à ceux de la fleur
(Voyez Chapitre VII, *Exemples*).

On place au-dessus du bouton, à la partie inférieure appelée *culasse*, la tige formée d'un fil de fer,
de manière à lier ensemble et cette tige et les bords
du papier ou canepin qui recouvre le coton. Pour que
la tige soit fixée solidement, on la place de telle sorte
que toute sa longueur se trouve en l'air, et qu'elle
soit appuyée sur le bouton qu'elle dépasse nécessairement. Une fois liée, on replie la tige sur elle-même,
en la rabattant au-dessous du bouton. On se dispense
de cette manœuvre quand le bouton est fort petit :
on se contente alors d'introduire un bout du trait dans
le coton.

Boutons fleuris

Les boutons fleuris des grosses fleurs, surtout celui
de la rose, veulent que l'on moule le coton sur le fil
de fer même. La manière de cotonner en ce cas diffère un peu de celle indiquée en commençant, car au
lieu de placer le coton en spirale, on le place de haut
en bas. Après avoir arrêté les filaments du coton à
l'extrémité recourbée du trait, on fixe, suivant le modèle, la longueur à cotonner (2 centimètres environ
pour le bouton de rose), puis on monte et l'on descend alternativement le coton de la pointe recourbée
à ces 2 centimètres. Mais il importe de s'arrêter souvent au milieu de cet espace, et de cotonner en spirale de manière à le renfler, selon que l'indique le
bouton à former. Cette nécessité de cotonner en partie à l'ordinaire, fait qu'il vaut mieux employer ce

cotonnage exclusivement. Il est bon de réunir les filaments du coton avec de l'eau, dont on humecte légèrement le bout du pouce gauche. On se sert souvent
de salive, mais c'est une malpropreté.

Petits boutons pâteux

On place ensuite les pétales en les attachant, ou
en les collant, puis le calice. Quant aux boutons des
petites fleurs, ils se font en pâte de cette façon. Supposons que j'aie à faire un bouquet de filipendule,
dont les fleurs sont portées sur un thyrse, terminé
par des boutons jaunes diminuant graduellement jusqu'au dernier. Je compte leur nombre, ensuite je dispose des petits morceaux de fil blanc gommé longs
de quelques millimètres : je ne crains pas de les
couper trop grands, parce que je leur ferai porter un
bouton à chaque bout, et qu'en les montant sur la
tige je rentrerai à volonté leur excédent.

Pour cette dernière opération, je replie le fil en
double, et le couchant sur la tige, je le fixe avec
quelques tours de soie verte, après avoir disposé les
boutons de l'un et de l'autre côté du fil de fer. Afin
de me faire comprendre, j'ai parlé prématurément
de ce dernier point, car avant d'attacher les boutons,
il faut les faire. Pour cela on prépare une pâte à
coller jaunie par l'ocre, ou colorée convenablement;
on y roule chaque extrémité de fil, comme il a été dit
pour certaines étamines; on recommence jusqu'à ce
qu'on ait obtenu la grosseur et la forme convenables,
ou bien l'on agit au pinceau. Les derniers et les plus
hauts boutons sont si petits, que souvent le fil n'est
recouvert que par une parcelle de pâte.

Les boutons pâteux se font aussi comme les gros

styles, c'est-à-dire qu'on les moule en coton cardé, et
qu'on trempe ensuite ce moule dans une pâte demi-
liquide ; on tâche de leur donner une forme conique,
et le plus souvent, lorsque la pâte est sèche, on les
vernisse avec le blanc d'œuf, ou bien avec une forte
dissolution de gomme : ce vernis se place au pinceau,
ou en y trempant les boutons un à un.

Boutons à côtes

Les boutons à côtes sont de ce genre. Après les
avoir trempés dans la pâte, on les laisse à demi sécher, puis on les pince pour imiter les saillies du
modèle, et pour l'ordinaire, on colore ces côtes au
pinceau. Ainsi, dans le chrysanthemum jaune et
rouge, le bouton d'un rouge violet a les côtes vert
foncé. Pour tous les autres boutons, je renvoie à la
troisième partie.

III. MANIÈRE D'IMITER LES ÉPIS

Dans la fabrication des fleurs artificielles, on regarde les épis comme des boutons. Il y en a de quatre
espèces, les épis verts, les épis jaunes, les épis vides
et le maïs.

Pour faire les premiers, on commence par tailler
un certain nombre de petits carrés de gaze vert-jaune,
de la grandeur de 1 centimètre à 1 centimètre et
demi, que l'on met dans un petit carton. D'autre part,
on a des crins de moyenne grosseur, teints aussi
vert-jaune, et on les divise en morceaux longs de
6 centimètres environ ; ces morceaux sont également
placés dans un carton. D'après la grosseur à donner
à l'épi, on coupe des morceaux de fil de fer cuit, et
modérément fin.

Ces préparatifs achevés, vous prenez un de ces morceaux pour faire la tige, et vous y attachez au bout un crin, avec de la soie bien serrée, de manière que le crin ait beaucoup de raideur. Vous cotonnez ensuite à la naissance du crin, de manière à imiter le petit globule conique d'un grain de l'épi, vous faites le moule moins grand encore que le grain, parce que le morceau de gaze que vous replierez dessus le grossira suffisamment. Vous pliez donc un des morceaux de gaze, en biais, de telle sorte qu'il fasse une pointe que vous placez sur la pointe du globule; vous entourez bien celui-ci, en rentrant les deux côtés de la gaze, afin qu'elle ne produise aucun effilé; vous terminez en la liant à la base, avec de la soie autour de la tige. Les autres grains se font de même, la pointe du second cache la base du premier, ainsi de suite.

Les épis jaunes ne diffèrent que par la couleur de la gaze et du crin. Les épis vides, que l'on fait par fantaisie, n'ont point de moule en coton; la gaze se replie seulement autour du crin, qui forme la *glume* ou barbe de l'épi.

Maïs

Le *maïs* ou *blé de Turquie* se fait de la manière suivante : On prend deux gros traits que l'on cotonne fortement pour faire le support de l'épi; on coupe en touffe épaisse de la soie jaune clair ou rouge, plate, divisée en filaments très fins : on attache solidement cette touffe au sommet du support. La soie n'étant pas gommée, retombe comme la houppe du maïs.

On prépare ensuite de la pâte jaune ou rouge, suivant la couleur de l'épi, et l'on roule plusieurs fois le support cotonné dans cette pâte demi-liquide. On

la laisse un peu prendre, puis on presse le support
dans un moule d'étain qui offre en creux la figure
d'un épi de maïs : il n'y a plus à faire que le *spathe*,
ou enveloppe sèche qui entoure la base de l'épi. On
l'imite avec de la batiste couleur paille, très fine et
très gommée, légèrement striée ; on boule ce spathe
à la base, on en colle les côtés de manière à en former un long étui, puis on l'entre en enfilant la tige
dans le trou de la base. On peut aussi coller les côtés
en dernier lieu.

IV. IMITATION DES SPATHES

C'est l'enveloppe sèche coriace qui se trouve à la
base du narcisse, des jonquilles ; on l'imite parfaitement avec la seconde pellicule desséchée de l'oignon,
que l'on colle à l'endroit convenable.

V. IMITATION DES GRAINES

Les fleurs qui s'épanouissent les premières sont en
graines lorsque les autres fleurissent à leur tour.
Pour imiter parfaitement la nature, il ne faut point
dédaigner ce caractère, surtout lorsque les graines
restent dans le calice, comme la pensée.

Afin de les représenter, il suffit de faire une petite
boulette de coton, grosse comme un petit pois, et de
la pincer légèrement au sommet à quatre endroits.
Cette boulette placée au sommet de la tige, est revêtue de pâte verte, que l'on lisse en la frottant un
peu lorsqu'elle est sèche. On enfile ensuite le calice
que l'on colle au-dessous de cette boulette ; d'autres
fois, il est bon d'appliquer sur la pâte le moule propre à imiter les étamines de la pâquerette.

VI. IMITATION DES PETITES BAIES

Il est des plantes qui portent des *baies* (sorte de fruits) qu'il faut absolument imiter, comme une espèce de mille pertuis, le solanum, etc. La chose est très facile : des boulettes de coton cardé, auxquelles on donne la forme nécessaire, et que l'on trempe dans de la pâte diversement colorée, tel est le moyen que l'on emploie. Pour rendre le brillant de ces baies, on vernisse ensuite, ou bien l'on délaie la couleur et quelque peu de farine avec du blanc d'œuf battu de suc d'euphorbe.

CHAPITRE XI

Manière de monter les Fleurs

SOMMAIRE. — I. Direction des travaux. — II. Manière de monter différents feuillages.

I. DIRECTION DES TRAVAUX

Du soin que l'on met à *monter* les parties de la fleur, c'est-à-dire à les réunir, dépend la parfaite imitation de la nature ; souvent ce seul point omis fait échouer toutes les autres précautions. En effet, si l'on manque de retracer le port de la plante, les dispositions du feuillage, il ne servira de rien que les différentes parties soient faites convenablement ; l'ouvrage pèchera par l'ensemble. C'est ordinairement aux personnes les plus habiles de l'atelier qu'est confié le *montage* des fleurs.

Après que l'on a fini d'attacher le calice à la fleur
principale, on prend la bandelette de l'étoffe ou du
papier dont on a fait choix pour *passer*, et après en
avoir collé l'extrémité de biais au bas du calice, on
passe jusqu'au point où l'on veut placer la première
feuille ou le premier bouton : il n'importe. Alors on
prend la feuille, qui doit se trouver accrochée au
porte-fleurs avec les autres parties préalablement
préparées ; on défait le petit crochet, et on pose le
bout de la queue de cette feuille sur la tige, en couchant légèrement cette queue jusqu'au point où finit
la spirale de la tige. On l'attache avec de la soie verte
que l'on tourne, selon le besoin, sur la bobine. Après
plusieurs tours on rompt la soie, et on la fixe avec
un peu de salive ou d'eau. Tout de suite après on
reprend la bandelette, et on lui fait embrasser le point
d'insertion de cette nouvelle tige, de manière à ce
qu'il soit parfaitement recouvert ; on continue ensuite
à passer jusqu'à ce que l'on ait à mettre une autre
tige de même façon.

Lorsque les feuilles à monter doivent être placées
en face l'une de l'autre, comme celle du dahlia, ou
que, sans être précisément vis-à-vis, les objets à
monter laissent peu d'intervalle entre eux, de chaque
côté de la tige, on ne rompt pas la soie, et l'on va de
l'un à l'autre, ne passant en papier que lorsque l'insertion des objets rapprochés est finie.

A mesure que l'on place les feuilles, les boutons,
etc., il faut comparer l'objet monté au modèle, l'éloi-
gner un peu de soi pour juger de l'effet ; courber ou
redresser les tiges et les feuilles avec la pince, afin
de rendre exactement les plus légères inflexions de
la plante,

· Il importe aussi beaucoup d'avoir égard aux intervalles qui se trouvent entre les parties. Ainsi, pour les branches de feuilles de rose, les deux feuilles que l'on place ensemble en face l'une de l'autre, sur la tige commune, doivent être mises à tel intervalle de la première feuille (fixée à l'extrémité de la tige), que leur tête touche le tiers de celle-ci.

Le couple suivant, ou seconde paire de feuilles, doit être à une égale distance : on peut souvent les baisser un peu plus, parce que ces feuilles accolées s'éloignent un peu en se rapprochant de l'arbuste. Dans l'arrangement des boutons de rose, il faut que la pointe des areignes d'un bouton fleuri se trouve au-dessous du calice du bouton naissant. C'est au goût, à l'habitude, à la justesse de l'œil seuls, que l'on peut avoir recours pour bien espacer ; car il est impossible de mesurer les distances, comme d'apporter des exemples pour toutes les fleurs et toutes leurs parties. L'étude du dessin servirait beaucoup à cet égard.

Fleurs en grappe

Lorsqu'on passe en soie les pétioles délicats des fleurs disposées en grappe, comme la spirea, la filipendule, on se contente de rapprocher les tours de soie et de les serrer davantage lorsqu'on place un nouveau pétiole. Il est essentiel de serrer graduellement moins les fleurs de la grappe à mesure que l'on se rapproche du bas de la plante.

Fleurs en panicule

Le gérauium offre l'exemple de la disposition de ces fleurs, qui signifie en paquet ou en touffe écartées. Trois ou quatre fleurs, un ou deux boutons, autant de feuilles sont réunis ensemble. Toutes ces parties, faites séparément, doivent être liées par le bout de la queue avec plusieurs tours de soie, après un trait cotonné d'un tiers plus gros que leur tige. Les fleurs d'inégale longueur, ainsi que les autres parties, sont entourées, à la naissance de la tige principale, d'un calice commun appelé *involucre;* ce calice se fait et se place comme tout autre. Après l'avoir mis, on passe en papier la tige principale.

Fleurs en boule

Les fleuristes nomment ainsi les fleurs disposées comme la boule de neige, l'hortensia. Ces fleurs veulent être montées comme les précédentes, sur un trait un peu gros et cotonné, que l'on passe en papier après avoir fini la boule. Mais, pour la bien faire, il faut commencer par placer et lier les pédoncules les plus longs, ou fleurettes du centre, puis les entourer des pédoncules moyens, et terminer enfin par les plus courts, ou fleurettes de la circonférence.

Fleurs en botte

Tout en imitant de leur mieux la nature, les fleuristes doivent avoir égard à la mode. Ainsi, pour que les fleurs de toilette se prêtent aux divers ornements d'un chapeau, d'une coiffure en cheveux, ils monteront un bouquet en plusieurs branches, et ne les réuniront point sur un *pied.* Ces branches, au nombre de trois ou de cinq, seront réunies par une spirale de cannetille fine, couleur de la tige, afin que l'on puisse aisément démonter le bouquet sans endom-

mager ses branches, et le grossir ou le diminuer à
volonté.

Fleurs en guirlande

Pendant très longtemps on a disposé les fleurs artificielles en guirlande ou en couronne. Cette mode,
disparue pendant quelque temps, revient ; consa-
crons-lui donc quelques mots.

On commence par faire un certain nombre de petites
branches courtes, nombre fixé d'après la dimension
des fleurs. Si l'on veut avoir une couronne, les tiges
sont toutes d'égale longueur; pour une guirlande, au
contraire, on fait beaucoup plus courtes et plus petites
les fleurs destinées aux deux extrémités. On prend
ensuite deux traits cuits, de moyenne grosseur; on
les lie ensemble avec un trait bien fin mis en spirale
fort éloignée. Ce support partagé en deux, on le cotonne, puis on y place, à partir du repli, les branches
un peu couchées, autour desquelles on passe, les uns
après les autres, les tours de soie et de papier. A
mesure que l'on parvient à l'extrémité, on éloigne
de plus en plus les tiges, de manière qu'elles sont
une fois moins touffues que celles du milieu.

On s'occupe ensuite de la seconde moitié. Quelques
personnes font séparément les deux moitiés, et les
réunissent ensuite; d'autres mettent une ficelle entre
les deux traits, ne cotonnent point, et se servent de
faveur verte pour passer.

On fait des couronnes de roses sessiles, ce qui est
forcé quand la fleur est un peu grosse. Les couronnes
sans feuilles sont de bien mauvais goût, mais on en
fait.

II. MANIÈRE DE MONTER DIFFÉRENTS FEUILLAGES

Revenons à la nature, si belle et si variée, et donnons la manière de monter quelques feuillages dont la disposition est particulière.

1º Les giroflées : le feuillage est disposé en paquets inégaux, composés de feuilles aussi fort inégales, et ayant au centre un bouton extrèmement petit, que vous imiterez en boulant fortement une petite étoile à divisions étroites et un peu allongées. Avant de monter les feuilles sur la tige, il faut les réunir en paquets sur le pétiole de la plus grande feuille, qu'à cet effet vous aurez fait plus long ; vous monterez ce paquet à la tige, en rapprochant de cette dernière une petite foliole et le bouton du centre.

2º Le chèvrefeuille, dont la tige traverse le feuillage. Vous percerez au centre, avec un poinçon, la feuille, faite d'une seule pièce ; vous cotonnerez et passerez en papier la tige principale, ou pied, jusqu'au point où vous devez placer celle-ci ; ensuite vous enfilerez la partie inférieure de la tige dans le trou de la feuille, que vous fixerez avec un peu de colle : vous continuerez ensuite à cotonner et à passer au-dessous de cette feuille. Bien entendu qu'au-dessus de chaque feuille l'on rompt le coton et la bandelette pour les replacer au-dessous. Quelques fleurs, surtout le dahlia, veulent une opération semblable.

3º Les tulipes, jacinthes, et autres fleurs à feuilles *radicales*, c'est-à-dire sortant de la racine, veulent que leur feuillage se roule au bas de la tige, en se creusant et se repliant sur lui-même. Pliez les feuilles en deux par le bas ; remplissez ce pli de colle

verte, et introduisez-y l'extrémité de la tige. Ce feuillage se fait rarement (Voyez, pour les autres mon-
tages, la 3ᵉ Partie, Ch. XII).

Division du travail

Comme tous les arts industriels, celui du fleuriste
exige la division du travail, dans le double but d'en
accélérer l'exécution et de la rendre plus parfaite.
Cette division doit être relative à la force des ouvriers,
au degré d'habileté des apprenties et des ouvrières.

C'est un homme, et un homme fort, qui doit être
chargé du découpage : le salaire d'une femme serait
moins élevé, mais, en se fatiguant beaucoup, elle
travaillerait peu; et il vaut mieux mettre son adresse
à profit, que d'accabler sa faiblesse. Un jeune garçon
peut être employé à la presse, et au gaufrage à la
poignée, au détirage des fils de fer.

La première opération dont on charge les apprenties, est de cotonner; un peu plus tard, elles passent
en papier, grainent les étamines, ou collent les baguettes le long des feuilles. Malgré la nécessité de
fixer à chacun son occupation, gardez-vous bien de
la pernicieuse habitude qu'ont les maîtres de faire
répéter pendant des mois entiers une manœuvre ap-
prise en quelques jours; c'est un véritable vol, puisqu'on les paie pour montrer leur art, et vol d'autant
plus funeste pour les apprenties, qu'il leur inspire
souvent le dégoût du travail.

Le boulage se confie à celles qui savent faire toutes
les opérations précédemment indiquées; mais comme
il est fatigant, je conseille à la maîtresse de ne point
en charger longtemps la même personne.

Les apprêts demandent une main un peu exercée;
l'emploi des couleurs exige plus d'habileté encore.
La maîtresse doit toujours veiller à la manière dont
on s'en acquitte, ne le confier qu'à ses meilleures
ouvrières, et le faire elle-même le plus possible. Le
montage des fleurs est encore le partage des plus
habiles.

TROISIÈME PARTIE

EXEMPLES

CHAPITRE XII

Manière de faire différentes Fleurs

Sommaire. — I. La rose. — II. Le myrte du Canada. — III. L'héliotrope du Pérou. — IV. Les gesses odorantes ou pois de senteur. — V. La renoncule. — VI. Le lilas. — VII. Le camélia. — VIII. Le chèvrefeuille. — IX. Le jasmin de France. — X. La pivoine. — XI. La scabieuse. — XII. Le réséda.

I. LA ROSE

On commence par choisir pour modèle une fleur naturelle, ou du moins une fleur artificielle parfaitement imitée. La rose étant un des objets qui leur sont le plus familiers, les fleuristes se dispensent de prendre un modèle dès qu'elles ont un peu d'habitude de leur art. Dans tous les cas, on doit déterminer le nombre de roses, de boutons fleuris, entr'ouverts, naissants, de feuilles et de folioles que l'on emploiera pour former la *botte*, afin de préparer toutes les parties à la fois. On multiplie ce nombre si l'on a plusieurs bottes à faire.

Les feuilles de rose sont de trois nuances : la première nuance s'appelle vert-jaune, elle sert aux feuillages naissants, qu'on nomme pousses : on a de petites tiges à trois feuilles. La seconde et troisième nuances servent pour le feuillage plus ou moins développé. Les tiges, épines, feuilles de rose, nous ayant souvent offert des points de comparaison, nous y renvoyons le lecteur, afin de ne point nous répéter.

Nous savons que les boutons naissants se couvrent de canepin ou de papier, et les boutons fleuris s'entourent de pétales. Quand on destine les premiers à une rose blanche, on les *déblanchit : déblanchir* consiste à mêler dans une soucoupe deux à trois gouttes de jaune liquide et un peu d'eau-de-vie, d'eau de Cologne, ou d'alcool ; on passe au pinceau ce mélange sur le bouton, puis, lorsqu'il est sec, on *verdit celui-ci* avec un mélange de jaune liquide, de bleu, et une pincée de crème de tartre. Si le bouton est pour une rose *rose*, on le verdit seulement, puis on le rougit avec du carmin : on pose ensuite les aręignes autour, et on les colle sur le bouton dans toute leur longueur.

Pour les boutons fleuris, on colle quatre pétales autour du moule de coton ; on les place de manière que l'un couvre à peu près la moitié de l'autre ; on finit en posant les areignes, que l'on colle seulement à la tête, laissant la pointe libre.

Les étamines du cœur de rose se font en *faisceau.* On y place des *bouillottes*, ordinairement en carthame (tous mots qui nous sont familiers). On *trempe* les pétales, on les gaufre, soit à la pince, soit à la boule ; on met les quatre premiers pétales de cœur entre les trois bouillottes, en tenant la tige en l'air : les autres se placent devant les bouillottes, ou derrière, en présentant tantôt un grand, tantôt un petit pétale, tantôt tournant pour ainsi dire le dos aux étamines. Les vingt pétales de tour se mettent les uns près des autres pour le premier rang, et, pour les deuxième et troisième, ils alternent avec les précédents pétales. On met ensuite les areignes, et l'on enfile le calice, tâchant de bien imiter les dispositions du modèle.

II. LE MYRTE DU CANADA

Découpez, en gros de Naples vert clair et vert jaune, des rondelles de différentes grandeurs ; gaufrez-les très peu.

Faites, pour chaque fleur, deux corolles étoilées, en batiste blanche, à cinq divisions, que vous boulez de manière à leur donner un creux bien rond. Mettez à l'extérieur de ces divisions ou pétales (pour parler comme les fleuristes), une tache de carmin au pinceau. Découpez ensuite une très longue rangée de petits pétales, comme si vous vouliez faire une bandelette propre à passer en feuillage : seulement les petits pétales doivent être assez allongés et appointés par le bout ; frisez-les comme on frise les plumes, en les contournant avec la pointe des ciseaux ou un poinçon. Attachez, d'autre part, et au bout de la tige, un peu de coton cardé, duquel sortira un fil blanc gommé : ce globule de coton, petit et pointu, sera recouvert de pâte vert clair, et le fil ou style légèrement passé sur cette pâte. La rangée des pétales frisés sera collée autour du pistil, dont elle fera sept à huit fois le tour. Voici le cœur de la fleur. Pour faire la circonférence, vous enfilez les deux corolles, en alternant leurs pétales ; enfilez et collez ensuite au-dessous un calice non gaufré, à cinq folioles écartées.

Les boutons près d'épanouir se font en pliant un

peu de canepin sur un globule bien rond en coton :
on lie la base avec de la soie. Les boutons naissants,
avec de la pâte verte, arrondie comme une grosse
tête d'épingle. La tige des fleurs et boutons est passée en vert, celle des branches en couleur bois.

III. L'HÉLIOTROPE

Découpez de petites rondelles en batiste blanche,
une douzaine, légèrement dentelées ; faites-en à peu
près autant en batiste lilas clair, mais plus petites.
Repliez en cinq chaque rondelle, à l'envers, en pinçant bien chaque pli qui doit se trouver au milieu de
chaque dentelure : ouvrez ensuite la rondelle. Les
huit premières, plus grandes, recevront au centre, à
l'endroit, une tache vert clair, et les bords seront légèrement panachés en lilas ; les quatre autres grandes seront peintes en lilas infiniment clair au centre
et plus foncé sur les bords.

Vous découperez ensuite autant de petites languettes de batiste vert pâle ou de papier qu'il y a de
rondelles. Ces languettes ou tiges à fleurettes sont
larges d'environ 5 millimètres et longues de 16, on
les encolle, on gomme d'un côté, puis on les plie à
moitié dans leur longueur, et on colle à un bout la
rondelle. On humecte ensuite cette tige d'eau gommée, et on la saupoudre de poussière de coton. On
fait ensuite la tige principale avec un fil de fer, que
l'on recourbe un peu à l'extrémité, de manière à le
pencher en arrière ; à l'extrémité de cette courbure
on place, avec de la soie, les boutons et fleurettes
terminales, puis successivement les plus grandes.
Ces fleurettes sont montées sur huit rangs ; il n'y en

a que deux aux deux premiers, trois ensuite, puis quatre, ce qui forme la touffe allongée et renversée de l'héliotrope. On passe ensuite, de la longueur de 3 centimètres, la tige, et l'on place une ou deux autres tiges, l'une seulement de même longueur, portant chacune une touffe ; celle de la plus petite tige est plus petite aussi. On place à la base de cette réunion une feuille naissante.

Les boutons petits et pointus se font en pâte verte : les uns sont tout verts, les autres colorés en lilas : tous sont cotonneux. Ils se placent en paquets de quatre ou cinq à l'extrémité des touffes, ou entre trois feuilles naissantes.

Le feuillage très gaufré se fait ordinairement en fort taffetas ; toutes les tiges sont couvertes de duvet ; c'est une des fleurs les plus difficiles à imiter.

IV. LES GESSES ODORANTES, OU POIS DE SENTEUR

Faites en batiste vert jaune un calice allongé à quatre divisions ; coupez de petits carrés dans cette batiste, et repliez ces carrés comme si vous vouliez en former un épi vide que vous attacherez au bout de la tige. Cela terminé, découpez trois pétales, un grand arrondi, nommé la *carène* en botanique ; les deux autres plus petits se nomment les *ailes*.

Supposons le pois rose ; la carène sera d'un rose clair sur les bords ; rose vif au centre, et blanche vers l'onglet. Cette gradation s'observe également sur les ailes : on l'obtient en trempant, et taquetant. La première est sillonnée dans sa longueur au milieu par la pince, et boulée sur les bords supérieurs et sur les côtés, à l'endroit, de manière à se rejeter en avant; les ailes sont boulées également. Cela fait, attachez celles-ci autour de l'épi vide, ou pistil, de telle sorte que les bords creusés se rencontrent, et le cachent plus ou moins, selon le degré d'épanouissement de la fleur. Attachez la carène derrière de façon qu'elle soit voisine de la partie non gaufrée des ailes; mettez ensuite le calice, en le collant par les côtés : deux de ses folioles seront placées derrière la carène, l'autre sera devant, la dernière entre les ailes.

Cette plante grimpante est pourvue de vrilles délicates que vous imiterez très bien ainsi : Prenez de la soie plate jaune clair, fortement gommée, bien sèche, et tournez-la en spirale autour d'un poinçon : comme l'extrémité supérieure est plus fine, on la tourne avec une épingle. On contourne également la tige sur un mandrin, après qu'elle a été passée en papier. Il faut nécessairement que le trait qui la forme soit bien fin.

Lorsque la gesse est soignée, le pistil se fait avec du fil de fer cotonné, et contourné en spirale à son extrémité supérieure : il remplace l'épi vide décrit en commençant.

V. LA RENONCULE

Découpons d'abord environ soixante-quatre pétales à deux dents peu profondes. Les pétales nous donneront quatre rangées pour la circonférence : il nous reste à faire quatre autres rangs du centre, plus serrés, puis encore une quarantaine à peu près de pétales plus petits, qui suffiront au cœur de la fleur.

Après cela, nous formons à l'extrémité d'un trait de grosseur moyenne, une boulette de coton, ronde, grosse comme une prune ; nous engommons le sommet, pour le saupoudrer ensuite d'un peu de tabac; mais pour donner de la consistance à la boulette, il est bon de la gommer également partout. Autour de cette boule nous attachons trois pétales découpés comme les autres, en mousseline un peu grosse, et vert pâle, quelle que soit d'ailleurs la couleur de la renoncule (supposons celle-ci jaune orangé, avec les bords rouges). Découpés dans de la mousseline jaune, nos pétales sont pliés en deux, dans leur longueur, puis boulés à droite et à gauche du repli. Ce repli et le boulage sont faits à l'envers. Peignons maintenant nos pétales : avec du carmin rougissons le haut, d'un peu plus de 5 millimètres à partir du repli, tandis que de chaque côté la couleur diminuant, laisse les joues toutes jaunes.

Nos pétales peints, nous collons les plus petits autour des pétales verts, en les relevant et resserrant bien sur ceux-ci, qui ne laissent qu'à peine entrevoir le moule noirci de tabac. La première rangée est un peu écartée, la seconde encore plus, ainsi de suite jusqu'aux pétales de tour, encore plus évasés, de manière que la fleur ait une forme demi-sphérique.

Il ne reste plus qu'à faire le calice et les feuilles : le premier en étoile, à six folioles rondes, profondes, et collées à plat sur la base des pétales, de manière que les côtés soient rapprochés l'un de l'autre : ce calice est souvent vernissé, et toujours vert foncé. Les secondes, plus claires, sont très découpées, soutenues par une baguette dans toute leur longueur, jusqu'à la première nervure du côté de la dentelure

15.

supérieure. On les place deux à deux, en face l'une
de l'autre, à 3 centimètres environ de la fleur, que
leurs découpures accompagnent agréablement. L'exécution de cette fleur est facile ; on y joint rarement
des boutons.

VI. LE LILAS

Découpez des étoiles dans de la batiste blanche ou
lilas ; ces étoiles auront quatre dentelures profondes,
que vous rayerez tout autour, sur les bords, et au
milieu en long ; ces stries s'obtiennent avec la pointe
d'un poinçon délié. Divisez ensuite de petites lames
de papier blanc ou lilas, ou de batiste, longues de 9
à 12 millimètres, larges de deux à trois. Roulez ces
lames, pour en faire un tube collé sur les côtés. Prenez ensuite de petits morceaux de trait bien fins, ou
pétioles, et enfilez-les dans les tubes. Vous prenez
après cela les étoiles, et vous les percez au centre
avec un poinçon, ou une forte épingle. Vous entrez
par ce trou le bout du pétiole qui sort du tube, et
vous placez à son extrémité une pointe de pâte verte,
sur laquelle vous jetez un peu de semoule jaune ;
vous soufflez tout de suite après, afin qu'il n'en reste
que deux grains, pour imiter les deux anthères du
lilas.

Vous faites de cette manière un certain nombre de
fleurettes, pour les disposer en thyrse sur une tige
commune. Chaque fleurette doit avoir à la base du
tube un petit calice à deux dents très étroites ; on la
monte avec de la soie verte.

Le thyrse commence ordinairement par des boutons nombreux ; ces boutons se font ainsi :

Prenez de petits carrés de papier d'un violet tirant

sur le rose, si le lilas est de couleur, ou de canepin
s'il est blanc. Formez sur le pétiole un globule allongé, recouvrez-le du carré de papier, puis recouvrez celui-ci de gaze lilas ; liez l'un et l'autre à la
base avec de la soie lilas (on ne met point de gaze si
l'on emploie le canepin). Sillonnez ensuite avec un
brin de soie, fortement tendu, et bien fin, votre bouton, de manière qu'il présente quatre faces égales ; .
terminez en collant le calice. Le feuillage pointu est
partagé par une nervure d'un vert pâle que l'on
imite au pinceau ; on passe les principales tiges en
couleur bois.

VII. LE CAMÉLIA

Le feuillage de cette belle fleur est dentelé sur les
bords comme une scie, et couvert sur les deux faces
d'un vernis brillant : on sait comment imiter ces
effets. Les pétales doivent être en batiste blanche,
fine, serrée ; ils sont découpés à peu près comme
ceux d'une rose blanche. Ceux du centre sont gaufrés à la pince, d'autres creusés à la boule à l'endroit ; enfin le cœur de la fleur diffère très peu de
celui d'une rose, mais à la place de bouillottes on
met des pétales presque deux fois moins grands que
ceux de la circonférence, et les étamines sont épar-
pillées au milieu d'eux. On les met une à une, ou
deux à deux.

L'anthère est de forme double, ainsi on divise en
deux le filet à son extrémité, puis on trempe dans la
pâte jaune clair les deux brins qu'il forme. Pour disposer agréablement les pétales sans trop les presser,
on colle, à moitié de l'un des filets, un des plus petits pétales ; les pétales voisins suffisent pour cacher

ce qui ne doit pas paraître de cet arrangement ; les pétales sont de place en place un peu rougis en long.

Le calice imbriqué a une forme particulière ; ses areignes ou folioles sont arrondies par les côtés et pointues au sommet, d'un vert très pâle ; elles sont rougies sur les bords. Vous en placerez d'abord une première rangée à la base des pétales, puis une seconde et une troisième. Les areignes alternes libres, creusées par la boule, collées seulement par l'extrémité inférieure, et dont les rangées sont écartées, ne retiennent en rien la corolle, et s'étendent un peu sur la tige.

Ce calice diffère un peu pour les boutons : naissants, ils sont formés d'un moule gros comme une cerise et recouverts entièrement par les areignes, collées les unes sur les autres, à l'exception de la rangée qui touche la tige ; pour le bouton près de s'épanouir, le moule est de la grosseur d'une prune. On colle au milieu cinq petits pétales, dont les têtes rapprochées couvrent le sommet du moule ; le calice revêt tout le reste de sa surface ; les areignes n'en sont point évasées, et se posent à plat les unes sur les autres. On rougit un peu le bout de l'un des pétales.

VIII. LE CHÈVREFEUILLE

Les exemples apportés plus haut nous dispensent de parler du feuillage vernissé, et partagé longitudinalement par une nervure d'un vert blanchâtre. Passons donc à la fleur :

On découpe, dans de la batiste rosée, une corolle à tube long de plus de trois centimètres, irrégulière,

car la carène a quatre divisions égales, et l'aile ou l'*é-
peron*, plus court, n'est qu'une foliole renversée.
Cette corolle est carminée à l'extérieur de manière à
rougir entièrement le tube, et à former une raie
rouge au milieu des divisions, dont les bords restent d'un rose clair. On fait les étamines en fil blanc,
assez longues pour dépasser un peu la corolle, étant
attachées à la base du tube, après la tige. Ces étamines, au nombre de cinq (trois longues et deux
courtes), ont pour anthères un morceau de batiste
paille très gommée, large de quatre à six fils, et long
de 9 millimètres. Placé comme la tête d'un T, le pistil, aussi en fil blanc, de moyenne grosseur, dépasse
les étamines, et se termine par une petite pointe de
pâte verte. Etamines et pistils liés à la fois, on les
introduit dans la corolle dont on colle les côtés jusqu'à l'aile. On enfile ensuite dans la tige un calice
sphérique en pâte vert clair.

Les boutons se font avec un long moule de coton,
auquel on donne à la fois la forme du calice sphérique, celle du tube, et enfin la figure de la partie
gonflée et terminée en pointe qui représente les pétales près de s'entr'ouvrir. La base de ce moule se
couvre de pâte vert clair pour le calice, et tout le
reste de pâte carminée bien lisse. Si le bouton est un
peu gros, avant de couvrir de pâte rouge la partie
renflée, on met sur les côtés une languette de pâte
blanche.

On monte à la fois, sur le même point de la tige,
cinq fleurs ou boutons; ordinairement deux fleurs,
deux boutons à languettes, et un bouton naissant;
en d'autres cas, une seule fleur et deux petits boutons.

IX. LE JASMIN DE FRANCE

Découpez en taffetas, tout d'une pièce, ce feuillage très dentelé ; préparez des baguettes pour servir de tiges ; préparez aussi de petits calices à deux petites divisions, et des languettes de papier blanc, comme pour le lilas, mais un peu plus longues.

Restent les pétales que vous ferez avec de la batiste blanche, au nombre de cinq, pointus, étroits, allongés ; vous les replierez à moitié, à l'envers de leur longueur, puis les placerez dans la languette, après laquelle vous les collerez. Vous la collerez ensuite par les côtés après l'avoir roulée sur elle-même de manière à en faire un tube bien serré. Vous terminerez en plaçant le calice à la base de ce tube, qui, dans cette partie, doit se resserrer encore plus.

Quant aux boutons, on moule du coton en boulette un peu allongée et petite, au bout d'un fil de fer bien fin. On prend ensuite un petit carré de canepin, et on en couvre le moule de manière à en former un bouton à longue pointe aiguë. On lie le bas avec de la soie plate blanche, bien serrée, puis l'on coupe l'excédent du carré de canepin. Après cette opération, on songe à imiter le tube : une languette de canepin, de biais, tournée en spirale allongée et serrée autour du fil métallique, représente parfaitement ce tube, que l'on achève en posant le calice.

X. LA PIVOINE

Cette fleur a deux espèces de feuilles : une feuille à trois lobes ou divisions profondes, se trouve entre deux larges feuilles lancéolées qu'elle surmonte :

toutes-sont d'un beau vert, légèrement vernissées. Le
feuillage naissant est' composé seulement de la
feuille à trois lobes. Le calice est particulier; il est
formé :

1° De deux larges coques bien creuses, semblables
à la moitié d'un œuf de pigeon partagé dans sa longueur. Pour imiter ces coques, on a deux feuilles
que l'on boule fortement, afin de les bien creuser,
puis on les colle ensemble par l'un des côtés.

2° Entre chacune de ces coques, placées à droite
et à gauche de la tige, à la base des pétales, est une
feuille pointue, creusée à sa base, et accompagnée
d'une feuille naissante qui s'applique sur la par.ie
extérieure des pétales de tour, et les dépasse agréablement. Les grosses coques, collées seulement par
la pointe, sont libres sous la fleur.

Les pétales des deux rangs de la circonférence
sont larges, non dentelés, peu ou point gaufrés;
ceux du troisième rang sont pliés et plissés à peu
près comme les pétales de grand cœur du camélia.
Entre ce tour et le suivant, on voit, de place en
place, des étamines en gros fil rosé, à anthères formées de plusieurs grains de semoule jaune. Viennent ensuite trois autres rangées de pétales un peu
dentelés, de petit et de grand cœur, que l'on disposera comme l'indique la nature : le dernier rang est
formé tout entier de petits pétales. J'aurais dû dire
le *premier* rang et commencer par l'ovaire; car c'est
l'ordre invariable de la fabrication des fleurs.

Le pistil ne ressemble à celui d'aucune autre fleur;
il a la forme de sept ou huit petites poires ou de
cônes obtus, placés l'un auprès de l'autre circulairement autour d'une des poires qui occupe le centre.

Pour imiter ce pistil compliqué, on fait les huit moules en coton séparément l'un de l'autre, en commençant par la pointe, au bout de laquelle on colle une petite feuille pointue en batiste rouge : cette foliole se plie en deux par le bas. On trempe ensuite chaque poire ou style dans la pâte verte liquide, puis on le roule dans la tonture de coton, de manière à le revêtir d'une surface cotonneuse, épaisse et bien égale partout. On réunit ensuite tous ces styles en les liant à la tige.

Autour de l'ovaire, et entre les petits pétales, est une double rangée de nombreuses étamines placées irrégulièrement, mais cependant principalement dans les intervalles des styles. Quelques-unes sont courbées vers l'ovaire, quelques autres en sens contraire ; ce sont les plus rares.

Le bouton est formé d'une boulette de coton de la grosseur d'une belle prune de monsieur, et entouré d'abord d'un rang de pétales recourbés de manière à cacher entièrement le moule, et d'une autre rangée, au nombre de cinq pétales, autour de laquelle se place le calice. On substitue avantageusement au coton du papier blanc bien gommé, que l'on chiffonne et plie comme un bouton ordinaire. On ne met qu'une feuille à chaque branche de pivoine, et cette feuille, en trois parties, se place à 8 centimètres environ de la fleur. On fait des pivoines rouges, roses, jaunes et panachées de blanc ; on en monte les branches libres à la cannetille.

XI. LA SCABIEUSE

C'est une des fleurs qui produisent le plus d'illusion, même entre des mains peu habiles. On com-

mence par faire un fort *ballaye* en laine brune, dont
on divise le plus possible les brins. En même temps
que la laine, on attache des boucles de fil noir, ou
violet, gommé, une fois plus longues que les boucles
de laine, mais aussi beaucoup moins nombreuses ;
quand, après avoir relevé l'aigrette, on coupe les
boucles pour en former la houppe du ballaye, les
fils dépassent les brins de laine; alors on s'occupe de
grainer ces fils qui représentent les étamines.

Pour cela, on délaie une pâte blanche avec une
forte dissolution de gomme blonde, et l'on forme à
chaque filet une sorte de graine ou boulette allongée
et un peu gonflée. Il faut que le cœur de la fleur
figure un disque arrondi, un peu convexe : pour y
réussir, on forme le ballaye de plusieurs aigrettes,
et l'on tord ensemble leurs queues de laiton ; on s'arrange aussi de manière à ce que les brins de laine
et de fil soient plus longs au centre qu'à la circonférence. D'autre part, on prépare pour chaque scabieuse sept pétales (1) en satin violet, à cinq divisions
arrondies, qui s'agrandissent à mesure qu'elles s'é-
loignent de la tige. Je dis la tige, parce que ces pétales se montent sur un morceau de trait fin, long
d'environ 9 millimètres : on les fixe avec de la soie
verte, qui sert à passer le trait.

Après avoir creusé un peu les trois divisions supérieures avec la boule d'épingle, on range ces pétales
autour du disque, en les espaçant également et en
les liant avec de la soie. On imite aussi les scabieuses
lilas, mais elles sont moins agréables. Le calice se

(1) Je donne les noms d'étamines, d'anthères, de pétales aux
fleurons de la scabieuse, afin de parler le langage ordinaire des
fleuristes. Les botanistes m'excuseront.

fait à six folioles arrondies, collées sur la base du disque. La scabieuse est quelquefois pubescente ou hérissée.

XII. LE RÉSÉDA

Cette fleur a, comme la pivoine, un double feuillage, car elle porte des feuilles lancéolées et trifoliées, mais indépendantes les unes des autres. Elle se compose de petites fleurettes portées en grappe longue de 8 centimètres, presque sessiles au sommet de la grappe, et très serrées alors; ces fleurettes s'espacent un peu, et ont un pétiole plus long à mesure qu'elles descendent. Le très court pétiole des boutons et des fleurettes terminales est en laiton extrèmement fin, non recouvert et tordu, parce qu'il est tout à fait caché : le pétiole des autres fleurettes est une petite baguette pour laquelle on emploie du papier vert jaune.

Voyons le moyen de préparer les fleurettes. On prend du fil vert-jaune fin; on en forme une petite aigrette, mais irrégulière, c'est à-dire que la boucle de laiton qui retient les fils ne doit pas être placée au milieu, comme elle l'est ordinairement, parce qu'en redressant les fils, on doit avoir ceux d'un côté bien moins longs que ceux de l'autre; cette partie plus courte sert à faire les étamines, que l'on graine en semoule rouge ou en cinabre : l'autre représente les filets verdâtres qui dépassent les étamines.

Cela fait, on enfile dessous l'aigrette un calice étoilé à sept divisions, non gaufré et vert jaune : on le colle, en ayant soin de faire relever les quatre divisions qui se trouvent vers les filets, afin qu'elles les soutiennent; les trois autres, placées au-dessous des étamines, retombent un peu.

Le bouton de la fleur se compose ordinairement
de cinq à six fleurettes très petites, disposées en panicule entre trois ou quatre feuilles naissantes. Quant
aux boutons posés à l'extrémité de la grappe, on replie en pointe, comme pour un épi, un très petit
morceau de batiste vert clair, et l'on enfile un petit
calice au-dessous. Le réséda, qui seul produit peu
d'effet, est très joli mélangé avec d'autres fleurs.

Ces fleurs, dont les caractères particuliers mettent
sur la voie d'imiter toutes les fleurs possibles ; les
exemples détaillés et fréquents que m'ont fournis
la fleur d'oranger, la giroflée, la jacinthe, l'œillet, le
narcisse, la reine-marguerite, le dahlia, le chrysanthemum, le géranium, les bruyères, les millepertuis,
le myosotis, le liseron, et tant d'autres fleurs ; enfin,
les indications qui vont suivre sur les divers genres
de fleurs, tout rendrait complètement inutile de plus
nombreuses explications (1).

(1) Les fleurs des champs se font comme les autres, et bien plus
facilement, parce qu'elles ne sont pas doubles. L'anémone des bois,
le bluet, la nielle, quelques véroniques d'un si beau blanc, des
lychnis roses ou blancs, la rose de haie, les campanules, forment
de très jolis bouquets.

CHAPITRE XIII

Fleurs et Fruits de fantaisie

———

Sommaire. — I. Fleurs de fantaisie. — II. Fruit du platane ou platane en fleur bleue. — III. Fleurs d'hiver. — IV. Fleurs de deuil. — V Fleurs de vases. — VI. Fleurs d'église. — VII. Fleurs en paillon. — VIII. Fleurs en paille. — IX. Fleurs en zinc. — X. Fleurs en papier.

I. FLEURS DE FANTAISIE

On ne saurait donner de règles pour les choses dont la nature est de braver toutes les règles. Néanmoins on peut établir un certain ordre dans ces bizarreries.

1º Les fleurs de fantaisie ne diffèrent de la nature que par la couleur : ainsi l'on fait du lilas, de l'aubépine, des roses, des marguerites bleu-céleste; des grenades blanches, des tubéreuses roses, etc.; c'est le cas le plus ordinaire.

2º Ces fleurs dépendent d'un certain mélange des divers caractères de deux, trois ou quatre fleurs : aussi ai-je vu une fleur à pétales d'anémone, à étamines d'eugénia (c'est-à-dire très fines), à calice formé des areignes de celui de la rose (areignes au nombre de huit), enfin à bouton d'œillet; tout cela formait un très agréable ensemble.

3º La transformation de divers fruits est encore la ressource des fleurs de fantaisie : ainsi, en donnant une couleur rosée, ou toute autre nuance, aux chatons du noisetier, du peuplier, du saule, on en fait

une fleur. Je vais apporter un exemple des fleurs de
fantaisie par transformation : il s'agit du fruit du
platane, que l'on fait blanc et bleu.

II. FRUIT DU PLATANE, OU PLATANE EN FLEUR BLEUE

Cette fleur, puisqu'on l'appelle ainsi, se compose
de pétales réunis deux à deux par un pétiole ; ces
pétales sont groupés en thyrse sur une tige commune
qui porte les pétioles. Pour chaque branche il y a
deux thyrses, chacun de dix-huit pétales, et de neuf
pétioles par conséquent ; mais les pétales bleus sont
disposés en thyrse large, et les pétales blancs en
thyrse allongé. Voyons d'abord comment ces pétales
prétendus se posent sur chaque pétiole.

Ils se découpent tous dans de la batiste blanche,
et un peu plus larges que le modèle. Ils ressemblent
assez à un grand pétale de rose partagé en deux dans
sa longueur : l'une des joues est coupée droit fil,
l'autre légèrement arrondie. Pour les pétales blancs,
on trempe cette partie dans du *verdi* jaune clair :
pour la plupart des pétales bleus, cette partie demeure blanche, et c'est elle qui sert à soutenir le pétale tandis qu'on le porte dans l'eau d'indigo, de manière à le rendre bleu céleste. La partie blanche est
plus ou moins large, selon que les pétales doivent
être placés sur le côté du thyrse. Cette préparation
terminée, on prend un laiton des plus fins, on le cotonne légèrement, et on lui donne la forme d'un fer
à cheval, haut d'environ trois centimètres et assez
large pour recevoir deux pétales entre ses deux
branches : ce fer à cheval doit être, à sa base, cotonné de manière à présenter, à droite et à gauche

de sa moitié, une sorte de petite poire couchée, ou globule allongée : entre ces deux poires on accroche à sa moitié un laiton fin de 6 centimètres de long, que l'on a replié en deux; on réunit et tortille ses deux parties pour faire la tige, que l'on garnit avec le coton tenant encore après les poires.

D'autre part, on gaufre les pétales à la presse, ou, si on le préfère, en les chiffonnant avec la pince. On encolle un peu leur pointe et toute la joue arrondie; on pose la première sur l'une des poires, de manière à mettre la joue droit fil au milieu du fer à cheval, puis on roule l'autre joue sur l'une des branches de ce fer à cheval, ainsi qu'on en agit pour faire un gros *froncé* ou un *roulé* après une étoffe. Comme toutes les femmes savent coudre, elles me comprendront aisément. Ce *roulis* cache le laiton cotonné, et forme sur la joue du pétale un rouleau qui semble être le prolongement de la petite poire; on place sur l'autre poire un second pétale de la même façon. Cette manœuvre terminée, on trempe un pinceau délié dans une pâte brun foncé, un peu rougeâtre, et on enduit d'une couche épaisse les deux poires dessus et dessous; on brunit aussi un peu le roulis des pétales bleus seulement. On laisse sécher, puis on vernit cette pâte. Le pétiole se passe ensuite en papier.

La feuille composée compte trois paires de feuilles sans pétiole sur une tige commune, plus celle qui se place à l'extrémité. Ces feuilles sont gaufrées légèrement.

L'espèce de fleurs qui nous occupe admet certaines modifications dans les moyens reçus pour l'imitation des divers organes. Ainsi, par exemple, pour amener les étamines au niveau des pétales

d'une grosse fleur, on monte l'aigrette de ces étamines au bout d'un laiton beaucoup plus haut que la
base de la corolle. Souvent, pour empêcher les étamines de diverger, on l'entoure d'une bande de papier plissé, à la base de l'ovaire, sur la tige d'où
partent les étamines. Il est encore beaucoup d'usage
chez les fleuristes pour fantaisie, de faire les étamines
avec de la laine blanche plate, dont les brins sont
extrêmement divisés. Les filaments sont d'une exces-
sive finesse, peu naturelle, mais gracieuse.

III. FLEURS D'HIVER

Parmi les fleurs de fantaisie, il est des fleurs d'hiver. Elles se font tout en satin, tiges, feuilles, calices, pétales : ainsi, pour une rose blanche, on fait
le feuillage en satin vert, la corolle en satin blanc,
les bouillottes se forment souvent en petits nœuds de
faveur satinée. Des reines-marguerites à pétales roulés forment une jolie fleur de fantaisie. Ces pétales
sont fortement gaufrés, dans leur longueur, avec le
mandrin allongé, ou avec un poinçon, de manière à
les rouler comme une *oublie* : on emploie également
à cet effet la batiste et le satin.

IV. FLEURS DE DEUIL

Pour faire ce genre de fleurs, on imite en crêpe et
gaze noirs toutes les fleurs possibles. Par parenthèse,
le crêpe noir *crêpé* représente parfaitement plusieurs
styles de fleurs exotiques. On commence par faire le
moule en coton, on le recouvre de pâte rose ou verdâtre, selon la nuance; on laisse sécher, puis on

place le crêpe qu'on lie à la base du style ou de l'o-
vaire.

V. FLEURS DE VASES

Ce genre de fleurs, ainsi que celles d'église, ne
nécessite ordinairement que des étoffes plus grossières que celles en usage pour les fleurs de modes.
En effet, d'une part les fleurs dont il s'agit sont plus
grandes que celles-ci, tout en étant d'un prix moindre : d'autre part elles doivent être plus résistantes
et plus solides.

Ces fleurs sont ordinairement communes et de
couleurs vives et variées. On sait qu'elles sont de
deux sortes : 1° celles que l'on dispose en pyramide,
et que l'on met sous verre ; 2° celles qui représentent
seulement un arbuste ou une plante, et que l'on met
en caisse ou en pot, comme les fleurs naturelles,
tandis que les premières figurent un bouquet. Ce
bouquet se monte en pyramide. Pour cela, il faut
avoir trois ou quatre morceaux de fil de fer, le plus
gros possible ; donner à ces morceaux une longueur
relative à la hauteur du vase et du verre ; les cotonner fortement, puis les réunir ensemble avec un laiton : ce sera le soutien après lequel vous monterez
successivement toutes les fleurs.

Quant aux secondes, on remplit de sablon fin le
vase dans lequel on veut les planter. On couvre ce
sablon d'un carton percé d'un trou, à travers lequel
on enfonce la tige pour l'assujettir, et l'on imite la
terre en semant sur la surface du sablon, du marc
de café très desséché.

VI. FLEURS D'ÉGLISE

On commence à substituer aux anciennes fleurs d'église des fleurs naturelles d'un bien meilleur goût; mais cette substitution est loin d'être d'un usage général. Parlons donc de ce mauvais genre d'ornements.

Des roses, des renoncules, des reines-marguerites, sont les fleurs ordinairement choisies ; les pétales de quelques-unes sont faits en calicot teint ou peint de très vives couleurs, quelquefois en satin mais plus souvent en *paillon*. Ces fleurs se montent en *espalier*, c'est-à-dire qu'une des faces du bouquet présente toutes les fleurs : l'autre face est absolument plate (1).

VII. FLEURS EN PAILLON

Ce genre de fleurs est surtout à l'usage des confiseurs, des cartonniers, etc. Il ne nécessite qu'un petit matériel (un plomb de 30 kilogrammes suffit), et met en œuvre non seulement le paillon, mais les rubans, le tulle, la gaze d'or et d'argent, le papier doré et argenté, les effilochages, les petites bruyères, en un mot tout ce qui est petit, coquet et brillant, tel que les perles de différentes couleurs, soufflées ou non.

VIII. FLEURS EN PAILLE

Des brins de paille lisse (de même nature que celle employée pour les chapeaux), collés l'un près

(1) Un mot sur les fleurs appelées *botaniques*, parce que les personnes qui cultivent la botanique les commandent dans le but d'avoir des modèles : ces fleurs n'ont rien de particulier : elles exigent seulement les plus grands soins et la plus minutieuse exactitude.

de l'autre sur de la mousseline un peu grosse et bien
gommée, disposés et taillés de manière à imiter diverses feuilles, voilà pour le feuillage; du laiton ou
fil de fer, autour duquel on passe en spirale des
brins de paille souple, voici pour les tiges; des aigrettes en laine de différentes couleurs, grainées ou
non grainées, voici les étamines; des petites feuilles
rondes ou pointues en paille lisse, ou bien des boucles formées avec des brins de paille souple, ces boucles très multipliées et alternées à chaque rang,
voici la corolle. Ces fleurs, parmi les parties desquelles on mêlait souvent des parties en batiste,
mousseline, papier, et quelquefois en taffetas couleur
de paille, offrent peu d'agréments, mais il est bon
de pouvoir les faire qnand la mode leur donne du
prix. Il est avantageux de passer les tiges en papier
paille.

IX. FLEURS EN ZINC

Les fleurs en zinc sont peintes à l'huile. Pour obtenir des couleurs vives, on met d'abord une couche
de blanc de plomb, on fait sécher à l'étuve pendant
vingt-quatre heures, et quand les fleurs sont sèches,
on les reprend pour appliquer le coloris, suivant
l'espèce qu'on veut représenter; après quoi on fait
sécher à l'étuve.

Quelquefois on emploie, pour ce dernier travail,
des couleurs au vernis siccatif; mais la solidité des
teintes est moindre.

X. FLEURS EN PAPIER

Cette fabrication, très restreinte, ne porte guère,
au point de vue commercial, que sur les fleurs dites

bobêches. Il n'y a ni trempage, ni nuançage, car on se sert de papiers colorés que l'on achète tout prêts à servir.

Quant à la confection de ces fleurs à titre de distraction, elle a beaucoup plus d'importance, mais ne comporte guère d'explications ici, car d'une part il y faut des leçons pratiques, et d'autre part les amateurs trouvent dans le commerce (marchands d'apprêts, etc.) de petits nécessaires contenant tous les matériaux et outils à employer, avec des instructions presque suffisantes dans la plupart des cas, pour qui ne veut que s'amuser à faire de jolies choses, de peu de durée, il est vrai.

CHAPITRE XIV

Des Fleurs en or et en argent

Sommaire. — I. Moyens de dorer facilement. — II. Encre d'or ou d'argent.

Les fleurs de ce genre se font de cinq manières : 1° avec deux feuilles ordinaires striées en métal, et des fruits dorés ou argentés, comme l'olivier, la vigne en or ; 2° avec seulement les étamines et les pistils métalliques ; 3° avec les feuilles dorées ou argentées, et le reste d'après nature ; 4° elles offrent la réunion de divers objets et de parties dorées, et forment ainsi les fleurs de fantaisie en or ; comme un bouquet de chardons, dont la fleur se composait de pétales en or, entourant un cœur présentant une multitude de petites barbes de plume d'oie, très blanches : ces barbes raides, implantées par le bout arraché à la plume, et offrant par conséquent le bout pointu, faisaient au milieu de ce rayon d'or un très joli effet : et, par parenthèse, on voit que rien n'est inutile entre les mains d'une fleuriste habile ; 5° ces fleurs sont tout en or ou argent, sans aucun mélange étranger.

Plantes à feuilles striées d'or et à fruits dorés

Occupons-nous d'abord des feuilles préparées de cette première façon. Après avoir découpé avec l'emporte-pièce des feuilles d'olivier en papier coquille vélin vert, ou en papier ciré, on met à part les plus grandes, qui doivent êtrs attachées au bas de la plante : ces grandes feuilles seront d'un vert foncé ; celles que l'on devra placer au sommet de la tige seront d'un tiers moins grandes et d'un vert jaune.

Comme les feuilles d'olivier sont brillantes, la fleuriste emploiera à leur composition du papier vernissé, ou mieux encore elle les enduira de vernis ordinaire. Leur emploi me semble préférable en ce que les plus petites feuilles devant être, par gradations, un peu moins vernissées que les grandes, n'offriraient pas ces gradations nécessaires si l'on employait du papier. Les feuilles é.ant bien séchées, on les gaufre, puis on les met, selon leur grandeur, dans deux petits cartons où on les laisse jusqu'à ce qu'on s'occupe à monter la fleur, après toutefois avoir donné à quelques millimètres de l'extrémité supérieure un très léger coup de pointe de canif.

Quand le moment en est venu, on prend du fil d'or plat, on l'applique sur la feuille que l'on tient entre le pouce et l'index gauches; on le conduit jusqu'au trou de la feuille, puis on le replie sur lui-même en le pinçant légèrement à l'endroit où il se trouve replié : cela forme deux bouts qui doivent dépasser un peu la feuille; on coupe ensuite le fil d'or, qui sert de mesure pour les autres feuilles. A mesure que l'on divise le fil d'or, on le replie en deux, comme il a été dit, et on étale sur une feuille de papier blanc ces divisions les unes après les autres.

Lorsqu'ensuite on s'occupe de la pose des feuilles sur la tige, on prend une feuille de la main gauche, une division de fil d'or de la main droite, et l'on entre un des bouts de ce fil dans le trou situé un peu au-dessous de l'extrémité ou tête de la feuille; on le tire jusqu'à ce que la partie repliée et légèrement pincée se trouve au niveau du trou, et l'on rassemble les deux bouts entre le pouce et l'index de la main gauche, avec l'extrémité de la feuille fixée entre ces mêmes doigts.

Comme le trou de canif se trouve au niveau de la nervure du milieu, le fil s'étend sur cette nervure, tout le long de la feuille en dessus et en dessous, alors on tortille avec l'extrémité de la feuille les deux extrémités un peu excédantes du fil d'or, puis, sans lui faire quitter la main gauche, on la glisse sur la baguette ou tige, et on l'assujettit avec la bandelette ordinaire, en prenant bien garde d'embrasser les deux extrémités du fil d'or, qui doit être entièrement caché sous la spirale, car autrement il manquerait de solidité.

On dispose de la même manière trois stries dorées

16.

sur les feuilles de vigne ou autres feuillages un peu larges et découpé : le fil d'or placé au milieu doit toujours être d'au moins un quart plus long que les deux stries de côté. Il va sans dire que celles ci sont d'égale longueur. Pour de belles fleurs on peut remplacer le papier par du gros de Naples vert convenablement et fortement gommé.

On fait en or les fruits de la vigne, de l'olivier, et généralement tous les autres, comme baies de solanum, groseilles, cassis, etc., de trois manières :

1° On prend chez les marchands de cristaux de petits globules de verre creux, ayant la forme convenable, on les dore, puis on entre dans le trou qui se trouve à la base une tige de fil de fer passée en papier doré : une pointe de colle jaune assujettit suffisamment ce pétiole :

2° On forme un moule de coton comme à l'ordinaire, et on le dore après l'avoir enduit de pâte jaune ou blanche ;

3° On recouvre ce moule de papier, de batiste, de taffetas, etc., ou de toute autre étoffe que l'on dore aussi.

Voici les meilleurs procédés pour appliquer la dorure sur ces différents objets :

I. MOYENS DE DORER FACILEMENT

Commencez par préparer le *mordant* qui doit servir à fixer l'or ou l'argent sur la matière que vous devez employer, étoffe, papier, verre ; il y en a plusieurs. Vous pouvez, 1° faire bouillir du miel et de la gomme arabique dans la bière ; 2° ou bien faire dissoudre de la gomme arabique et du sucre ; 3° em-

ployer le suc d'ail seul, ou bien encore ajouter un
peu de gomme arabique au suc d'oignon ou de jacinthe. Comme ces liqueurs sont semblables à de
l'eau pure, on a coutume d'y mêler une légère teinte
de carmin, afin de reconnaître la place sur laquelle
on a posé le mordant. Vous ne prendrez ce soin
que lorsque vous aurez d'assez grands objets à
dorer.

Après avoir imbibé l'objet à dorer avec un de ces
mordants, vous prenez dans une feuille d'or ou d'argent battu la partie destinée à rester sur l'objet :
vous avez soin de la prendre un peu plus grande
qu'il est nécessaire ; vous la fixez en appuyant dessus
un tampon de coton en bourre, et lorsque vous pen-
sez que le mordant est sec, vous frottez le tout avec
le même coton. Vous pouvez de cette manière former
très exactement divers dessins ; pourvu que vous
n'employiez pas trop de gomme, la partie dorée ne
se fendillera pas. Voici encore une recette très simple
et très commode :

II. ENCRE D'OR OU D'ARGENT

Prenez des feuilles d'or ou d'argent battu, en li-
vrets ; ajoutez-y assez de miel blanc pour en faire,
sur un porphyre, une pâte ni trop claire ni trop
épaisse ; broyez cette pâte avec la molette, ainsi que
l'on broie les couleurs, jusqu'à ce que l'or soit réduit dans la plus grande division possible ; rassem-
blez alors cette pâte avec un couteau, puis mettez la
dans un verre, où vous la délaierez dans de l'eau.
L'or, par son propre poids, gagne le fond du verre,
et le miel se dissout dans l'eau. Vous décantez, et

lavez à plusieurs reprises, jusqu'à ce que le miel ait
été entièrement enlevé, vous faites ensuite sécher la
poudre qui reste au fond, et qui est très brillante.
Lorsque vous voudrez vous en servir pour peindre
quelques globules ou autres objets, vous délayez cette
poudre dans une solution de gomme, et l'encre est
prête. Vous polissez ensuite avec la dent de loup,
quand l'encre est sèche.

L'encre d'argent ne diffère en rien de l'encre d'or.

Fleurs à étamines et à pistils dorés

Ces fleurs n'exigent aucuns détails, car au lieu de
faire les organes de la fécondation par les procédés
ordinaires, on les prépare avec un fil d'or, ou *lamé
plat*, ou *lamé tourné*, suivant la forme des étamines,
que l'on graine avec de la poudre d'or, ou même, et
mieux encore, avec les paillettes d'or ou d'argent.
Quelquefois on met un tout petit morceau de lamé
plat.

Fleurs d'après nature avec feuillage doré ou argenté

Ce feuillage se découpe, se gaufre et se monte
comme le feuillage en papier ordinaire, mais il importe de n'agir sur lui qu'à l'envers.

Fleurs tout en or ou argent

Je choisis pour exemples l'avoine et le noisetier,
moins parce que ces objets sont à la mode, que pour
avoir l'occasion de faire connaître les procédés particuliers, dont je n'ai point parlé jusqu'ici.

Avoine en or ou en argent. — On commence par
découper à l'emporte-pièce des pétales allongés en

feuille d'or ; on les gaufre ensuite avec le mandrin
à crochet, et pour cela on en choisit un qui porte
quatre stries ou raies. On coupe ensuite les tiges
longues de 6 centimètres, en cannetille d'or. Pour
avoir ces tiges exactement semblables et ménager le
temps, on étend la main gauche, on la tient levée
perpendiculairement, et l'on passe la cannetille alternativement du pouce au petit doigt : cette manœuvre produit une sorte d'écheveau, que l'on retient par le milieu en le prenant entre le pouce et
l'index de la main droite, puis on en coupe les deux
extrémités : on coupe également le milieu, et ces
trois coups de ciseaux donnent une quantité égale
de tiges. Cette cannetille, comme l'on sait, se vend
à la bobine chez les passementiers et merciers bien
assortis.

Pour faire les glumes ou barbes de l'avoine, on
achète à la bobine et chez les mêmes marchands, du
lamé tourné, qui se vend en rouleau ; on le divise en
morceaux de 5 centimètres environ (ce qui se taille,
au reste, par approximation). Outre les deux pétales
allongés qui forment le calice par chaque brin d'a-
voine, il y en a encore, par chaque brin, deux autres
plus courts, destinés à faire le centre ; ces derniers
pétales reçoivent, au moyen du crochet, une courbure assez profonde. Ils se courbent sur la plaque
de liège, ainsi que les précédents, parce que, quoique plus courts, ils sont toujours d'une nature allongée.

Toutes ces parties préparées, on place à l'une des
extrémités de la tige une petite boule sphérique de
coton ; toutes les tiges ainsi revêtues sont mises à
part. On prend ensuite (toujours avec la pince), un

des plus courts pétales, on met un peu de colle de
farine dans le creux de ce pétale, et on applique sur
cette colle un des morceaux préparés pour faire les
barbes ; on les met de manière à ce qu'ils soient au
niveau du pétale vers l'extrémité recourbée, et qu'ils
le dépassent vers l'extrémité plus pointue ; à mesure
qu'on colle ces glumes, on étale ces pétales à l'envers, c'est-à-dire sur la courbure. Lorsqu'ils sont
tous préparés, on prend une tige et l'on applique à
droite et à gauche de la boule sphérique de coton un
des pétales, de telle sorte qu'ils se rapprochent et
cachent le coton. On termine en les pinçant fortement vers l'extrémité d'où partent les glumes qui
semblent sortir du petit cône intérieur de l'avoine.

Toutes les tiges, pétales courts, glumes, ainsi réunis à droite et à gauche du petit cône, on colle les
pétales allongés et striés qui l'accompagnent; ils
montent en s'ouvrant un peu, jusqu'au tiers de la
barbe, et représentent parfaitement l'avoine. On termine en montant les brins avec de longues feuilles,
sur une tige délicate. L'avoine en argent se fait absolument de même : naturelle, elle veut des feuilles
et pétales en batiste, et les glumes se font avec un
long crin très fin que l'on teint en jaune ou en vert,
selon le degré de maturité que l'on suppose à l'avoine.
Cette espèce de fleurs exigeant beaucoup de soins, se
vend cher : on la porte seule, ou mélangée avec de
grosses fleurs.

Noisetier en or ou argent. — Après avoir découpé
et gaufré convenablement, à l'aide des instruments,
les feuilles du noisetier, on prépare à l'aide de l'emporte-pièce les chatons que l'on fait en étoiles à cinq
dents; on en prépare vingt-huit pour chaque bran-

che de noisetier; la moitié en est un peu plus petite; c'est celle que l'on place à l'extrémité de la branche. Ces étoiles préparées, on les met dans un carton, puis on songe à les bouler. On étale sur la surface de la pelote autant d'étoiles qu'il en peut tenir, puis on prend une des plus petites boules, et on l'applique fortement sur chaque dentelure de l'étoile : il va sans dire que l'on étale l'étoile du côté doré, et par conséquent que l'on pose la boule du côté opposé. A mesure que l'on applique la boule, les petites dentelures se relèvent, et forment couronne autour du trou. On presse plus fortement les plus petites, de telle sorte que les dentelures se rapprochent, et présentent un bouton.

Quand vous avez ainsi gaufré toutes les étoiles, vous préparez de petites tiges de cannetille de la longueur du doigt, et vous en garnissez l'extrémité avec un peu de coton cardé formant une très petite boule serrée. Vous divisez ensuite en tiges de la longueur de l'index, du fil blanc fin, gommé sur le châssis; vous en coupez autant qu'il y a de tiges de cannetille. Vous coupez ensuite celles-ci à moitié, et par conséquent un peu au-dessous de la boule de coton; vous prenez une tige de fil et la liez avec de la soie verte, après ce qui reste de la tige de cannetille : cette pratique a lieu pour empêcher que la cannetille ne produise une tige trop raide, et pour éviter que le fil ne manque de solidité pour soutenir la tête ou boule de coton : c'est ce qu'on nomme *tige penchée*. A l'autre extrémité de la tige de fil on ajoute l'autre moitié de la tige de cannetille, et on les fixe ensemble au moyen de soie verte, ou plutôt jaune dont on fait bien plus souvent usage pour les fleurs

en or (il va de soi que pour les fleurs en argent on
emploie de la soie blanche).

On revêt ensuite, au-dessous de la boule de coton,
la tige de cannetille en fil d'or, et on s'y prend de la
manière suivante : on a une très petite bande de
papier doré, on applique le bout de cette bande au-
dessous de la boule de coton, et on la tourne autour
de la tige en spirale allongée et serrée. Pour qu'elle
tienne solidement, on met à l'endroit où commence
et finit la spirale, un peu de colle ordinaire en farine,
mais fortement teinte de safran : on ne couvre point
la tige entièrement de papier doré, parce qu'on doit
pendant quelque temps la tenir à la main, pour y
coller les étoiles gaufrées, et que, par conséquent,
on fanerait cette tige dorée en la touchant. On se
contente d'abord d'en recouvrir le tiers, et pour arrêter on déchire simplement le papier un peu de biais,
et l'on comprime la partie déchirée.

Il s'agit maintenant de procéder au collage des
étoiles : on prend, avec les brucelles, de la main
droite, la plus petite et la plus fermée, presque semblable à une boule; on introduit par le trou du milieu, la tige terminée par du laiton, et on la fait
couler jusqu'à la boule de coton, qu'elle recouvre et
cache entièrement. Pour la maintenir solidement, on
a préalablement mis une pointe de colle jaune à la
base et sur la totalité de la boule de coton. Pour que
cette colle ne produise point de sinuosités, et ne soit
pas trop épaisse, après l'avoir placée avec la pince,
on applique le pouce dessus.

On enfile ensuite, d'après leurs dimensions, les
autres étoiles : on en peut enfiler deux ou trois à la
suite l'une de l'autre, et on les laisse retomber sur la

partie où cesse le fil d'or : on se contente de les soutenir, en tenant la tige entre le pouce et l'index gauches. En même temps, on place de la main droite, et
circulairement autour de la tige, une pointe de colle
jaune, que l'on aplatit avec le pouce, puis on remonte
(toujours avec la pince) l'étoile qui se trouve la plus
proche jusqu'à celle que l'on a collée précédemment :
on colle celle-ci en la serrant plusieurs fois avec la
pince, et tout en la collant, on dispose avec grâce les
dentelures qui pourraient s'être dérangées en coulant.

On répète cette manœuvre jusqu'à ce que la partie
de la tige recouverte de papier d'or soit toute garnie
de chatons. Les premiers sont placés serrés, et à mesure que l'on s'éloigne de l'extrémité de l'épi, on les
espace davantage. Lorsqu'on a garni entièrement la
tige d'or, on ajoute de nouveau du papier pour revêtir la tige, jusques un peu au-dessous de la partie
qui doit recevoir le reste des chatons. On terminera,
il est vrai, par la recouvrir entièrement, mais seulement en mettant la fleur, crainte je le répète, de fa-
ner les tiges en les maniant. Les vingt-huit chatons
ayant tous été placés, on fait un petit crochet à la
tige de laiton, et on suspend après le porte-tringles.

Comme on est presque continuellement obligé de
poser le pouce et l'index droits sur la colle pour
l'aplatir, il est nécessaire d'avoir auprès de soi un
verre d'eau pure, dans lequel on trempe de temps en
temps les doigts.

————

Fleuriste.   17

CHAPITRE XV

Magasin — Etalage — Fabrication

———

SOMMAIRE. — I. Du magasin. — II. Manière d'étaler, de remonter, d'emballer les fleurs. — III. Fabrication d'après les modes et les saisons.

I. DU MAGASIN

Nous voici parvenus à la partie la plus facile du métier, à la vente des produits de l'art du fleuriste. Les personnes qui travaillent de commande seulement passeront la plus grande partie de ce chapitre : mais celles (et c'est la majorité) qui tiennent à la fois fabrique et magasin de fleurs le liront avec utilité.

II. MANIÈRE D'ÉTALER, DE REMONTER, D'EMBALLER LES FLEURS

A la porte des magasins de fleurs étaient généralement autrefois des guirlandes de fleurs grossières, ou plutôt de papier de couleur découpé : cet usage n'est plus admis dans les magasins élégants de la capitale, et en effet, les fleurs, qui se voient très bien à travers le vitrage, rendent ce moyen superflu. Chaque marchand dispose, dans la montre, ses fleurs comme il l'entend, soit dans des vases de porcelaine, soit dans de jolies corbeilles d'osier garnies de mousse ; mais il y a pour l'étalage un instrument particulier que l'on nomme *porte-fleurs,* ou mieux *porte-bouquets.*

Un pied, formé d'une corniche de bois de 35 à
50 centimètres de largeur et de 10 à 15 centimètres
de hauteur, soutient une planche perpendiculaire,
haute de 25 centimètres environ, et présentant assez
bien la figure d'un large panneau de boîte ou de
caisse.

Cette planche, peinte ordinairement en vert émeraude et recouverte d'un vernis, est percée (fig. 50)

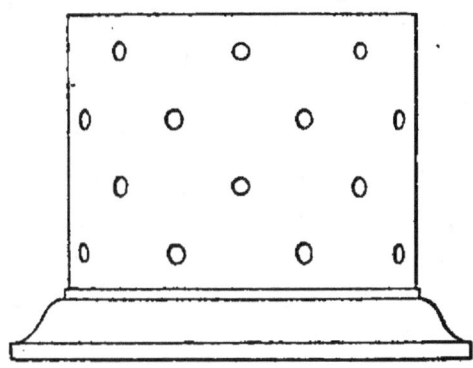

Fig. 50. — Porte-bouquets.

de place en place, de larges trous ronds, dans lesquels on enfonce la tige des fleurs. On garnit ainsi
le *porte-bouquets* de fleurs variées, mélangées de
manière à attirer les regards des passants.

Il est nécessaire de n'y pas laisser trop longtemps
les fleurs, de peur que la poussière les gâte : il va
sans dire que le magasin est pourvu intérieurement
de montres ou d'armoires vitrées, dans lesquelles on
suspend convenablement les fleurs.

Quand les fleurs qui, du reste, plaisent à l'acheteur, sont disposées dans une forme qui ne lui convient pas, il faut les monter selon son goût. Par
exemple, si l'on souhaitait une guirlande de roses,

tandis qu'il ne s'en trouve que des demi-guirlandes ou des bouquets dans la boutique, on doit, d'un ou de plusieurs de ces bouquets, composer la guirlande désirée.

Il serait moins facile de mettre une guirlande en bouquets, à raison du peu de longueur des tiges, et s'il s'agissait de fleurs dont le débit fût assuré, il ne faudrait pas s'en donner la peine ; mais, dans le cas contraire, on pourrait le tenter. Il est bon de changer aussi, d'après le goût de l'acheteur, le mélange de deux espèces de fleurs. Ainsi, supposons qu'il y eût dans le magasin des bouquets de grenade et de jasmin, de roses et de filipendule, etc., et que l'acheteur désirât des bouquets de grenade et de fleurs d'oranger, de roses et de scabieuse, on peut aisément le satisfaire. Dans tous ces cas, voici comment vous agirez :

Vous soulèverez, avec la pointe d'une épingle, le bout de la soie verte qui maintient la tige et ses diverses parties, ou bien même vous en couperez un brin avec des ciseaux fins ; vous déroulerez cette soie d'autour de la tige, et bientôt les parties du bouquet cesseront d'être réunies. Si vous devez en former une guirlande, vous les coucherez les unes après les autres, selon la disposition convenue, et à mesure que vous les aurez disposées avec goût, vous les assujettirez au moyen de la soie plate dont la bobine est recouverte. S'il faut remplacer une espèce de fleur par une autre espèce (supposons le laurier-rose par des scabieuses), vous agissez absolument de la même façon, c'est-à-dire qu'après avoir déroulé la soie en spirale qui fixe les brins de laurier-rose, vous y substituez les scabieuses, et les fixez, à leur tour, avec de la soie roulée également en spirale.

Indépendamment de ces changements, que nécessite souvent le goût particulier des acheteurs, il est plusieurs circonstances qui peuvent en amener d'autres dans votre intérêt. Ainsi, un bouquet composé de pivoines rouges et jaune clair ne s'est point vendu ; la couleur rouge, très solide, comme on sait, est toujours belle et fraîche après un certain laps de temps, mais il n'en est pas de même du jaune. Démontez alors le bouquet, ôtez les pivoines de cette nuance, et remplacez-les par des pivoines semblables nouvellement faites, ou par toute autre fleur qui s'unira convenablement avec les pivoines rouges ; de cette manière, votre bouquet paraîtra complètement frais. Au reste, ce conseil peut s'adresser à la fois aux fabricantes, aux marchandes, aux porteuses de fleurs. Comme la couleur rouge est parfaitement solide, après avoir longtemps porté une guirlande de grenades, pavots, renoncules, œillets, roses rouges, etc., on peut la rafraîchir en y ajoutant diverses fleurs. Ces changements sont d'autant moins à dédaigner, que les fleurs rouges sont d'un prix deux ou trois fois plus élevé que les autres.

Manière d'emballer les fleurs

Quand vous envoyez des fleurs d'une maison à l'autre, il suffit de les placer délicatement dans un carton, de manière à ce que rien n'appuie dessus. Il faut aussi prendre garde qu'elles ne soient point pressées et ne se froissent pas mutuellement ; mais lorsqu'il s'agit d'expédier des fleurs en province, il importe de prendre plus de précaution.

Ayez d'abord un carton plat, d'une profondeur assortie à la hauteur des fleurs que vous devez y
mettre. Placez ensuite deux ou trois bouquets (c'est
selon leur grosseur) l'un près de l'autre, dans le sens
de leur longueur. Placez-en d'autres au-dessus dans
le même sens, de telle sorte que la tige des bouquets
de ce deuxième rang se trouve dans l'intervalle produit par les tiges des bouquets précédents. De cette
façon, la tête des fleurs du premier rang se trouvera
dans l'intervalle des deux branches des bouquets du
second : alors ils seront libres, leurs contours se con-
serveront bien, et la place sera convenablement mé-
nagée. Agissez de même jusqu'à ce que le carton soit
tout rempli. S'il vous reste, soit en largeur ou en
longueur, de l'espace non assez étendu pour contenir
des bouquets, mettez-y des guirlandes, tout en prenant garde à ce qu'elles ne soient point froissées.

Le fond du carton ainsi garni, appuyez-le à moitié
sur une table, puis ayez une de ces longues et fortes
aiguilles dont se servent les modistes pour coûdre les
chapeaux ; enfilez cette aiguille de très gros fil écru,
puis cousez la grosse tige des fleurs au carton. Pour
y parvenir sans toucher ni déranger les bouquets,
vous enfoncez l'aiguille par-dessous, et la faites ressortir en dessus, près d'une tige ; puis vous la repi-
quez en dessus, de l'autre côté de la tige, et la res-
sortez en dessous, ce qui produit un point qui
embrasse la tige et la fixe au carton. Sans couper le
fil, vous allez coudre de la même manière chaque
fleur. Vous vous abstenez de faire un point aux pétioles, celui du pied suffit. Quant aux guirlandes,
vous y jetez trois points, un au milieu, et les deux
autres à chaque bout : le fil est arrêté ensuite.

Des fleurs ainsi cousues sont tellement solides, que l'on agite et renverse le carton sans qu'elles se dérangent nullement. On termine en couvrant avec un grand papier de soie, et en maintenant le couvercle du carton avec une ficelle. Pour déballer, il suffit de couper le fil au-dessous du carton, et d'enlever ensuite délicatement les fleurs. Lorsqu'on a un carton très creux, on coud également des fleurs, et surtout des guirlandes, au couvercle du carton. Ces fleurs, ainsi renversées, sont parfaitement solides ; seulement il faut prendre garde que leurs têtes ne froissent pas les têtes des fleurs cousues dans le fond du carton ; on s'en assure en soulevant le couvercle à demi. Pour emballer et déballer les fleurs, il va de soi que l'on fait poser à demi le carton sur une table, et que lorsqu'on a cousu ou décousu d'un côté, on le retourne de l'autre.

III. FABRICATION D'APRÈS LES MODES ET LES SAISONS

La mode, qui a tant de pouvoir sur tous les vêtements de femme, doit en avoir bien plus encore sur un objet de pur ornement, sur les fleurs : aussi sont-elles on ne peut plus soumises à son caprice. Tantôt la mode n'admet que de grosses fleurs, comme les pivoines, les camélias, les iris, etc. ; tantôt elle ne veut que des petites, comme des bruyères, du muguet, du jasmin, de l'adonide (vulgairement appelé *gouttes de sang*) : selon ces diverses adoptions, les fleurs augmentent ou baissent de valeur, sans que leur mérite y fasse grand'chose.

La mode décide encore des couleurs, ordonne cer-

tains·mélanges, prescrit les fleurs de fantaisie, et dé-
termine la forme à donner aux guirlandes et bouquets.
On voit combien il importe que la fleuriste soit au
courant de toutes ces variations, afin de tirer le meilleur parti de sa marchandise, et ne point faire de
garde-boutique (1), ce qui, désagréable pour tout
commerce, est presque sans ressource pour celui des
fleurs. Elle doit donc ou s'abonner à un journal de
modes, ou examiner avec grand soin les gravures
qui les représentent, et les principaux magasins de
modistes, ou tâcher de savoir quelles étaient les fleurs
dominantes dans les brillantes réunions.

Tous ces conseils, comme on le pense, s'adressent
aux fleuristes parisiennes, à l'exception du premier,
qui convient également et principalement aux fleuristes de province. Mais lors même qu'elles feraient
l'abonnement d'une des feuilles consacrées aux
modes, ces dernières devront, de temps en temps,
surtout au commencement de l'hiver et du printemps,
faire venir quelques fleurs de la capitale, pour leur
servir de modèle et d'échantillon.

Les saisons ne sont pas moins à considérer que les
modes, les élégantes ayant l'habitude de porter des
fleurs analogues. Ainsi, au premier printemps, que
votre magasin offre des perce-neige, des oreilles
d'ours et primevères, des jacinthes, tulipes, lilas blanc
et de couleur, des violettes, des narcisses, des jonquilles (ces deux dernières fleurs se réunissent très
agréablement). Un peu plus tard, mélangez de petites
roses *pompons* avec de l'aubépine; préparez des touf-

—————

(1) Expression par laquelle les marchands désignent les objets
restés au magasin.

fes d'œillets de mai, etc., et de même pour toutes les autres fleurs de l'année. Observez cependant si la mode ne proscrit point les unes ou les autres, à raison de leur dimension ou de leur couleur.

A la saison d'hiver, quand toutes les fleurs sont passées, on fait celles qu'adopte la mode, et généralement les fleurs d'été ou d'automne, car celles du premier printemps ne reparaissent presque jamais qu'avec cette saison. Les roses de toutes façons, les reines-marguerites, les camélia, le laurier-thym, les clématites, les bruyères, et diverses autres fleurs exotiques se fabriquent dans tous les temps. Ces dernières ont surtout le privilège de braver les saisons.

Beaucoup de fleuristes, fabricantes seulement, se contentent de travailler pendant les deux saisons, c'est-à-dire pour l'hiver, depuis le commencement de septembre jusqu'à la fin du carnaval, et depuis cette époque jusqu'à la fin de mai; le reste de l'année est pour elles un temps d'inaction, parce qu'alors les marchands ne font point de commande : il en résulte que pendant trois mois elles demeurent sans rien faire, et qu'ensuite il leur faut travailler de la manière la plus fatigante, n'ayant pas un moment pendant le jour et passant fréquemment les nuits.

On sent combien cet état de choses est à la fois contraire au gain et à la santé : ne vaudrait-il pas mieux, pendant les trois mois de vacances des fleuristes, qu'elles préparassent des fleurs d'hiver? Elles le peuvent d'autant mieux, nous venons de dire, que, dans cette saison, on porte généralement toutes les fleurs, excepté celles du premier printemps : avec la ressource de démonter, remonter, mélanger diversement les bouquets, on peut parer aux capri-

17.

ces de la mode que, du reste, d'une saison à l'autre, on pressent toujours un peu ; puis n'a-t-on pas la ressource des fleurs d'or et d'argent, des fruits artificiels, des fleurs de vase, des guirlandes et bouquets pour garniture de robes? Enfin, comme dans une fabrique bien montée on a en provision la batiste, le taffetas préparé, les soies, couleurs, et généralement tout ce qui est nécessaire à la fabrication des fleurs, on n'a aucune avance à faire, et, en utilisant son temps, on se prépare les moyens de tirer l'intérêt de l'argent employé à tous ces objets.

Quand l'instant des commandes arrive (commandes toujours pressées), il peut se rencontrer, faites à l'avance, les fleurs dont on a besoin, ou du moins une partie de ces fleurs ; ainsi l'on n'est pas obligé de travailler d'une manière nuisible à la santé. Cet avantage précieux, inappréciable même, est suivi d'autres avantages : étant moins pressé, on travaille avec plus d'agrément et de goût : en outre, on peut avoir affaire à plusieurs marchands, et empêcher qu'un seul ne vous fasse la loi, comme il arrive trop souvent. J'insiste sur ce point, parce que je connais des fabricantes qui, par routine et timidité, se soumettent à tous les inconvénients que je signale. Ce que je viens de dire aux simples fabricants est d'une obligation bien plus étroite pour les fleuristes-marchands ; ceux-ci, lorsqu'ils entendent bien leurs intérêts, ont des fleurs en bottes, et montent ensuite les bouquets quand et comme il convient.

QUATRIÈME PARTIE

ACCESSOIRES

CHAPITRE XVI

Fleurs en Chenille, en Plumes et en Cheveux

SOMMAIRE. — I. Fleurs en chenille. — II. Fleurs en plumes. — III. Fabrication des fleurs en cheveux et en soie.

Cette quatrième partie est, à proprement parler, un appendice destiné à compléter la description de l'art de faire les fleurs ; aucun moyen d'imitation ne doit échapper à nos soins, et je me regarde comme obligée de donner aux fleuristes toutes les indications nécessaires pour fabriquer les fleurs artificielles de quelque manière que ce puisse être.

I. FLEURS EN CHENILLE

Il y a deux et même trois manières de faire les fleurs en chenille. La première, et la plus commune, consiste à représenter seulement les contours des fleurs : ainsi, pour représenter des fleurs de pommier, on se contente de former de petites boucles de chenille légèrement rouge. La seconde façon veut des pétales distincts composés de plusieurs rangs serrés de chenille. La troisième enfin (la plus jolie et la plus rare), est le mélange de cette seconde fa-

çon et de l'art ordinaire du fleuriste. C'est aussi sur
cette sorte de fleurs en chenille que j'appellerai l'attention, car il est certain qu'on obtiendrait en ce
genre des résultats charmants, si l'on voulait en
prendre la peine.

Muguet en chenille

D'après le premier système, on imite le *muguet* en
pinçant légèrement trois fois de la fine chenille blanche montée sur cannetille, en la comprimant à chacune des dentelures de cette fleur, et l'arrondissant
en la renflant vers le calice.

On rend les boutons en faisant un nœud au bout
de la chenille, et en fixant ce nœud sur la tige du
muguet, par un petit pédoncule ou petit bout de chenille qui supporte le nœud. Les jacinthes se font de
la même façon ; mais les dentelures en sont plus profondes, courbées à droite et à gauche, et la forme
du calice est plus allongée. A mesure que l'on a
préparé les petites fleurs et les boutons qui doivent
composer l'épi du muguet, on les met à part et on
les fixe ensuite sur une tige de chenille verte, avec
de la soie plate de même couleur : on fait bien attention à cacher les tours de cette soie dans la peluche de la chenille.

Aubépine rose

On fait aussi de l'*aubépine rose*. On commence par
prendre de la chenille un peu forte, vert émeraude ;
on en penche légèrement un bout de 20 centimètres
environ pour faire la tige. A cette mesure, on retourne la chenille sur elle-même, en la pinçant bien
pour qu'elle présente une dentelure pointue, puis on

la fait descendre en formant trois ou quatre petites
dentelures, et on la fixe en la tortillant au point où
s'arrête la dernière dentelure dont on arrondit un
peu la base. Cette manœuvre donne une demi-
feuille, que l'on place quelquefois au-dessous des
fleurs de l'aubépine ; cette demi-feuille se prépare
toujours de même. Après l'avoir terminée, en serrant et tortillant bien après la tige la chenille qui a
servi à la faire, on prolonge un peu la tige pour y
placer une des fleurs d'aubépine.

Cela achevé, on épluche le bout d'une chenille
rose, et on l'accroche au bout de la chenille verte de
la tige, en la tortillant légèrement : celle-ci excèdera
un peu pour plus de solidité, et la fleur cachant cela
ensuite, on ne s'en inquiètera point. La chenille rose
ainsi attachée, on en forme cinq petites boucles disposées circulairement autour de la tige ; et, pour y
parvenir, il suffit de tortiller la chenille rose après la
chenille verte, et de la retourner sur elle même à
chaque boucle. On entrelace ensuite trois autres petites boucles dans ces cinq premières. La chenille
rose se coupe à la fin, et se tortille légèrement après
une des boucles, ou pétales inférieurs, dans le centre
de la fleur. Ces boucles ou pétales doivent avoir une
forme arrondie et inclinée vers le milieu de la fleur ;
la chenille qui les joint sera très fine et délicatement rapprochée.

Pour représenter les feuilles d'aubépine, on retourne sur elle-même de la chenille verte, à droite,
d'environ 20 centimètres. D'un peu plus de la moitié
de cette mesure, on fait trois ou quatre petites dentelures, appuyées sur la partie non retournée de la
chenille qui se trouve à gauche de ces dentelures ;

puis tortillant le reste de ces **20** centimètres, sur cette chenille, nous irons faire à gauche des dentelures parallèles aux premières, à l'exception de la dent supérieure qui demeure seule : c'est pourquoi on a pris un peu moins de chenille pour ce côté, et l'on accroche le bout de la chenille réservée au niveau de la seconde dentelure de droite, et après la chenille du milieu de la feuille dentelée. Cela terminé, on replie la chenille après avoir laissé suffisamment pour la tige de la feuille, et on la coupe à la distance de 3 centimètres environ.

On prépare de cette manière un certain nombre de feuilles et de fleurs, en observant que les feuilles destinées à être placées vers le haut de la branche d'aubépine doivent être en chenille vert clair, parce qu'elles sont censées plus éclairées que les feuilles placées en bas. Par le même motif, il faudra faire usage d'une chenille d'un rose un peu moins vif pour les fleurs supérieures. Ensuite, commençant par les feuilles et les fleurs de nuances plus tendres, vous en éplucherez un peu le bout et vous les attacherez après la chenille qui sert de tige, et qui doit être, comme je l'ai dit, plus grosse que celle des feuilles et des fleurs. Il suffit de tortiller légèrement l'extrémité épluchée pour faire tenir solidement les feuilles et les fleurs sur la tige ; on a bien soin de cacher ce tortillage dans la peluche de la chenille : il faut aussi disposer les fleurs en petite panicule ou paquet, et les feuilles opposées l'une à l'autre, comme dans l'aubépine.

Si l'on veut en former une branche de laquelle partent deux à trois tiges, on attache, en les tortillant, celles-ci après un assez fort laiton, que l'on recouvre ensuite d'une chenille couleur de bois tournée en spirale allongée ; cette chenille doit être montée sur coton.

Bouton d'or, Violette

Le *bouton d'or* se fait de la même manière, avec des petites boucles de chenille jaune d'or ; la *violette* avec de petites boucles inégales de chenille lilas, blanche ou violette ; il est bon d'entourer la base de ces petites boucles d'un tour de chenille verte très fine pour imiter le calice.

Chaque fleur se fait au bout d'une tige longue comme le petit doigt, toute droite et seulement recourbée à la naissance de la fleur ; on comprime bien, en la pinçant avec le bout du pouce et de l'index, la peluche de ces tiges, afin qu'elles soient fines et grêles comme les queues de violettes. On les dispose en petits paquets, attachés au bout des tiges. Chaque paquet doit comprendre huit à dix fleurs, et être entouré de larges feuilles, dont nous allons bientôt décrire la façon.

Fleur d'oranger, Myrte du Canada

La *fleur d'oranger*, le *myrte du Canada*, et toutes les petites fleurs se font toujours avec des boucles qui forment pétales ; seulement, on les resserre en dentelures, ou on les renfle en leur donnant de la rondeur suivant la disposition naturelle des pétales.

On fait aussi de cette manière, et en employant de la chenille très touffue, de grosses fleurs, telles que les reines-marguerites, les roses, les pavots, etc.; mais on a beau multiplier les boucles, il n'est rien de si commun, et par conséquent de si laid. Quant aux petites fleurs, il est presque impossible de les faire autrement.

Passons à la seconde manière de faire les fleurs artificielles en chenille ; elle est dite *à pétales* : la précédente se nomme ordinairement *à boucles*.

Pivoine ponceau

Supposons que vous ayez à faire une pivoine ponceau. Vous commencez par compter sur la fleur naturelle ou artificielle bien imitée, le nombre de grands et de petits pétales qu'il vous faut, et vous vous occupez d'abord des premiers. Vous avez de la chenille ponceau. un peu forte, montée sur laiton : vous en placez le bout entre le pouce et l'index gauches ; vous en faites une boucle en la remettant sous le pouce avec le bout qui doit être laissé un peu long : votre chenille est alors dessous le bout ; vous la retournerez par-dessous ; et, la tournant à droite tout autour de la boucle, du bord de laquelle vous la rapprocherez bien, vous la passerez sur le bout et la retournerez à gauche autour de la boucle, alors composée de deux rangs. Vous la passerez ensuite sur le bout, et la retournerez à droite sur la boucle. Vous continuerez jusqu'à ce que le pétale soit assez grand, et vous aurez soin de donner à chaque boucle, et par suite au pétale, la forme des pétales de la pivoine, dont quelques-uns sont arrondis d'un côté et comme échancrés de l'autre. Pour toutes les fleurs dont les pétales sont arrondis entièrement, comme la rose, vous les ferez en arrondissant la boucle, ce qui est très facile.

Quand vous voudrez terminer le pétale, vous tortillerez bien la chenille après le bout, et vous la cou-

perez ; vous mettrez ce pétale à part, dans un papier
bien blanc ; et vous ferez ensuite tous ceux de la
même grandeur. Vous disposerez, après cela, un pareil nombre de pétales plus petits d'une rangée,
puis d'autres pétales plus petits d'une autre rangée
encore.

Vous vous occuperez ensuite d'assembler ces divers
pétales. Vous commencerez par faire un petit cercle
de chenille jaune clair, et vous y passerez la même
chenille en croix. Vous la sortirez ensuite du centre,
et à la longueur de deux doigts, vous la retournerez
en la pinçant, puis vous la roulerez en spirale serrée
sur cette longueur de deux doigts : à mesure que
vous vous rapprocherez de la base, vous renflerez la
spirale. Vous agirez de même deux fois encore, en
faisant sortir d'un centre commun les trois sortes de
petits cônes que vous donnera cette opération. Elle a
pour but d'imiter le pistil à trois styles de la pivoine.
Ce pistil achevé, vous couperez la chenille jaune,
puis vous attacherez d'abord autour de lui, et en leur
donnant une légère rondeur à la base, les plus petits
pétales : on les accroche ordinairement après la chenille jaune passée en croix, mais je pense qu'il serait
préférable de les attacher avec de la soie ou du fil
jaune; vous placerez ensuite en dedans du cercle
jaune, le second rang de pétales, et vous courberez
les uns et les autres vers le centre de la fleur. Vous
terminerez par attacher en dehors du cercle les plus
grands pétales.

Préalablement vous aurez une tige de laiton, et
vous en accrocherez solidement l'extrémité au point
où se croiseront les brins de chenille jaune dans le
cercle; vous y attacherez également une chenille

verte, fine et légère, que vous laisserez pendante au-
dessous de la fleur pendant le temps que vous la
ferez, après néanmoins que vous lui aurez fait former
cinq boucles pointues par le bout, et renflées à la
base, qui entoureront le haut de la tige, et représenteront les divisions du calice ; ces boucles seront attachées par un tortillage, ou plutôt avec de la soie
plate verte, après la tige. Pour agir plus commodément, vous les tiendrez rabaissées tandis que vous
disposerez les trois rangs de pétales ; mais quand la
fleur sera terminée, vous les relèverez de manière à
ce qu'elles en entourent la base comme fait le calice.
La chenille verte que nous avons laissée pendante,
sera mise en spirale allongée pour revêtir la tige,
lorsque vous aurez placé le long de cette tige les
autres fleurs, les boutons, les feuilles dont vous juge-
rez convenable de composer le bouquet ; vous prépa-
rerez les feuilles d'après le système des pétales.

Quant aux boutons, vous les ferez en disposant un
petit nombre de pétales, que vous attacherez autour
d'un très petit cercle (à moitié moins grand que celui
de la fleur), et vous les rapprocherez par le haut, en
les courbant légèrement. Il n'en faut qu'une seule
rangée ; les boucles de chenille verte qui représentent le calice doivent être plus ou moins relevées et
serrées autour du bouton, selon que ce bouton est
censé être plus ou moins fleuri.

Fabrication des fleurs en chenille
Procédé de M. Jobert

La chenille est montée sur cannetille, ce qui fait
que, dès qu'on la tourne d'un côté, elle prend la posi-

tion qu'on lui donne et la garde tant qu'on ne la détourne pas.

Les feuilles se font d'un seul bout de chenille et se façonnent de la manière suivante. On prend, entre le pouce et l'index de la main gauche, un bout de chenille qu'on laisse plus ou moins long, suivant la grandeur de la feuille que l'on veut faire, et qui doit former la queue de la feuille; ce bout étant ainsi fixé entre les doigts, on prend avec la main droite l'autre extrémité qui est encore à la pièce; on ramène cette extrémité vers le bout le plus court, de manière à former un petit ovale; quand cet ovale est terminé et que les deux bouts sont l'un contre l'autre, on tourne cet ovale avec l'index et le pouce de la main droite, de manière que le grand bout se tourne autour du petit, ce qui affermit le premier ovale : alors on fait un second ovale qui entoure le premier; quand il est fait, on le tourne également; on en fait un troisième, un quatrième, etc., toujours en tournant après chaque ovale et ainsi de suite, jusqu'à ce que la feuille soit suffisamment grande : alors on coupe le grand bout de chenille et on monte les feuilles ainsi faites sur des branches et par les moyens employés dans la fabrication ordinaire.

Les fleurs se font pétale par pétale, chaque pétale se faisant absolument comme une feuille : quand elles sont ainsi faites pétale par pétale, on les réunit autour du cœur d'une fleur ordinaire.

Il n'est pas besoin de dire qu'on arrondit ou qu'on allonge les feuilles ou les pétales suivant les fleurs que l'on veut imiter. Ces dispositions sont des procédés de fabrication qui sont la conséquence de l'invention même, mais je ne les revendique nullement :

ce que je revendique seulement, c'est de fabriquer des fleurs artificielles naturelles (fleurs et feuilles) en chenille sur cannetille, ainsi que je viens de le décrire, fleurs qui ne sont ni cousues ni collées.

Il est bien entendu que ce procédé de fabrication, qui est général, varie selon la forme et la nature des feuilles ou des fleurs que l'on veut imiter. Le principe de l'invention, c'est de former des ovales ou des ronds, et de tourner autour de la queue après chaque ovale; voilà la base : toutes les variétés, et il y en a à l'infini, car chaque fleur en est une, se rapportent à ce point de départ.

Fabrication des fleurs artificielles
Procédé de M. Patin

Ce perfectionnement consiste à donner à toutes les feuilles, en général, et notamment aux feuilles en chenille, tant de l'ancien genre que de notre nouveau genre, un nouvel embellissement et plus de consistance et de solidité, par l'emploi :

1º Soit de côtes latérales divergentes qu'on ajoute à la côte longitudinale déjà connue, en formant ainsi une espèce de branchages ou nervures en quelque matière que ce soit, et imitant ainsi mieux la nature; ces branchages ou nervures sont également applicables aux feuilles en toute autre matière ou étoffe;

2º Soit en appliquant à la fabrication de la feuille un point de tricot, de dentelle, de feston, de picot, de filet, de chaînette ou de tout autre genre.

L'addition consiste encore à découper des feuilles en chenille :

1º Soit dans une pièce tricotée en chenille;

2° Soit dans un tissu quelconque, en chenille aussi, mais dont la chaîne ou la trame peut être en toute autre matière et empesée pendant le travail, afin de mieux fixer par là la chenille dans le tissu : à cet effet, on peut aussi coller à l'envers de la feuille une gaze ou une mousseline.

J'étends donc aussi à ces feuilles en tricot ou en tout tissu, cette forme naturelle ou gaufrage que je donne à mes feuilles en chenille à fils entrelacés et déjà brevetées.

II. FLEURS EN PLUMES

Il est rare que l'on fasse des fleurs entièrement en plumes, si peu que l'on veuille imiter la nature, car il vaut mieux mélanger. En ce genre on a vu des fleurs de fantaisie bien étranges, par exemple des roses en plumes de paon. Je ne conseille point à mes lectrices de préparer ces ornements grotesques, mais d'employer, en quelques parties, les plumes, chaque fois que le goût le leur permettra. Ainsi elles pourront, avec avantage, se servir comme je l'ai dit à l'article des fleurs en or, des barbes de plumes d'oie pour faire la circonférence d'une fleur radiée, dont le centre pourra être une aigrette de crins verts, très fins, disposés en boucles, ou mieux encore, cette aigrette pourra être faite de petits morceaux de marabouts. Les feuilles de ce bouquet seront des plumes vertes de perroquet, auxquelles on aura donné la forme convenable. Les fleurs et le feuillage seront portés par des tiges ordinaires, passées en papier : on monte comme toutes les autres fleurs.

Le fruit de la clématite des champs s'imite parfai-

tement en faisant deux petits moules en coton, vernissés, à peu près comme ceux du platane, puis en
les surmontant chacun de deux barbes de marabouts, blanches, ou des deux bouts de barbes de
toute autre plume d'autruche, un peu courtes, et
contournées à droite et à gauche : le reste de la
fleur se prépare comme d'habitude.

On fait des reines-marguerites, anémones, renoncules, etc., en plumes teintes et taillées; mais en se
donnant beaucoup de peine, on a de pauvres résultats. Voyez, pour les *fleurs-aigrettes* en plumes, le
traité du *Plumassier* (ENCYCLOPÉDIE-RORET). Les plumes qui se trouvent sous l'aile des jeunes pigeons
sont très avantageuses pour les fleurs qui nous occupent.

III. FABRICATION DES FLEURS EN CHEVEUX
ET EN SOIE PAR M. F. CROISAT

On commence par dégraisser les cheveux avec de
la potasse, afin de leur donner du brillant, et, s'ils
sont trop durs et qu'ils ne se prêtent pas avec facilité
à tous les contours qu'on veut leur faire prendre,
selon le genre des fleurs qu'on veut exécuter, on les
fait bouillir dans de l'eau et de la cendre; alors on
obtient le brillant et la souplesse nécessaires et on
les étire facilement.

Moyen de faire une rose

On étend deux soies et un fil de cuivre doré ou
argenté que l'on place au milieu ; devant les soies est
un moule uni. Le tout est retenu par un petit métier.
On entrelace une mèche de cheveux dans les soies et
le fil de cuivre et l'on tourne le moule; quand on a fait

quelques tours et que les cheveux sont bien arrêtés
dans les soies, on grossit le moule à l'aide d'une
feuille de carton et l'on continue de tresser jusqu'à
ce qu'il y en ait assez pour former la rose; de sorte
que le moule va toujours en grossissant. On démonte
ensuite le métier et le travail représente un tuyau
conique, qui est assujetti sur le fil de cuivre. Du
côté des petites boucles on visse une petite tête en
acier, ou autre métal; après cela, on tord le tuyau
de manière que toutes les boucles se contrarient et
forment une touffe de feuilles à l'aide d'un coup de
fer, convenablement donné; on couche les grandes
feuilles sur les petites, qui sont ordinairement en cheveux plus foncés. Pour imiter le cœur de la rose, le
calice, on le forme avec un culot en métal, qu'on visse
sur le fil de cuivre, ce qui rend l'ouvrage très solide :
on peut le faire aussi en cheveux.

Bouton de Rose

Le cœur du bouton est fait de même manière que
celui de la rose ; seulement, on fait moins de tours et
l'on ne fait pas grossir le moule; on visse sur le fil
de cuivre un calice en métal qui emboîte presque
tous les cheveux.

Confection des feuilles

Les feuilles se font à la main sur un bout élastique,
on noue la mèche de cheveux avec un fil de laiton
dont les extrémités garnissent le milieu de la feuille
et servent à assujettir les cheveux quand on fait des
feuilles pleines.

Confection de l'épi

L'épi se fait de la même manière que les feuilles de rose, seulement on ajoute dans les grains de l'épi, des fils d'or et un culot pour le bas. Pour former les grains de l'épi, on rompt le cheveu au moyen d'un fer chaud de la grosseur d'une lame de canif.

Marguerites doubles ou simples

On les fait de la même manière que la rose, mais sans grossir le moule, et, au lieu de tordre, comme pour les roses, on ne fait qu'un tour et les feuilles se trouvent régulièrement placées. Pour étendre la feuille longue on passe dans chaque anneau un fer ayant la forme d'une lame de couteau.

Narcisse

Cette fleur se fait à la main ; on attache une mèche de cheveux sur un bout élastique, et, au moyen d'un fil de laiton et du doigt qui sert de moule, on forme les feuilles, on place un godet devant, un culot derrière, on visse bien ces deux pièces sur le fil de laiton, et si les cheveux qu'on emploie sont blancs le narcisse est très bien imité.

Pensée

Cette fleur s'exécute sur le moule, trois tours en cheveux blonds et deux tours en cheveux noirs ou châtains; on fait grossir le moule pour ces derniers; on place une petite tête dans le cœur et un culot par derrière.

Du bouton

On le fait à la main, en garnissant de cheveux une petite boule en bois percée dans le milieu, afin de

passer la mèche à la manière des passementiers.
Cette boule est ajustée dans un culot.

Du Papillon

Le corps est en métal ; les ailes sont en cheveux
nuancés avec de la poudre dont on se sert pour teindre. On assujettit ces cheveux teints dans le corps du
papillon avec de la colle ou de la cire. Pour donner
aux ailes la forme naturelle, ainsi qu'aux fleurs, on
se sert de fers chauds, qui ont des formes variées
suivant la forme qu'on veut donner aux cheveux.

Les fleurs en cheveux étant susceptibles de prendre
de mauvais plis, on les monte à la manière des épingles à l'Italienne ; chaque fleur a sa tige et peut être
placée sur la tête.

On obtient les mêmes résultats avec de la soie
écrue employée au lieu de cheveux. La facilité de la
teindre donne la facilité d'approcher du naturel autant qu'avec la chenille.

CHAPITRE XVII

Fleurs en baleine, Fleurs en cire, etc.

———

SOMMAIRE. — I. Fleurs en baleine. — II. Fleurs en cire.
— III. Fabrication des fleurs, par M. Grienfeld. — IV. Procédé perfectionné pour la fabrication des fleurs et des feuilles panachées, en velours et autres étoffes, par Mlle Tilman. — V. Fleurs artificielles, par Mme Grandjean. — VI. Fabrication des fleurs artificielles de tous genres, par M. Hugo. — VII. Procédés de fabrication (avec de la baudruche de bœuf) de fleurs artificielles, nommées fleurs naturelles transparentes, par M. Petit.

I. FLEURS EN BALEINE

C'est à l'Exposition de 1829 que figurèrent pour la première fois, croyons-nous, des fleurs en baleine, dues à l'ingénieuse habileté de M. Achille de Bernardière, et pour lesquelles il reçut la médaille d'argent.

Ces charmants produits imitaient si bien la nature qu'on les confondait avec elle · la preuve en fut sensible. Pendant l'Exposition, l'inventeur présenta au jury deux œillets fond blanc, liserés de rouge, dont l'un naturel, l'autre artificiel ; l'artificiel fut pris pour le naturel. Depuis cette époque, M. de Bernardière a établi une vaste manufacture qui, en 1854, était en pleine activité. Il avait pris un brevet et faisait mystère de ses procédés, qui consistaient à préparer les fanons de la baleine et à les décolorer ; car d'ailleurs il découpait, colorait, gaufrait et montait les fleurs de baleine blanchie par les moyens

employés pour les fleurs en batiste et en taffetas.
Mais son secret résidait à peu près uniquement dans
le perfectionnement des procédés de dépècement et
de cuisson des fanons ordinaires.

Après avoir ébarbé, ou coupé les barbes ou crins
dont le fanon est hérissé, avec une scie à main, on
les coupe en morceaux d'environ 1m20 de long (les
morceaux de moindre longueur sont mis à part) :
cela fait, on met les fanons cuire dans une chaudière
de cuivre, que l'on couvre bien de planches, après
l'avoir remplie d'eau, à laquelle on ajoute vraisemblablement un tiers au moins de chlorure de soude,
ou d'acide sulfureux, ou de chlore. On couvre bien ;
on a soin de mettre les plus courts fanons au fond
de la chaudière. On fait bouillir pendant quatre heures, puis on laisse tremper dans la liqueur chaude
pendant plus ou moins longtemps, suivant le degré
de la décoloration de la baleine.

Les instruments ordinaires du coupeur de fanons
ne pourraient qu'imparfaitement diviser la baleine
en feuilles légères, et vraisemblablement M. de Bernardière emploie un autre instrument. Or, il existe
un rabot qui peut donner des rubans de bois, des
feuilles et des fleurs : d'autre part, dans les fabriques de baleine on se sert des outils de menuisier,
et l'on traite les fanons comme le bois ; nous pou-
vons donc espérer arriver aux résultats obtenus par
l'inventeur.

Rabot de M. Pelletier

Voici le rabot inventé par M. Pelletier, avec lequel
il fait, en peu de temps, des millions d'allumettes ;
outil qui, selon M. Lenormant, serait très avantageux aux éventaillistes, aux fabricants de sparterie.

M. Pelletier a élevé d'abord un établi ordinaire de
menuisier, percé sur le bord du côté où se place
l'ouvrier. Par l'endroit percé, on monte, à l'aide
d'un contre-poids, un second petit établi perpendiculaire. A l'extrémité supérieure de ce petit établi,
on fixerait la baleine au lieu du bois.

Sur la baleine, on ferait promener le rabot avec
un *tirant* ou *va-et-vient*, mû par un levier dont le
point d'appui est placé sur le grand établi. Chaque
coup de rabot fendrait la baleine en lames parallèles
et en coupes horizontales.

Ce rabot est à coulisse ; son fer est précédé d'une
platine contenant douze lames d'acier en forme de
lancettes dont le but est de fendre le bois dans sa
longueur et parallèlement. On peut changer le nombre et la distance de ces lames suivant la largeur à
donner aux copeaux de baleine.

Le fer du rabot est d'acier fondu et très fin, affûté
sur la meule du lapidaire ; il est monté entre deux
autres fers doubles, à chanfrein, dont l'un est garni
de deux épaulettes, pour pouvoir, à l'aide de deux
vis, donner plus ou moins d'épaisseur et de finesse à
la matière divisée. Le fer coupant est tenu par quatre vis, entre les deux précédentes, et par une cinquième plus grande, qui donne à l'outil l'inclinaison
que l'on désire.

Il y a encore un autre fer au-dessus de celui qui
coupe, et dont la fonction est de redresser le bois
coupé et l'empêcher de se rouler en copeaux ; mais
cette ingénieuse addition est superflue pour le sujet
qui nous occupe. Peu importe, en effet, que la lame
de baleine soit roulée, puisqu'on peut aisément la redresser en lui communiquant une légère chaleur.

La blancheur de la baleine décolorée, la finesse de
son tissu, en font une matière très précieuse pour
les fleurs blanches, que les autres procédés n'imitent
guère qu'imparfaitement, tel que le lis, écueil des
fleuristes les plus habiles ; mais il faut convenir que
la baleine est loin d'être d'un usage aussi avantageux pour les fleurs colorées. Toutefois, les fleurs
qu'elle donne ne s'altèrent pas aussi rapidement que
celles qui sont faites en taffetas ou en batiste, et le
prix n'en est pas beaucoup plus élevé.

II. DES FLEURS EN CIRE

A l'Exposition de 1823, on vit pour la première fois,
des fleurs en cire moulée et coloriée. A l'Exposition
de 1827, elles étaient encore perfectionnées. On re-
marquait surtout une réunion de petites fleurs, comme
des myosotis, des oreilles d'ours, etc., formant un
petit parterre. Ces fleurs, en effet, ne sont jolies que
de très petite dimension. Sitôt qu'elles sont un peu
fortes, elles paraissent lourdes, désagréables. Dans
tous les cas, elles ne peuvent servir qu'à orner les
appartements, car il est impossible de les destiner à
la parure de dames. Aussi, leur fabrication est restreinte ; elle est abandonnée au passe-temps des
dames : les ouvrières ne s'en occupent pas.

Cette fabrication est simple : on moule des fleurs à
creux perdu (Voyez de l'ENCYCLOPÉDIE-RORET, *Mouleur en plâtre*, chapitre *des moules à creux perdu*).
On fait fondre la cire, on la coule, étant chaude,
dans le moule que l'on a pris d'après nature. On
casse ensuite celui-ci, et l'on colore convenablement,
au pinceau, les différentes parties de ces fleurs.

18.

Nous avons eu connaissance d'un perfectionne
ment de cette industrie, tellement heureux qu'il semble aujourd'hui qu'elle n'ait plus rien à envier à la
nature. Mesdames Louis, auxquelles cet art sera re-
devable de ses plus beaux triomphes, en réunissant
et en combinant l'étude de la botanique avec celle
du dessin et de la peinture, sont parvenues à reproduire, avec la fidélité la plus scrupuleuse, une variété considérable de fleurs dont nous avons vu des
échantillons, nous dirons mieux, des *modèles* de la
plus rare beauté.

Les éloges unanimes des botanistes et des peintres
nous autorisent à nous servir de cette expression,
puisqu'ils ont trouvé que ces produits pouvaient servir également à l'étude de la botanique et à celle de
la peinture, et suppléer heureusement les fleurs naturelles, dont l'existence passagère, la rareté ou
l'impossibilité de conservation par les moyens ordinaires, avaient fait jusqu'ici leur désespoir. La science
et les arts ont donc également des remerciements
à voter à ces dames, et cet hommage bien mérité
leur a été déjà rendu par des hommes dont le nom
doit faire autorité dans cette matière. Ces dames sont
parvenues à reproduire un grand nombre de fleurs
dans leur état naturel, avec leur port, leur feuillage,
leurs couleurs, et toutes les formes variées et gra-
duées qu'elles affectent, depuis le moment où naît le
bouton jusqu'à leur parfait développement.

« Tout, dit Lesson dans la *Revue encyclopédique,*
tout, dans cette imitation, retrace avec une ingénieuse adresse l'incarnat propre à chaque fleur, les
nuances dégradées des boutons ; en un mot, et
comme dernier éloge, reproduit avec une illusion

parfaite tous les caractères de la plante ». Le rédacteur des *Annales des Sciences d'observation* assure
« que la diaphanéité des pétales, la mollesse des contours, la flexibilité des tiges, la variété des nuances
et des teintes, rien enfin n'a opposé des obstacles in-
surmontables à la magie des artifices employés par
mesdames Louis, qui sont parvenues à composer des
fleurs en cire qui tromperaient le botaniste le plus
exercé ». Enfin, le rédacteur du *Corsaire* disait de ces
dames, « que la cire, sous leurs doigts, prend les
formes les plus gracieuses, les plus vraies et les plus
pures. Les fleurs qu'elles font naître, ajoute-t-il, ne
craignent pas la loupe du botaniste, qui reconnaît
l'épaisseur naturelle des pétales et des feuilles, leur
demi-transparence, la variété infinie de leurs teintes,
le duvet qui les couvre quelquefois, et cet ensemble
d'organisation que les botanistes appellent *la phy-
sionomie des plantes* ».

On conçoit, après ces éloges unanimes et bien mé-
rités, que le reproche que nous faisions aux fleurs
en cire, en général, d'être lourdes et désagréables à
l'œil, sitôt qu'elles étaient d'une dimension un peu
forte, ne peut plus s'appliquer à celles de mesdames
Louis; mais sans doute leur perfection dépend du
talent particulier de ces dames et de leurs procédés,
qui jusqu'ici sont restés un secret pour nous, et qui,
s'ils peuvent constituer un art agréable cultivé avec
succès par quelques initiées, ne peuvent point sans
doute créer une industrie où beaucoup de bras et de
grands capitaux puissent trouver leur emploi.

Fleurs en coquillages bivalves

On choisissait des coquillages de couleurs convenables, arrondis comme il le fallait, et on les collait en manière de pétales. Ces fleurs sont fraîches, durables, faciles à exécuter, mais si lourdes dans leur ensemble que la mode en est totalement passée.

III. FABRICATION DES FLEURS, PAR M. GRIENFELD

Ce procédé consiste à teindre l'étoffe de plusieurs nuances plus ou moins foncées, à la découper à l'emporte-pièce, à la nuancer de nouveau à plusieurs tons : ici commence la nouveauté du procédé.

Lorsque les feuilles sont sèches, elles sont battues dans un livre jusqu'à ce qu'elles soient très lisses ; alors elles sont trempées, une à une, dans la composition suivante :

1 partie de galipot le plus beau,
1 partie de cire blanche,
1/4 de stéarine,
1/8 de térébenthine de Venise.

Le tout fondu et bien mélangé à chaud.

Pour colorer 1/4 de litre de cette composition, on y introduit une pincée, comme une prise de tabac, de vert-de-gris, et on broie à l'essence de térébenthine ; si on désire que la teinte soit jaunâtre, on peut y joindre la grosseur d'un pois de jaune de chrome préparé pour la peinture sur cire ; le tout doit être mis dans un vase qui ne quitte jamais l'eau bouillante, afin d'être toujours dans la fluidité convenable et que la nuance ne s'altère pas.

La feuille sortie du vase, sèche promptement et est mise sur le papier.

Après plusieurs heures, on y met l'envers, selon la teinte que l'on désire, avec les couleurs pour peindre sur la cire, délayées dans très peu d'essence de lavande.

Lorsque la feuille est bien sèche, elle est mise sous presse, afin de recevoir les nervures convenables.

Le gaufroir est légèrement enduit d'une eau de savon épaisse pour que la feuille ne colle pas dans la matrice.

Au sortir du gaufroir, la feuille est légèrement brassée, afin d'en retirer l'humidité ; dans cet état, elle est un peu molle, mais elle se raffermit promptement.

Le présent procédé doit s'appliquer sur les tissus de coton, soie, fil, et pourra s'exécuter en morceaux de 1 ou plusieurs mètres.

IV. PROCÉDÉ PERFECTIONNÉ POUR LA FABRICATION DES FLEURS ET DES FEUILLES PANACHÉES, EN VELOURS ET AUTRES ÉTOFFES.

Le procédé perfectionné par Mlle Tilman consiste à imprimer sur la chaîne, et avant le tissage de l'étoffe, le dessin qui doit ensuite former la fleur ou le feuillage : ce dessin, quand il s'agira d'étoffes veloutées, devra être imprimé sur la chaîne devant former le velouté ou le poil ; il sera organisé sur une échelle convenable, pour que la réduction opérée par le tissage le ramène à la dimension voulue.

On pourra, par le même procédé, obtenir des fleurs et des feuilles veloutées formant relief sur fond lisse, au lieu de les avoir sur velours plein.

Quand il s'agira d'étoffes entièrement lisses, telles

que satins, gros de Naples, jaconas et autres étoffes,
les dessins devront être imprimés de la grandeur
réelle, attendu qu'ils n'éprouveront aucune réduction lors de la fabrication.

Il est entendu que ces dessins pourront être nuancés de plusieurs couleurs suivant le goût du dessinateur.

Il seront imprimés par les moyens généralement
usités pour l'impression des étoffes.

Le procédé nouveau s'applique à la confection
des fleurs artificielles en velours et autres étoffes,
dont les pétales seront ainsi imprimés sur la chaîne
des tissus avant que le tissage ne soit opéré.

Les feuillages seront exécutés de la même manière.

On pourrait aussi, par le même procédé, produire
des guirlandes, des bordures, des semés sur des
étoffes employées pour la toilette des dames et l'ornement des appartements.

V. FLEURS ARTIFICIELLES, PAR Mme GRANDJEAN

Ces fleurs sont confectionnées avec des fils de
verre ramollis et façonnés à la flamme d'une lampe.

L'élégante industrie des fleurs artificielles s'est
fait remarquer, dans toutes les Expositions, par
la variété des matières premières qu'elle met en
usage.

Le papyrus, la batiste, les plumes, la cire, ont
continué d'être employés. On a fait, ce qui paraît
bien plus étonnant, des fleurs avec des pains à cacheter; nous en avons vu d'un très bon goût et d'un
grand nombre de variétés.

Les fleurs en cire ont un avantage particulier;
elles permettent de reproduire, avec une fidélité parfaite, les moindres détails des feuilles et des fleurs
naturelles. Les autres matières naturelles sont réser-
vées pour les fleurs de toilette ou d'ornement. Dans
cette riche fabrication, les produits de l'art semblent
atteindre aux perfections de la nature, et l'œil, plus
d'une fois, séduit par l'illusion, est incertain s'il
contemple une production naturelle ou un produit de
l'art.

IV. FABRICATION DES FLEURS ARTIFICIELLES
DE TOUS GENRES

On a appliqué, jusqu'à présent, à la fabrication
des fleurs artificielles divers tissus; mais ces essais
n'ont pu encore donner aux fleurs artificielles tout
l'éclat et le brillant désirables.

M. Hugo est parvenu à donner aux fleurs artificielles, naturelles et de fantaisie de tous genres, par
l'emploi d'une étoffe non encore appliquée à cette
fabrication, les qualités ci-dessus, et en outre à leur
assurer une fraîcheur presque indéfinie : elles ne sont
pas exposées à se chiffonner comme les autres fleurs
artificielles.

Il a obtenu ces résultats par l'emploi du tissu de
verre, dont on n'avait, jusque-là, fait usage que pour
tentures d'appartements et fortes tapisseries pour
ameublement.

Pour la confections de fleurs avec le tissu de verre,
on découpe, comme dans toute autre étoffe, des
feuilles et des pétales de toute nature; on a le soin
de les border d'une gomme très épaisse qui empê-

che totalement le tissu de s'effiler; on nuance en-
-suite comme pour toute autre étoffe.

On peut confectionner ainsi des fleurs soit avec du
tissu de verre employé seul, soit combiné avec d'autres étoffes.

VII. FABRICATION DE FLEURS ARTIFICIELLES
EN BAUDRUCHE DE BŒUF

Les procédés de fabrication, avec de la baudruche
de bœuf, de fleurs artificielles, nommées fleurs naturelles transparentes, sont dus à M. Petit.

Ce que l'on appelle baudruche de bœuf, est la
membrane péritoine de l'intestin cæcum du bœuf. Le
cæcum est employé par les charcutiers après qu'ils
en ont retiré la membrane péritoine, qu'ils vendent
aux batteurs d'or. La consommation de cet objet
étant presque nulle, les charcutiers mettent peu de
soins à entretenir ces membranes dans un état de
propreté; cette négligence est le plus grand inconvénient que l'on puisse rencontrer dans la fabrication
des fleurs avec cette matière, parce qu'elle en rend
une partie impropre à ce genre de travail.

Procédé pour rendre la baudruche en état de
recevoir les couleurs

Après avoir réuni, par exemple, cent baudruches,
on les lavera dans plusieurs eaux de rivière, et si
elles ont été salées, on les laissera séjourner deux
ou trois jours, ayant soin de les changer au moins
trois fois par jour, et toujours avec de l'eau de rivière bien claire, et ensuite on préparera une eau al-
calinée de la manière suivante : on fera dissoudre

500 grammes de potasse perlasse dans 100 litres
d'eau de rivière, et on délaiera dans cette dissolution 250 grammes de chaux délitée; on tournera
fortement l'eau avec un bâton et on laissera reposer;
le repos ayant eu lieu, on se servira de cette solution pour changer trois fois par jour les baudruches;
le volume d'eau à mettre doit être égal à deux fois
celui des baudruches; elles sont ainsi changées pendant quatre jours en été et six jours en hiver; on les
pressera fortement en les changeant d'eau, afin de
les bien égoutter; le cinquième et le sixième jour,
on les mettra dans une eau de potasse seulement,
composée d'un kilogramme de potasse pour 100 litres
d'eau ; ce changement aura lieu pendant quatre
jours en été et six jours en hiver; ces bains, toujours
donnés trois fois par jour, ont pour but de faire dé-
gorger les baudruches de toutes les matières vis-
queuses et colorantes et de faire dissoudre une partie de la graisse.

Les baudruches ainsi disposées seront changées
le neuvième jour en été, et le troisième jour en
hiver, avec de l'eau préparée comme on vient de le
dire. On fera dissoudre 170 grammes de carbonate
de soude bien saturé dans 100 litres d'eau de rivière
on tournera cette eau comme il est dit plus haut, ensuite on la laissera reposer; les baudruches seront
changées cinq fois dans cette eau, et dans la même
journée, à des époques de même durée; le soir, on
les mettra dans une eau tenant en solution une partie d'acide chlorique (1), en sorte qu'elle marque

---

(1) L'emploi de l'acide chlorique n'est pas d'une grande nécessité, il ne sert que pour empêcher la baudruche de répandre une
odeur désagréable, après quelques mois de préparation.

seulement demi-degré à l'aréomètre. Une heure de ce bain suffit; au bout de ce temps on les fait égoutter; cette opération n'a pour but que de les débarrasser d'une partie de l'eau qu'elles contiennent, et de les rendre par ce moyen moins gluantes et plus faciles à mettre sur des châssis ou cadres.

Ces châssis qui sont de la hauteur et de la largeur des baudruches, sont en bois blanc, ayant la forme de croisées.

Les baudruches sont tendues sur ces cadres; elles y adhèrent facilement sur les bords, sans qu'on soit obligé d'y mettre aucune espèce de colle; on les laissera sécher; après quoi on les exposera à une fumigation sulfureuse dans une étuve bien fermée, et de manière que chaque châssis reçoive l'action du blanchiment dans toute sa surface.

La proportion de fleur de soufre à employer est indifférente, attendu que son effet ne peut avoir lieu au delà de la saturation de l'oxygène : cinq heures sont suffisantes pour que les effets du blanchiment soient complets. On sort les cadres, on les expose à l'air, ensuite on enlève les baudruches de dessus ces cadres, ayant soin de ne pas les déchirer.

Cette opération faite, on met les baudruches en paquet de douze; on compose une eau de savon formée de quatre litres d'eau de potasse, ayant un demi-degré de l'aréomètre, à quoi on ajoute 64 grammes de savon blanc, coupé en petits morceaux, et on fait bouillir le tout pour faire bien dissoudre le savon.

Lorsque cette eau de savon sera refroidie, de manière à n'être plus que tiède, on s'en servira pour savonner des paquets de baudruche, comme on le

fait ordinairement pour le linge; on laissera séjourner les baudruches dans cette eau; en les retirant on
les mettra tremper dans de l'eau claire, jusqu'à ce
qu'elles ne soient plus empreintes de savon : on les
remettra ensuite sur les châssis pour les exposer à
une nouvelle fumigation sulfureuse, et en sortant de
l'étuve elles seront prêtes à recevoir la couleur qu'on
voudra leur donner.

Moyen de donner les couleurs aux baudruches

Pour la couleur blanche, on mettra dans un vase
une petite quantité d'amidon avec la même quantité de brillant d'écailles d'ablettes, et un peu de
rose en liqueur; on donnera avec cette composition
une couche de chaque côté de la baudruche et on
laissera sécher.

Pour la couleur rose, on suivra le même procédé
que pour la couleur blanche; seulement on emploiera
moins de brillant d'écailles d'ablettes, et l'on mettra
un peu de rose avec un peu de crème de tartre.

Le bleu s'obtiendra au moyen de bleu en liqueur
et du brillant d'ablettes.

Pour le vert, on se servira de bleu ou de safran en
liqueur et du brillant de poisson.

Le rouge sera composé de carmin broyé et de
brillant de poisson.

Le jaune s'obtiendra avec du safran en liqueur et
du brillant de poisson.

Quant à toutes les autres couleurs, on les obtiendra en mélangeant convenablement les couleurs précédentes. Il suffit d'être un peu au fait des couleurs
que présentent les fleurs naturelles pour les obtenir
avec facilité.

Lorsque les baudruches sont ainsi préparées, on les retire de dessus les cadres ou châssis; on les découpe suivant les fleurs que l'on veut faire, en agissant par les moyens ordinaires.

Les fleurs préparées par ces procédés ne craignent nullement les variations de l'atmosphère.

CHAPITRE XVIII

Imitation des Fruits, de la Rosée et des Parfums

SOMMAIRE. — I. Fruits. — II. Rosée. — III. Parfums des fleurs. — IV. Bonbonnières en fleurs artificielles.

Les fleuristes forment souvent des *bottes* pour ornement de coiffure, tout en fruits, comme des branches de glands de chêne, de groseillier; ou bien elles mélangent quelques cerises, une grappe d'épine-vinette, une tige de fraises, parmi un bouquet ou guirlande ordinaire. Plus fréquemment encore, elles ajoutent ces fruits, elles en mettent de plus gros, dans les pyramides, les cadres de fleurs destinés à être conservés sous verre. Moins répandue que l'imitation des fleurs, et pourtant plus facile, celle des fruits produit peut-être plus d'illusion.

I. FRUITS

Solanum ou pommes d'amour

Je commence par décrire ces petites baies, parce qu'elles servent de fleurs en hiver, et forment, pour le fleuriste artificiel, l'intermédiaire entre les fleurs et les fruits. On moule du coton en boulettes bien sphériques, de la grosseur convenable, ayant soin d'en préparer quelques-unes plus petites pour figurer les baies non mûres. On trempe ensuite les plus grosses dans une pâte faite de cinabre, d'une décoction de bois de Brésil, et d'eau fortement gommeuse; les petites sont trempées dans la pâte d'un vert second. Une fois sèches, ces boulettes se vernissent au blanc d'œuf. On enfile un calice étoilé avant de passer en papier la tige sur laquelle on a moulé le coton.

On imite encore ces baies avec des globules de verre creux, que l'on remplit de carmin délayé avec la décoction de bois de Brésil; selon la nuance du solanum, on se contente quelquefois de mettre cette dernière substance. Quand on a introduit, par le petit trou du globule, la liqueur colorée, on l'agite de manière à ce qu'il la reçoive uniformément, puis on verse le surplus, absolument comme si l'on *coulait à la volée* (Voyez *Mouleur en plâtre*, de l'ENCYCLOPÉDIE-RORET). On traite de même les petites baies que l'on remplit de verdi. Toutes les fois qu'il s'agira de fruits en verre, il faudra employer ce procédé. La liqueur sèche, on enfile le calice au sommet de la tige, que l'on colle dans la petite ouverture du globule.

Epine-vinette

On se sert de pâte ou de liqueur carminée; le globule est allongé par les deux bouts. Il faut mettre à chaque une petite étoile verte.

Glands de chêne

On fait un moule de coton de la grosseur du gland; on le colle par un bout et on le fixe dans un calice de gland naturel. On trempe le reste dans la pâte verte, que l'on vernisse ensuite après dessiccation.

Groseilles, Cassis, Cerises, Raisins

Ces fruits s'imitent à l'aide de moules en coton ou de globules de verre; les premiers et les derniers avec du carmin quand ils sont rouges, de la liqueur à déblanchir lorsqu'ils sont blancs. La gélatine colorée convenablement est de beaucoup préférable, parce qu'à raison de sa transparence elle laisse apercevoir les pépins que l'on place à l'intérieur. Il en est de même pour les raisins. On emploie avantageusement la gomme blonde dissoute dans très peu d'eau, pour les groseilles et raisins blancs. Quant aux cassis, on les fait avec de la pâte noire vernissée ou de l'encre. Il est très joli de faire une botte en fleurs et en fruits.

Fraises

Une botte de fraises ainsi disposée est aussi du plus agréable effet. La fleur se fait avec un ballaye de coton à broder, jaune, entouré d'un rang de pétales en percale fine blanche. Le fruit se moule d'abord en coton, et se colle sur le calice étoilé

persistant; on pile ensuite du macaroni, du vermi-
celle ou bien de la pâte à coller que l'on a fait sécher
en couches peu épaisses : on se sert aussi de riz
concassé. Ces diverses matières sont pilées de manière à présenter de petits morceaux inégaux, propres à représenter les inégalités de la surface de la
fraise. Supposons que ce soit une fraise ananas, moitié rouge et moitié blanche. Après avoir fait le
moule, on le trempe, ou mieux encore on l'enduit
de colle très liquide ou d'eau gommée; tout de suite
après, on le saupoudre avec la poudre préparée
précédemment. Pour faire la partie rouge on passe
légèrement au pinceau un peu de carmin sur les
inégalités restées sur le moule.

Pour les petites fraises rouges, ou fraises de bois,
on fait avec le carmin de la pâte rouge; on laisse
sécher cette pâte en couche légère, et on la pile bien
plus fine que la précédente. On termine en saupoudrant également la fraise.

Framboises

Il faut verser de la gélatine rosée, ou de la pâte
de même couleur, dans un petit moule à peu près
semblable à ceux dont j'ai parlé plus haut relativement aux pâtes moulées pour étamines (pâquerette
et maïs). Ce moule ayant la forme d'un dé à coudre,
large et un peu plat, avec les saillies à l'intérieur, on
en sort la framboise parfaitement formée. Il est bon
de la saupoudrer d'une légère poussière de crins
extrêmement fins.

Pêches

Un moule de coton formé sur une petite boulette
de fil de fer, contourné sur lui-même, et tenant après

la tige dont il est le prolongement : ce moule de
coton, revêtu de pâte verdâtre très claire, est car-
miné sur une surface. Après complète dessiccation,
ce moule empâté est enduit d'eau gommeuse et sau-
poudré de tonture de coton. Par cette suite de procédés on obtient la forme, la couleur et le velouté de
la pêche.

Noisettes

Quand on veut ajouter à des branches de noisetier
des fruits verts ou à demi formés, on fait le calice
avec de la percale, comme on agit pour les pétales
doubles, ce calice étant fort épais. On y place ensuite
le moule de coton, que l'on revêt de pâte verte.
Pour faire les fruits, comme pour imiter les fleurs,
il est bon d'avoir des modèles.

Je passe les autres fruits sous silence, car ils ne
se font presque jamais; d'ailleurs si on avait à les
imiter, on y réussirait par des procédés indiqués
précédemment.

II. ROSÉE

Coulez délicatement sur la fleur non encore montée, une goutte de colle de poisson liquide, ou de
gélatine qu'on laisse prendre. Si vous craignez que
la chaleur vienne à dissoudre ces substances, employez du verre fondu. Il est sage de mettre ces
gouttes sur quelques pétales avant que la fleur ne
soit achevée, parce que si l'on venait à salir, il n'y
aurait qu'un ou deux pétales perdus.

BONBONNIÈRES EN FLEURS ARTIFICIELLES   333

III. PARFUMS DES FLEURS

On parfume les violettes avec de la poudre d'iris
de Florence, dont on saupoudre abondamment les
parties à mesure qu'on les fait; les roses, avec quelques gouttes de l'essence de ce nom; le jasmin,
avec du jasmin naturel écrasé avec du sucre; la
fleur d'oranger, avec l'eau de fleur d'oranger triple;
la jonquille, avec un mélange de musc et d'eau de
fleur d'oranger; la tubéreuse, en ajoutant à ce mélange un peu d'eau de Cologne; l'œillet, avec du
girofle.

IV. BONBONNIÈRES EN FLEURS ARTIFICIELLES

Je termine cet ouvrage par quelques notes sur la
manière de faire les bonbonnières en fleurs artificielles. Je n'ai pu jusqu'ici placer convenablement
cette indication, qui cependant est du ressort de la
fleuriste, et qui la mettra à même de faire de très
jolis objets.

On commence par faire, ou mieux par se procurer
une très petite boîte ronde en carton moulé. Cette
boîte est peu profonde; sur son couvercle est, au
milieu, une petite poignée semblable à une bouillotte, si la bonbonnière doit être mise dans une rose,
ou à l'ovaire, ou style, si c'est dans toute autre fleur,
telles que les pavots, les renoncules, etc. Le fond de
la boîte se place sur la tige, que l'on introduit par le
trou dans le carton, et que l'on fixe solidement, en la
faisant ressortir par un autre trou voisin du premier : le laiton ou trait qui fait cette tige, se trouve
alors en deux branches que l'on tortille ensemble.
Autour de ce fond de boîte, qui fait le cœur de la

fleur, on colle les pétales, ayant soin de les courber en dedans, afin de bien cacher le carton. Le petit couvercle est également caché par la courbure des pétales, et quelquefois les étamines.

FIN

TABLE DES MATIÈRES

Pages

INTRODUCTION   V

PREMIÈRE PARTIE

Local, outillage et matériaux

CHAPITRE PREMIER. — *Du local et de l'outillage*. .   1

   I. Choix et agencement du local.   1
   II. De la table.   6
   III. Des porte-tringles ou porte-fleurs.   7
   IV. Des plombs ou porte-bobines.   10
   V. Du suspensoir.   11
   VI. De la sébile à sable.   13
   VII. De la boîte à bobine   13
   VIII. De la pince ou brucelles   15
   IX. Des châssis à apprêter.   16
   X. Des emporte-pièce   21
   XI. Du billot et du plateau de plomb.   24
   XII. Des marteaux.   26
      Fonte du plomb.   27
   XIII. Des mandrins à gaufrer.   29
   XIV. Des pelotes.   31
   XV. Des gaufroirs.   32
   XVI. De la presse.   38
   XVII. Des petits instruments divers   42
   XVIII. Des instruments à couleurs..   42
   XIX. Des godets.   43
   XX. Des molettes et des marbres.   44
   XXI. Des pinceaux.   45
   XXII. Des éponges et brosses   46
XXIII. Spécialités   47

CHAPITRE II. — *Des matériaux*. 49

    I. Des étoffes. 50
   II. Des papiers. 52
  III. Des fils. 56
  IV. Du coton cardé, filasse. 59
   V. Du canepin. 59
  VI. Des matériaux divers. 60
 VII. Des parties de fleurs naturelles. 61
VIII. Des fils de fer. 62
  IX. Des laitons 63
   X. Des gommes et matières à coller. 64

CHAPITRE III. — *Des couleurs* 64

    I. Couleurs rouges. 65
       Bois de Brésil. 65
       Carmin. 66
       Carthame, ou rose en tasse. 66
       Carmin de garance. 68
       Laque de garance. 68
   II. Couleurs bleues. 69
       Indigo. 69
  III. Couleurs jaunes. 70
       Terra merita. 70
       Rocou. 70
       Graine d'Avignon. 71
       Sarrette. 71
       Safran. 71
       Jaune de chrome. 71
  IV. Couleurs vertes. 71
   V. Couleurs violettes 72
       Violet de teinture. 72
       Lilas 73
  VI. Couleurs brunes. 73
 VII. Peinture des fleurs. 73

Chapitre IV. — *De l'ordre à maintenir dans l'atelier.* 76

DEUXIÈME PARTIE
Des opérations

Chapitre V. — *Des apprêts* 92

   I. De l'apprêt des étoffes de fil et de coton. . . 93
  II. De l'apprêt des étoffes de soie.. 99
 III. De l'apprêt des papiers. 101
     Papier gazé. 101
     Papier ciré.. 102
     Papier vernissé de M. Bochon. 103
 IV. Emploi du papyrus pour la fabrication des
     fleurs artificielles, par M. Denevers. . . 104
  V. De l'apprêt des fils. 105
 VI. Préparation des fils de fer. 107
VII. Préparation des pâtes à coller. 107
VIII. Apprêts pour feuillages. 109

Chapitre VI. — *De la manière de faire les tiges.* 109

     Cotonner.. 110
     Passer en papier. 112
     Passer en taffetas.. 114
     Passer en gaze. 116
     Passer en ruban. 116
     Baguettes. 117
     Tiges de laiton couvert, ou cannetille. . . . 118
     Tiges de gaze. 119
     Tiges pendantes. 119
     Passer en soie. 119
     Tiges en spirale. 120
     Imitation de diverses tiges.. 120
     Tiges bourgeonnées.. 121
     — à vrilles et mains 123

Tiges velues et cotonneuses 123
— luisantes. 125
— aplaties. 125
— à côtes ou striées 126
— ailées ou en feuilles. 126
— annelées. 127
— colorées. 127
— grasses ou épaisses. 128
— coupées, brisées. 129
— noueuses. 130
— articulées 131
Passer en colle ou en pâte. 131
Tiges en caoutchouc. 132

Chapitre VII. — *De la manière de faire les feuilles* 133

I. Découpage des feuilles. 133
II. Gaufrage des feuilles. 136
III. De la manière de peindre les feuilles. . . . 138
Nuances partielles claires. 138
Nuances partielles foncées. 138
Féculage. 141
Saupoudrage. 142
Vernissage. 142
IV. Imitation de divers feuillages. 143
Feuilles ponctuées. 143
— glanduleuses. 143
— épaisses. 145
— gladiées. 145
— serrées ou dentées en scie. 146
— à bords roulés 146
— brillantes 146
— brisées. 147
Première manière d'enfiler les feuilles. . . 148
Deuxième manière d'enfiler le feuillage. . . 151
Troisième manière d'attacher les feuilles. . 152
Quatrième manière. 153

Cinquième manière. 156

Sixième manière. 157

Septième manière... 158

Folioles ou pousses 159

Manière d'attacher trois par trois les petites
    feuilles sessiles. 160

Passer en feuillage. 162

Deuxième moyen de passer en feuillage. . . 162

V. Exemples 163

Feuillages pour modes. 164

Feuillages d'ornement 176

Fougères 178

Verdure. 179

VI. Fabrication des fleurs artificielles, par M. Gouy-
    Martin. 180

De la teinture et de l'apprêt. 182

De l'impression. 182

VII. Fabrication des feuilles en gélatine pour fleurs
    artificielles, par M. Pinson. 185

VIII. Feuilles composées de substances animales,
    par M. Royer le jeune. 186

CHAPITRE VIII. — *De la manière de faire les, éta-
    mines et les pistils.* 188

Etamines à filets non apparents. 189

—   moulées 190

—   collées. 193

—   en faisceau. 193

—   liées. 195

—   en rangée. 196

—   diverses. 198

—   en spirale. 198

Anthères 199

Etamines mélangées de pétales, ou bouil-
    lottes. 202

Imitation du pistil. 204

Stigmates 205
Ovaires 206
Nectaires 207

CHAPITRE IX. — *Manière d'imiter la corolle des fleurs* 208

Noms des pétales 208
Examen de la corolle 209
Découpage des pétales 210
Pétales en étoiles 211
Pétales en bandelettes 212
Pétales deux à deux 213
Gaufrage des pétales 213
Gaufrage à la pince 214
Gaufrage à la boule ou boulage 215
Mouillage, trempage, rinçage des pétales . . 217
Taquetage 220
Manière d'attacher les pétales 223

CHAPITRE X. — *Calices, boutons, épis, graines* . . 227

I. Des calices 227
Calices à areignes 228
Calices en tube ou cylindriques 231
Calices étranglés 232
Calices imbriqués 233
Calices côtelés ou à côtes 234
Appareils servant à faire des calices de roses, de grenades, d'œillets et boutons de fleurs d'oranger artificiels, par des moyens nouveaux, expéditifs, par M. Bouvet 236
Manière d'appliquer ces différentes machines à la confection des calices dont il est question 238
II. Manière d'imiter les boutons 241
Boutons fleuris 242

Petits boutons pâteux. 243

Boutons à côtes 244

III. Manière d'imiter les épis 244

Maïs 245

IV. Imitation des spathes. 246

V. Imitation des graines. 246

VI. Imitation des petites baies 247

Chapitre XI. — *Manière de monter les fleurs* . . 247

I. Direction des travaux. 247

Fleurs en grappe 249

— en panicule. 249

— en boule 250

— en botte 250

— en guirlande 251

II. Manière de monter différents feuillages . . . 252

Division du travail. 253

TROISIÈME PARTIE

Exemples

Chapitre XII. — *Manière de faire différentes fleurs* 255

I. La rose 255

II. Le myrte du Canada. 257

III. L'héliotrope. 258

IV. Les gesses odorantes ou pois de senteur. . . 259

V. La renoncule 260

VI. Le lilas. 262

VII. Le camélia 263

VIII. Le chèvrefeuille 264

IX. Le jasmin de France. 266

X. La pivoine 266

XI. La scabieuse 268

XII. Le réséda 270

CHAPITRE XIII. — *Fleurs et fruits de fantaisie* . .   272

I. Fleurs de fantaisie.   272
II. Fruit du platane, ou platane en fleur bleue. .   273
III. Fleurs d'hiver.   275
IV.   --   de deuil   275
V.   —   de vases   276
VI.   —   d'église.   277
VII.   —   en paillon.   277
VIII.   —   en paille   277
IX.   —   en zinc.   278
X.   —   en papier.   278

CHAPITRE XIV. — *Des fleurs en or et en argent.* .   279

Plantes à feuilles striées d'or et à fruits dorés.   280

I. Moyen de dorer facilement   282
II. Encre d'or et d'argent   283
Fleurs à étamines et à pistils dorés   284
Fleurs d'après nature, avec feuillage doré ou
argenté.   284
Fleurs tout en or ou en argent   284
Avoine en or ou en argent   284
Noisetier en or ou en argent   286

CHAPITRE XV. — *Magasin. Etalage. Fabrication.* .   290

I. Du magasin.   290
II. Manière d'étaler, de remonter, d'emballer les
fleurs.   290
Manière d'emballer les fleurs   293
III. Fabrication d'après les modes et les saisons. .   295

QUATRIÈME PARTIE

Accessoires

CHAPITRE XVI. — *Fleurs en chenille, en plumes et
en cheveux*   299

I. Fleurs en chenille 299

    Muguet en chenille. 300

    Aubépine rose. 300

    Bouton d'or, violette 303

    Fleur d'oranger, myrte du Canada 303

    Pivoine ponceau 304

    Fabrication des fleurs en chenille, par
      M. Jobert. 306

    Fabrication des fleurs artificielles, par
      M. Patin 308

II. Fleurs en plumes 309

III. Fabrication des fleurs en cheveux et en soie,
    par M. F. Croisat 310

    Moyen de faire une rose 310

    Bouton de rose 311

    Confection des feuilles 311

    Confection de l'épi. 312

    Marguerites doubles ou simples. 312

    Narcisse 312

    Pensée 312

    Du bouton 312

    Du papillon 313

CHAPITRE XVII. — *Fleurs en baleine, fleurs en cire.* 314

I. Fleurs en baleine 314

    Rabot de M. Pelletier 315

II. Des fleurs en cire 317

    Fleurs en coquillages bivalves 320

III. Fabrication des fleurs, par M. Grienfeld . . . 320

IV. Procédé perfectionné pour la fabrication des
    fleurs et des feuilles panachées, en velours
    et autres étoffes, par Mlle Tilman 321

V. Fleurs artificielles, par Mme Grandjean . . . 322

VI. Fabrications de fleurs artificielles de tous gen-
    res, par Hugo. 323

VII. Fabrication de fleurs artificielles, avec de la
    baudruche de bœuf, par M. Petit   324
    Procédé pour rendre la baudruche en état
    de recevoir les couleurs   324
    Moyen de donner les couleurs aux baudru-
    ches   327

CHAPITRE XVIII. — *Imitation des fruits, de la rosée
    et des parfums.*   328

I. Fruits.   329
    Solanum ou pommes d'amour   329
    Epine-vinette.   330
    Glands de chêne.   330
    Groseilles, cassis, cerises, raisins   330
    Fraises   330
    Frambroises.   331
    Pêches   331
    Noisettes   332
II. Rosée.   332
III. Parfums des fleurs.   333
IV. Bonbonnières en fleurs artificielles   333

FIN DE LA TABLE DES MATIÈRES

BAR–SUR–SEINE. — IMP. Vᵉ C. SAILLARD.

ENCYCLOPÉDIE-RORET
L. MULO, LIBRAIRE-ÉDITEUR
PARIS, 12, rue Hautefeuille, PARIS

GUIDE PRATIQUE

DE

Teinture Moderne

SUIVI DE

L'ART DU TEINTURIER-DÉGRAISSEUR

CONTENANT

**l'Etude des fibres textiles et des matières
premières utilisées en teinture**

ET

**les Procédés les plus récents pour la fixation
des couleurs sur laine, soie, coton, etc.**

Par V. THOMAS

Docteur ès-sciences,
Préparateur de Chimie appliquée à la Faculté des sciences
de l'Université de Paris.

1 vol. in-8° de 960 pages, orné de 133 figures

Prix : 20 francs.

ENVOI FRANCO CONTRE MANDAT-POSTE

NOUVEAU MANUEL COMPLET

D'ALIMENTATION

Par W. MAIGNE

2 volumes. . . . . . Prix : **6 Fr.**

PREMIÈRE PARTIE

SUBSTANCES ALIMENTAIRES

Leur origine, leur valeur nutritive, falsifications qu'on leur fait subir et moyens de les reconnaître.

1 volume. . . . . Prix : **3 Fr.**

DEUXIÈME PARTIE

CONSERVES ALIMENTAIRES

Contenant tous les procédés en usage pour conserver les Viandes, le Poisson, le Lait, les Œufs, les Grains, les Légumes verts et secs, les Fruits, les Boissons, etc , suivi du Bouchage des boîtes, des vases et des bouteilles.

1 volume orné de figures. Prix : **3 Fr.**

ENCYCLOPÉDIE-RORET

L. MULO, LIBRAIRE-ÉDITEUR

PARIS, 12, rue Hautefeuille, PARIS

MANUEL PRATIQUE

D'OSTRÉICULTURE

ET DE

MYTICULTURE

Par A. LARBALÉTRIER

Professeur à l'Ecole d'agriculture

de Grand'Jouan

1 VOL. IN-18 JÉSUS, ORNÉ DE 22 FIG. DANS LE TEXTE

Prix : 2 fr. 50

ENVOI FRANCO CONTRE MANDAT-POSTE

1er JANVIER 1912

Ce Catalogue annule les précédents

CATALOGUE COMPLET

DE LA

LIBRAIRIE ENCYCLOPÉDIQUE

RORET

L. MULO, SUCCr

12, rue Hautefeuille, 12

PARIS-VIe

NOUVELLE COLLECTION

DE

L'ENCYCLOPÉDIE-RORET

Format in-18 Jésus 19 × 12

COLLECTION DES MANUELS-RORET

OUVRAGES DIVERS

Sur l'Industrie et les Arts et Métiers

OUVRAGES HORTICOLES — ALBUMS INDUSTRIELS

JOURNAUX — SUITES A BUFFON

Divers. — Bibliothèque des Arts et Métiers

Dépôt des Ouvrages publiés par la Librairie FÉRET & FILS

DE BORDEAUX

Ce Catalogue est envoyé *franco* sur demande

ENCYCLOPÉDIE-RORET

COLLECTION

DES

MANUELS-RORET

FORMANT UNE

ENCYCLOPÉDIE DES SCIENCES ET DES ARTS

FORMAT IN-18

Par une réunion de Savants et d'Industriels

Tous les Traités se vendent séparément.

La plupart des volumes, de 300 à 400 pages, renferment des planches parfaitement dessinées et gravées, et des figures intercalées dans le texte.

Les Manuels épuisés sont revus avec soin et mis au niveau de la science à chaque édition. Aucun Manuel n'est cliché, afin de permettre d'y introduire les modifications et les additions indispensables. Cette mesure, qui oblige l'Editeur à renouveler les frais de composition typographique à chaque édition, doit empêcher le Public de comparer le prix des *Manuels-Roret* avec celui des ouvrages similaires, tirés sur clichés.

Pour recevoir chaque volume franc de port, on joindra, à la lettre de demande, un *mandat sur la poste* (de préférence aux timbres-poste). Afin d'éviter les écritures pour l'expéditeur et les frais de recouvrement pour le destinataire, **aucun envoi n'est fait contre remboursement par la Poste.**

Les volumes expédiés dans les pays qui ne font pas partie de l'Union des Postes, seront grevés des frais de poste établis d'après les tarifs de la poste française. Les demandes venant de l'**Etranger** devront contenir **25 centimes** en sus des prix portés au Catalogue, pour frais de recommandation à la Poste.

Les timbres étrangers ne pouvant être utilisés, nous prions nos Correspondants de ne pas nous en adresser.

Nouvelle Collection de l'Encyclopédie-Roret

Format in-18 Jésus 19 × 12

Les ouvrages précédés d'un astérisque (*) ont été honorés d'une souscription des Ministères du Commerce, de l'Instruction publique et des Beaux-Arts, et de l'Agriculture.

Manuel de l'**Apiculteur Mobiliste**, nouvelles Causeries sur les Abeilles en 30 leçons, par l'abbé Duquesnois. 1 vol. in-18 jésus, orné de 20 fig. dans le texte. (*Médaille d'argent* à Bar-le-Duc.) 3 fr.

— de l'**Eleveur de Chèvres**. par H.-L.-Alph. Blanchon. 1 vol. in-18 jésus, orné de 12 figures dans le texte. 2 fr. 50

*— de l'**Eleveur de Faisans**, par H.-L.-Alph. Blanchon, 1 vol. in-18 jésus, orné de 31 figures dans le texte. 2 fr.

— de l'**Eleveur de Poules**, par H.-L.-Alph. Blanchon. Deuxième édition, revue, 1 vol. in-18 jésus, orné de 67 figures dans le texte. 3 fr.

— du **Pisciculteur**, par H.-L.-Alph. Blanchon, 1 vol. in-18 jésus, orné de 65 fig. dans le texte. 3 fr. 50

*— de l'**Eleveur de Pigeons, Pigeons voyageurs**, par H.-L.-Alp. Blanchon, 1 vol. in-18 jésus, orné de 44 fig. dans le texte. 3 fr.

*— de l'**Eleveur de Lapins**, par Willemin, 1 vol. in-18 jésus, orné de 24 figures dans le texte. 2 fr. 50

— **Cordon Bleu** (le), Nouvelle Cuisinière Bourgeoise, par Mlle Marguerite, 14e édition. 1 vol. in-18 jésus, orné de figures dans le texte. (*En préparation*).

— **Eléments Culinaires** (les) à l'usage des jeunes filles, par Auguste Colombié. 1 vol. in-18 jésus, cartonné. 3 fr.

— **Traité pratique de Cuisine bourgeoise**, par Auguste Colombié, 1 vol. in-18 jésus, cartonné. 4 fr.

— **100 Entremets**, par Auguste Colombié, 1 vol. in-18 jésus, cartonné. 2 fr.

*— de **Jardinage** et d'**Horticulture**, par Albert Maumené, avec la collaboration de Claude Trébignaud, arboriculteur. 1 vol. in-18 jésus, orné de 275 figures dans le texte, 900 pages. Broché, 6 fr. — Cartonné. 7 fr.

— de l'**Agriculteur**, par Louis Beuret et Raymond Brunet, 1 vol. in-18 jésus orné de 117 figures. 5 fr.

— **Artichaut et de l'Asperge** (de la Culture de l'), par R. Brunet, ingénieur agronome. 1 vol. orné de 13 fig. dans le texte. 2 fr.

— **Champignons et de la Truffe** (de la Culture des),

par R. BRUNET, ingénieur agronome. 1 vol. orné de 15
figures dans le texte. 2 fr. 50
— Châtaignier (Culture, Exploitation et Utilisations),
par H. BLIN. 1 vol. in-18 jésus orné de 36 fig. 1 fr. 50
— Fraisier (de la Culture du), par R. BRUNET, ingénieur
agronome. 1 vol. orné de 28 fig. dans le texte. 2 fr.
— Groseillier, du Cassissier et du Framboisier
(de la Culture du), par R. BRUNET, ingénieur agronome.
1 vol. orné de 7 fig. dans le texte. 1 fr. 50
— Melon, de la Citrouille et du Concombre (de
la Culture du), par R. BRUNET, ingén^r agronome. 1 vol.
orné de 25 fig. dans le texte. 2 fr.
— d'Ostréiculture et de Myticulture, par A. LAR-
BALÉTRIER, 1 vol. orné de 22 fig. dans le texte. 2 fr. 50
— Tabac (Culture et Fabrication du), par R. BRUNET, in-
gén^r agronome. 1 vol. orné de 23 fig. dans le texte. 3 fr.

_____

COLLECTION DES MANUELS-RORET

Manuel pour gouverner les Abeilles (Voir *Manuel de l'Apiculteur*, page 3).
— **Accordeur de Pianos**, traitant de la Facture des
Pianos anciens et modernes et de la Réparation de leur
mécanisme, contenant des Principes d'Acoustique, des Notions de Musique, les Partitions habituelles, la Théorie et
la Pratique de l'Accord, à l'usage des Accordeurs et des
Amateurs, par M. G. HUBERSON. 1 vol. orné de figures et
de musique et accompagné de planches. 2 fr. 50
— **Aérostation**, ou Guide pour servir à l'histoire ainsi
qu'à la pratique des *Ballons* (*En préparation*).
— **Agriculture Élémentaire** (Voir *Manuel de
l'Agriculteur*, page 3).
— **Ajusteur-Mécanicien**, Apprenti, Ouvrier, Contre-
maître, par Paul BLANCARNOUX, ingénieur des arts et métiers. 2 vol. ornés de 230 figures dans le texte. 6 fr.
— **Alcoométrie**, contenant la description des appareils et des méthodes alcoométriques, les Tables de Force
de Mouillage des Alcools, le Remontage des Eaux-de-Vie,
et des indications pour la vente des alcools au poids, par
MM. F. MALEPEYRE et AUG. PETIT. 1 vol. 1 fr. 75
— **Algèbre**, ou Exposition élémentaire des principes
de cette science (*En préparation*).
— **Alimentation**, par M. W. MAIGNE. 2 vol. 6 fr.
— *Première partie*, SUBSTANCES ALIMENTAIRES, leur ori-

gine, leur valeur nutritive, falsifications qu'on leur fait subir et moyens de les reconnaître. 1 vol. 3 fr.

— *Deuxième partie*, Conserves alimentaires, contenant tous les procédés en usage pour conserver les Viandes, le Poisson, le Lait, les Œufs, les Grains, les Légumes verts et secs, les Fruits, les Boissons, etc., suivi du Bouchage des boîtes, des vases et des bouteilles. 1 vol.orné de fig. 3 fr.

— **Amidonnier et Fabricant de Pâtes alimentaires**, traitant de la Fabrication de l'Amidon et des Produits obtenus des Fruits et des Plantes qui renferment de la Fécule, par MM. Morin, F. Malepeyre et Alb. Larbalétrier. 1 vol. avec figures et planches. 3 fr.

— **Anatomie comparée**, par MM. de Siebold et Stannius ; trad. de l'allemand par MM. Spring et Lacordaire, professeurs à l'Université de Liège. 3 gros vol. 10 fr. 50

— **Aniline (Couleurs d'), d'Acide phénique et de Naphtaline**, par M. Th. Chateau. (*En préparation.*)

— **Animaux nuisibles** (Destructeur des).

1re *partie*, Animaux nuisibles aux Habitations, à l'Agriculture, au Jardinage, etc., par Vérardi (*En préparation*).

2e *partie*, Insectes nuisibles aux Arbres forestiers et fruitiers, à l'usage des Forestiers, des Jardiniers et des Propriétaires, par MM. Ratzeburg, De Corberon et Boisduval. 1 vol. orné de 8 planches. (*En préparation.*)

— **Archéologie** grecque, étrusque, romaine, égyptienne, indienne, etc. (*En préparation*).

— **Architecte des Jardins**, ou l'Art de les composer et de les décorer, par M. Boitard. 1 vol. avec Atlas de 140 planches (*En préparation*).

— **Architecte des Monuments religieux**, ou Traité d'Archéologie pratique, applicable à la restauration et à la construction des Eglises, par M. Schmit. (*En prépar.*).

— **Arithmétique démontrée**, par MM. Collin et Trémery. 1 vol. (*En préparation.*)

— **Arithmétique complémentaire**, ou Recueil de Problèmes nouveaux, par M. Trémery. 1 vol. 1 fr. 75

— **Armurier**, Fourbisseur et Arquebusier, traitant de la fabrication des Armes à feu et des Armes blanches, par M. Paulin Désormeaux. 2 vol. avec planches. (*En prépar.*)

— **Arpentage**. Art de lever les plans, par P. Bourgoin, géomètre topographe. 1 vol avec 255 fig. 3 fr. 50

On vend séparément les Modèles de Topographie, par Chartier. 1 planche coloriée. 1 fr.

— **Art militaire**, ou Instructions pratiques à l'usage

de toutes les armes de terre, par M. Vergnaud, colonel d'artillerie. 1 volume avec figures. (*En préparation*.)

— **Artificier** (Pyrotechnie civile), contenant l'Art de confectionner et de tirer les feux d'artifice, par A.-D. Vergnaud, colonel d'artillerie et P. Vergnaud, lieutenant-colonel. 1 vol. orné de fig. Nouvelle Edition, refondue, par Georges Petit, ingénieur civil. 3 fr.

— **Aspirants** aux fonctions de Notaires, Greffiers, Avocats à la Cour de Cassation, Avoués, Huissiers, et Commissaires-Priseurs, par M. Combes. 1 vol. *(En préparation.)*

— **Assolements, Jachère et Succession des Cultures** (Voir *Manuel de l'Agriculteur*, page 3).

— **Astronomie**, ou Traité élémentaire de cette science, trad. de l'anglais de W. Herschel, par M. A.-D. Vergnaud. 1 vol. orné de planches. (*En préparation*.)

— **Astronomie amusante**, Notions élémentaires sur l'Astronomie par M. L. Tomlinson, traduit de l'anglais par A. D. Vergnaud. 1 vol. avec figures. (*En prép.*)

— **Automobiles** (De la construction et du montage des), contenant l'historique, l'étude détaillée des pièces constituant les automobiles, la construction des voitures à pétrole, à vapeur et électriques, les renseignements sur leur montage et leur conduite, par N. Chryssochoïdès, ingénieur des Arts et Manufactures, professeur à la Fédération générale française des Chauffeurs, Mécaniciens, Electriciens. 2 vol. ornés de 340 figures dans le texte. 8 fr.

— **Bibliographie universelle**, par MM. F. Denis, P. Pinçon et De Martonne. (*En préparation*.)

— **Bibliothéconomie**, Arrangement, Conservation et Administration des Bibliothèques, par L.-A. Constantin. 1 vol. orné de figures. (*En préparation*.)

— **Bijoutier-Joaillier** et Sertisseur, traitant des Pierres précieuses, de la Nacre, des Perles, du Corail et du Jais, contenant l'Art de les tailler, de les sertir, de les monter, de les imiter, suivi de la description des principaux Ordres et la fabrication de leurs décorations, par MM. Julia de Fontenelle, F. Malepeyre et A. Romain. 1 vol. accompagné de planches 3 fr.

— **Bijoutier-Orfèvre**, traitant des Métaux précieux, de leurs Alliages, des divers modes d'Essai et d'Affinage, du Titre et des Poinçons de garantie de l'Or et de l'Argent, des divers travaux d'Orfèvrerie en or, en argent et en plaqué, du Niellage et de l'Emaillage des Métaux précieux, de la Bijouterie en vrai et en faux, de la fabrication des bijoux de fantaisie, en fer, en acier, en aluminium, etc., par J. de Fontenelle, F. Male-

PEYRE et A. ROMAIN. 2 vol. avec fig. et planches.   6 fr.

— **Biographie**, ou Dictionnaire historique abrégé des grands hommes, par M. NOEL, ancien inspecteur-général des études. 2 volumes.   6 fr.

— **Blanchiment et Blanchissage**, Nettoyage et Dégraissage des fils de lin, coton, laine, soie, etc., par G. PETIT, ing. civ. 2 vol. ornés de 112 fig. dans le texte. 7 fr.

— **Bonnetier et Fabricant de bas**, renfermant les procédés à suivre pour exécuter, sur le métier et à l'aiguille les divers tissus à maille, par MM. LEBLANC et PREAUX-CALTOT. 1 vol. avec planches *(En préparation)*.

— **Botanique**, Partie élémentaire, par M. BOITARD. 1 vol avec planches.   3 fr. 50
ATLAS DE BOTANIQUE pour la partie élémentaire. 1 vol. in-8 renfermant 36 planches.   6 fr.

— **Bottier et Cordonnier** *(En préparation)*.

— **Boucher**, voyez *Charcutier*.
TABLEAU FIGURATIF DES DIVERSES QUALITÉS DE LA VIANDE DE BOUCHERIE, in-plano colorié.   1 fr.

— **Bougies stéariques et Bougies de paraffine**, traitant de la fabrication des Acides gras concrets, de l'Acide oléique, de la Glycérine, etc., par M. F. MALEPEYRE. Nouv. éd. rev. et corrig. par G. PETIT, ing. civil. 2 vol. ornés de 179 figures dans le texte.   8 fr.

— **Boulanger**, ou Traité pratique de la Panification française et étrangère, contenant la connaissance des farines, les moyens de reconnaître leur mélange et leur altération, les principes de la Boulangerie, la construction des pétrins et des fours, la fabrication de toute espèce de pains et de biscuits, par J. FONTENELLE et F. MALEPEYRE. Nouvelle édition entièrement refondue et mise au courant de l'état actuel de cette industrie, par SCHIELD-TREHERNE. 1 vol. orné de 97 figures dans le texte   4 fr.

— **Bourrelier-Sellier-Harnacheur**, contenant la description de tout l'outillage moderne. Les renseignements sur les marchandises à employer. Fabrication du harnais, équipement, sellerie, garniture de voitures. Recettes diverses. Vocabulaire des termes en usage dans cette profession, par L. JAILLANT. 1 vol. orné de 126 fig. dans le texte.   3 fr.

— **Bourse et ses Spéculations** mises à la portée de tout le monde, par BOYARD. 1 vol. *(En préparation)*.

— **Bouvier.** *(En préparation.)*

— **Brasseur**, ou l'Art de faire toutes sortes de Bières françaises et étrangères, par F. MALEPEYRE. Nouvelle édi-

tion, entièrement revue et complétée par Schield-Treherne, 2 gros vol. accompagnés d'un Atlas de 14 pl. 8 fr.

— **Briquetier, Tuilier,** Fabricant de Carreaux, de
tuyaux de Drainage et de Creusets réfractaires, contenant la fabrication de ces matériaux à la main et à la mécanique, et la description des fours et appareils actuellement usités dans ces industries, par F. Malepeyre et
A. Romain. Nouvelle édition, revue, corrigée et augmentée, par G. Petit, ingénieur civil. 2 vol. ornés de 351 fig.
dans le texte. 7 fr.

— **Briquets, Allumettes chimiques,** soufrées,
phosphorées, amorphes, etc., *Briquets électriques, Lumière
électrique* et appareils qui la produisent, par MM. Maigne
et A. Brandely. Édition entièrement refondue par Georges
Petit, ingénieur, civil. 1 vol. orné de 67 figures. 3 fr.

— **Broderie,** ou Traité complet de cet Art, par Mme
Celnart. 1 vol. accomp. d'un Atlas de 40 pl. (*En prép.*).

— **Bronzage des Métaux et du Plâtre,** par
Debonliez, Malepeyre, et Lacombe. 1 vol. 1 fr. 25

— **Cadres** (Fabricant de), Passe-Partout, Châssis, Encadrements, suivi de la restauration des tableaux et du
nettoyage des gravures, estampes, etc., par J. Saulo et de
Saint-Victor. Édition entièrement refondue, par E.-E.
Stahl. 1 vol. orné de 27 illustrations. 2 fr.

— **Calculateur,** ou Comptes-Faits utiles aux opérations industrielles, aux comptes d'inventaire, etc., par
M. Aug. Terrière. 1 gros vol. 3 fr. 50

— **Calendrier** (Théorie du). (*En préparation.*)

— **Calligraphie,** ou l'Art d'écrire en peu de leçons,
d'après la méthode de Carstairs. 1 Atlas in-8 obl. 1 fr.

— **Canotier,** ou Traité universel et raisonné de cet
Art, par un Loup d'eau douce. (*En préparation*).

— **Caoutchouc, Gutta-percha, Gomme factice,**
Tissus imperméables, Toiles cirées et gommées, par M.
Maigne. Nouvelle édition, revue et augmentée, par G. Petit,
ingénieur civil. 2 vol. ornés de 96 fig. dans le texte. 6 fr.

— **Capitaliste,** contenant la pratique de l'escompte et
des comptes-courants, d'après la méthode nouvelle, par
M. Terrière, employé à la trésorerie générale de la couronne. 1 gros vol. (*En préparation*).

— **Carrossier.** (*En préparation.*)

— **Cartes Géographiques** (Construction et Dessin
des), par Perrot. Nouvelle édition par Bourgoin. 1 vol.
orné de 148 figures. 2 fr. 50

— **Cartonnier,** Fabricant de Carton, de Carte, de

Cartonnages et de Cartes à jouer, par Georges PETIT, ingénieur civil. 1 vol. orné de 95 fig. dans le texte. 4 fr.

— **Chamoiseur, Maroquinier, Mégissier, Teinturier en peaux, Fabricant de Cuirs vernis, Parcheminier et Gantier**, traitant de l'outillage à la main, des machines nouvelles, et des procédés les plus récents en usage dans ces diverses industries, par MM. JULIA DE FONTENELLE, MAIGNE et VILLON. 1 vol. avec fig. 3 fr. 50

— **Chandelier et Cirier**, contenant toutes les opérations usitées dans ces industries. Nouvelle édition par Georges PETIT, ingénieur civil. 1 vol. orné de 85 figures dans le texte. 4 fr.

— **Chapeaux** (Fabricant de) en tous genres, par MM. CLUZ, F. et JULIA DE FONTENELLE. 1 vol. (*En préparation*).

— **Charcutier, Boucher et Equarrisseur**, contenant l'élevage et l'engraissement du Porc et de la Truie, l'Art de préparer et de conserver les différentes parties du Cochon, les maniements et le Dépeçage du Bœuf, de la Vache, du Taureau, du Veau, du Mouton et du Cheval, et traitant de l'utilisation des débris, par MM. LÉBRUN et MAIGNE. 1 vol. avec figures et planches. 2 fr. 50

On vend séparément :

TABLEAU DES QUALITÉS DE VIANDE, in plano col. 1 fr.

— **Charpentier**, ou Traité complet et simplifié de cet Art, traitant de la Charpente en bois et en fer et de la Manipulation des diverses pièces de Charpente, par HANUS, BISTON, BOUTEREAU et GAUCHÉ. Nouvelle édition refondue, corrigée et augmentée de la *Série des Prix*, par N. CHRYSSOCHOÏDÈS. 2 vol. ornés de 94 fig. dans le texte et accompagnés d'un Atlas de 22 planches. 8 fr.

— **Charron-Forgeron**, traitant de l'Atelier, de l'Outillage, des Matériaux mis en œuvre par le Charron, du Travail de la forge, de la Construction du gros et du petit matériel, etc., par M. G. MARIN-DARBEL. 1 vol. orné de nombreuses figures et accompagné de planches. 3 fr. 50

— **Chasseur**, ou Traité général de toutes les chasses à courre et à tir, suivi d'un Vocabulaire des termes de Chasse et de la Législation, par MM. DE MERSAN, BOYARD et ROBERT. 1 vol. contenant la musique des principales fanfares. 3 fr.

— **Chaudronnier**, contenant l'Art de travailler au marteau le cuivre, la tôle et le fer-blanc, ainsi que les travaux d'Estampage et d'Etampage, par MM. JULLIEN, VALÉRIO et CASALONGA, ingénieurs civils. Nouvelle édition entièrement refondue et augmentée du *Tracé en chaudronnerie*, par Georges PETIT, ingén. civil. 1 vol. orné de

86 fig. dans le texte et accompagné d'un Atlas de 20 pl. 5 fr.

— **Chauffage et Ventilation** des Bâtiments publics et privés, au moyen de l'air chaud, de l'eau chaude et de la vapeur, Chauffage des Bains, des Serres, des Vins, et des Vagons de chemins de fer, par M. A. ROMAIN. 1 vol. accompagné de planches et orné de figures. 3 fr.

— **Chaufournier, Plâtrier, Carrier et Bitumier**, contenant l'exploitation des Carrières et la fabrication du Plâtre, des différentes Chaux, des Ciments, Mortiers, Bétons, Bitumes, Asphaltes, etc., par MM. D. MAGNIER et A. ROMAIN. Nouvelle édition. 1 vol. accompagné de planches. 3 fr. 50

— **Chemins de Fer**, contenant des études comparatives sur les divers systèmes de la voie et du matériel, le Formulaire des charges et conditions pour l'établissement des travaux, etc., par M. E. WITH. 2 vol. avec atlas 7 fr.

— **Cheval (Education et dressage du)** monté et attelé, traitant de son hygiène et des remèdes qui lui conviennent, par M. DE MONTIGNY. 1 vol. avec planches. 3 fr.

— **Chimie Agricole**, par MM. DAVY et VERGNAUD. 1 vol. orné de figures. (*En préparation.*)

— **Chimie analytique** (*En préparation*).

— **Chimie appliquée**, voyez *Produits chimiques*.

— **Chocolatier**, voyez *Confiseur et Chocolatier*.

— **Cidre et Poiré** (Fabricant de), traitant de la Culture et de la Greffe des meilleures variétés de fruits propres à faire le Cidre et le Poiré, ainsi que des Méthodes nouvelles et des Appareils perfectionnés employés dans cette industrie, par MM. DUBIEF, F. MALEPEYRE et le Comte DE VALICOURT. 1 vol. orné de figures. 3 fr.

— **Cirage**, voyez *Encres*.

— **Ciseleur**, contenant la description des procédés de l'Art de ciseler et repousser tous les métaux ductiles, bijouterie, orfèvrerie, armures, bronzes, etc., par M. Jean GARNIER, ciseleur-sculpteur. Nouvelle édition, revue, corrigée et augmentée, par C. CHOUARTZ, ciseleur. 1 vol. orné de 60 figures dans le texte. 3 fr.

— **Clichage** en matière et galvanique, voyez *Graveur*.

— **Coiffeur**, par M. VILLARET. 1 vol. orné de figures. (*En préparation*).

— **Colles** (Fabrication de toutes sortes de), comprenant celles de matières végétales, animales et composées, par MALEPEYRE. Nouvelle édition entièrement refondue par H. BERTRAN, ingénieur des Arts et Manufactures. 1 vol. orné de 114 figures dans le texte. 3 fr.

— **Coloriste**, contenant le mélange et l'emploi des Couleurs, ainsi que l'Enluminure, le Lavis, le coloriage à la main et au patron, etc., par MM. Perrot, Blanchard, Thillaye et Veronaud. (*En préparation.*)

— **Commerce, Banque et Change**, contenant tout ce qui est relatif aux effets de Commerce, à la tenue des livres, à la comptabilité, à la bourse, aux emprunts, etc., par M. Gallas, suivi de la Méthode nouvelle pour le calcul des intérêts a tous les taux (*En préparation*).

— **Compagnie** (Bonne), ou Guide de la Politesse et de la Bienséance, par madame Celnart (*En préparation*).

— **Comptes-Faits**, voyez *Calculateur, Poids et Mesures* (*Barème des*).

— **Confiseur et Chocolatier**, contenant les derniers perfectionnements apportés à ces Arts, par MM. Cardelli et Lionnet-Clémandot. Nouvelle édition complètement refondue par M. A. M. Villon, ingénieur-chimiste. 1 vol. avec nombreuses illustrations. 4 fr.

— **Conserves alimentaires**, voyez *Alimentation*.

— **Construction moderne** (La), ou Traité de l'Art de bâtir avec solidité, économie et durée, comprenant la Construction, l'histoire de l'Architecture et l'Ornementation des édifices, par Bataille, architecte, anc. professeur. Nouvelle édition, revue, corrigée et augmentée par N. Chryssochoïdès. 1 vol. orné de 224 fig. dans le texte et accompagné d'un Atlas grand in-8º de 44 planches. 15 fr.

— **Constructions agricoles**, traitant des matériaux et de leur emploi dans les Constructions destinées au logement des Cultivateurs, des Animaux et des Produits agricoles dans les petites, les moyennes et les grandes exploitations, par M. G. Heuzé, inspecteur de l'agriculture. 1 vol. accompagné d'un Atlas de 16 pl. grand in-8º. 7 fr.

— **Contre-Poisons**, ou Traitement des individus empoisonnés, asphyxiés, noyés ou mordus, par M. le Docteur H. Chaussier. 1 vol. (*En préparation*).

— **Contributions Directes**, Guide des Contribuables, par M. Boyard. (*En préparation.*)

— **Cordier**, contenant la culture des Plantes textiles, l'extraction de la Filasse, et la fabrication de toutes sortes de cordes et câbles, par G. Laurent, ingénieur des Arts et Manufactures. 1 vol. orné de 115 figures. 3 fr. 50

— **Correspondance Commerciale**, par MM. Rees-Lestienne et Trémery. (*En préparation.*)

— **Corroyeur**, voyez *Tanneur*.

— **Couleurs** (Fabricant de) à l'huile et à l'eau, Laques, Couleurs hygiéniques, Couleurs fines, etc., par MM. RIFFAULT, VERGNAUD, TOUSSAINT et MALEPEYRE. 2 volumes accompagnés de planches. 7 fr.

— **Coupe des Pierres**, contenant des notions de Géométrie élémentaire et descriptive, ainsi que l'art du Trait appliqué à la Stéréotomie, par MM. TOUSSAINT et H. M.-M., architectes. Nouvelle édition, augmentée d'un Appendice sur le transport et le travail de la pierre, par FROMHOLT. 1 vol. avec Atlas. 5 fr.

— **Coutelier**, ou l'Art de faire tous les Ouvrages de Coutellerie, par LANDRIN, ingr civil. (*En préparation*).

— **Couvreur**, voyez *Plombier*.

— **Crustacés** (Hist. natur. des), par MM. Bosc et DESMAREST, etc. 2 vol. ornés de planches. 6 fr.

— **Cubage des Bois** en grume ou écorcés au 1/4 et au 1/5 réduits, de 1m à 10m 90 de longueur inclus, et de 0m 40 à 4m de circonférence inclus ; donnant tous les cubes par fraction de 0m 10 en 0m 10 pour la longueur et de 0m 05 en 0m 05 pour la circonférence, et permettant d'obtenir les cubes de toutes longueurs, par G. HAUDEBERT, ancien marchand de bois à Vendôme. 1 vol. 1 fr. 25

— **Cuisinier et Cuisinière.** (*En préparation.*)

— **Cultivateur Forestier**, contenant l'Art de cultiver en forêts tous les Arbres indigènes et exotiques, par M. BOITARD. 2 vol. (*En préparation.*)

— **Cultivateur Français**, ou l'Art de bien cultiver les Terres et d'en retirer un grand profit, par M. THIÉBAUT DE BERNEAUD. 2 vol. ornés de figures. 5 fr.

— **Dames**, ou l'Art de l'Elégance, traitant des Objets de toilette, d'ameublement et de voyage qui conviennent aux Dames, par madame CELNART. (*En préparation.*)

— **Danse**, ou Traité théorique et pratique de cet Art, contenant toutes les *Danses de Société* et la Théorie de la Danse théâtrale, par BLASIS et LEMAITRE. 1 vol. 1 fr. 25

— **Décorateur-Ornementiste.** (*En préparation.*)

— **Dessin Linéaire**, par M. ALLAIN, entrepreneur de travaux publics. 1 vol. avec Atlas de 20 planches. 5 fr.

— **Dessinateur**, ou Traité complet du Dessin, par M. BOUTEREAU, professeur. 1 volume accompagné d'un Atlas de 20 planches, dont quelques-unes coloriées. 5 fr.

— **Distillateur-Liquoriste**, contenant les Formules des Liqueurs les plus répandues, les parfums, substances colorantes, etc., par MM. LEBEAUD, JULIA DE FONTENELLE et MALEPEYRE. 1 gros volume. 3 fr. 50

— **Distillation de la Betterave, de la Pomme de terre**, du Topinambour et des racines féculentes, telles que la carotte, le rutabaga, l'asphodèle, etc., par HOURIER et MALEPEYRE. Nouvelle édition entièrement refondue par LARBALÉTRIER. 1 vol. accomp. de 3 pl. gravées sur acier. 3 fr.

— **Distillation des Grains et des Mélasses**, par MM. F. MALEPEYRE et ALB. LARBALÉTRIER. 1 vol accompagné d'un Atlas de 9 planches in-8°. 5 fr.

— **Distillation des Vins**, des Marcs, des Moûts, des Fruits, des Cidres, etc., par M. F. MALEPEYRE. Nouvelle édition revue, corrigée et considérablement augmentée par M. Raymond BRUNET, ingénieur-agronome. 1 vol. 3 fr.

— **Domestiques**, ou Art de former de bons serviteurs, par Mᵐᵉ CELNART. 1 vol. *(En préparation.)*

— **Dorure, Argenture, Nickelage, Platinage sur Métaux**, au feu, au trempé, à la feuille, au pinceau, au pouce et par la méthode électro-métallurgique, traitant de l'application a l'Horlogerie de la dorure et de l'argenture galvaniques, et de la coloration des Métaux par les oxydes métalliques et l'Electricité, par MM. MATHEY, MAIGNE, A. VILLON et Georges PETIT, ingénieur civil. 1 vol. orné de 36 figures dans le texte. 3 fr. 50

— **Dorure sur bois** à l'eau et à la mixtion, par les procédés anciens et nouveaux, traitant des Peintures laquées sur Meubles et sur Sièges, par M. SAULO. 1 vol. 1 fr. 50

— **Drainage simplifié**. (Voir *Agriculture*, p. 3.)

— **Eaux et Boissons Gazeuses**, ou Description des méthodes et des appareils les plus usités dans cette industrie, le bouchage des bouteilles et des siphons, la Gazéification des Vins, Bières et Cidres, etc. Nouv. édit. augmentée des Boissons angl. et améric., par L. GASQUET, Ingénieur des Arts et Manufactures, et JARRE, Ingénieur. 1 vol. orné de 140 fig. dans le texte. 4 fr.

— **Eaux-de-Vie (Négociant en)**, Liquoriste, Marchand de Vins et Distillateur, par MM. RAVON et MALEPEYRE. Nouvelle édition revue, corrigée et augmentée par RAYMOND BRUNET, ingénieur-agronome, 1 vol. 1 fr.

— **Ebéniste et Tabletier**, traitant des Bois, de leur Teinture et de leur Apprêt, de l'Outillage, du Débitage des bois de placage, de la fabrication et de la réparation des Meubles de tout genre et du travail de la Tabletterie, par MM. NOSBAN et MAIGNE. 1 vol orné de figures et accompagné de planches. 3 fr. 50

— **Electricité atmosphérique** (voir *Electricité*).

— **Electricité médicale,** ou Eléments d'Electro-Biologie, suivi d'un Traité sur la Vision, par M. Smee, traduit par M. Magnier. 1 vol. orné de figures. 3 fr.

— **Electricité,** contenant théorie, pratique et applications diverses, par G. Petit, Ingénieur civil, 2 vol. ornés de 285 figures dans le texte. 8 fr.

— **Encres (Fabricant d')** de toute sorte, telles que Encres d'écriture, Encres à copier, Encres d'impression typographique, lithographique et de taille douce, Encres de couleurs, Encres sympathiques, etc., suivi de la *Fabrication des Cirages* et de l'*Imperméabilisation des Chaussures,* par MM. de Champour, F. Malepeyre et A. Villon. 1 v. 3 fr. 50

— **Engrais** (Fabrication et application des) animaux, végétaux et minéraux et des Engrais chimiques, ou Traité théorique et pratique de la nutrition des plantes, par MM. Eug. et Henri Landrin et M. Alb. Larbalétrier. 1 vol. orné de figures. 3 fr.

— **Enregistrement** (voir page 32, *Précis*).

— **Entomologie élémentaire,** ou Entretiens sur les Insectes en général, mis à la portée de la jeunesse, par M. Boyer de Fonscolombe. (*En préparation.*)

— **Epistolaire (Style),** Choix de lettres puisées dans nos meilleurs auteurs et Instructions sur le style, par Biscarrat et la comtesse d'Hautpoul (*En préparation*).

— **Equarrisseur,** voyez *Charcutier.*

— **Equitation,** traitant du manège civil, du manège militaire, de l'Equitation des Dames, etc., par MM. Vergnaud et d'Attanoux. 1 vol. orné de figures. 3 fr.

— **Escaliers en Bois** (Construction des), traitant de la manipulation et du posage des Escaliers à une ou plusieurs rampes, de tous les modèles et s'adaptant à toutes les constructions, par M. Boutereau. 1 vol. et Atlas grand in-8º de 20 planches gravées sur acier. 5 fr.

— **Escrime,** ou Traité de l'Art de faire des armes, par M. Lafaugère. 1 vol. orné de figures. 2 fr. 50

— **Etat Civil** (Officier de l'), traitant de la Tenue des Registres et de la Rédaction des Actes, par M. Lemolt. (*En préparation.*)

— **Etoffes imprimées et Papiers peints** (Fabricant d'). (*En préparation.*)

— **Falsifications des Drogues** simples ou composées, moyens de les reconnaître, par M. Pédroni, chimiste. 1 vol. avec planche. (*En préparation.*)

— **Ferblantier-Lampiste,** ou Art de confectionner tous les Ustensiles en fer-blanc, de les souder, de les réparer, etc., suivi de la fabrication des Lampes et des Appa-

reils d'éclairage, par MM. LEBRUN, MALEPEYRE et A. RO-
MAIN. Nouv. édit. complètement refondue par G. PETIT,
ingén. civ., 1 vol. orné de 178 fig. dans le texte. 4 fr.

— **Fermier.** — Voir *Agriculteur*, page 3.

— **Filature du Coton,** contenant la description des
Métiers à filer le coton, diverses formules pour apprécier
la résistance des Appareils mécaniques, et un Traité des
engrenages, par M. DRAPIER. (*En préparation.*)

— **Filetage,** contenant Méthode très pratique permettant a tout ouvrier tourneur de trouver toutes les
roues nécessaires pour reproduire tous les pas : métriques,
périodiques, bâtards et anglais, avec n'importe quelle vis-
mère, par G. BARATTE, ouvrier mécanicien. 1 vol. 1 fr.

— **Fleuriste artificiel et Feuillagiste,** ou l'Art
d'imiter toute espèce de Fleurs, de Feuillage et de Fruits,
par Mme CELNART. 1 vol. orné de 50 figures. 3 fr.

On peut se procurer des *modèles coloriés*, dessinés d'a-
près nature, par REDOUTÉ. La planche : 1 fr.

— **Fondeur,** traitant de la Fonderie du fer, de l'acier,
du cuivre, du bronze et du laiton, de la fonte des statues,
des cloches, etc., par MM. A. GILLOT et L. LOCKERT, ingénieurs. Nouvelle édition revue, corrigée et augmentée par
N. CHRYSSOCHOÏDÈS, ingénieur des Arts et Manufactures.
2 vol. ornés de 253 figures dans le texte. 8 fr.

— **Fontainier,** voy. *Mécanicien-Fontainier, Sondeur.*

— **Forestier praticien** (le) et Guide des Gardes Champêtres (Voir *Cultivateur forestier, Gardes champêtres).*

— **Forgeron, Maréchal, Taillandier,** voyez *Charron, Machines-Outils, Serrurier.*

— **Forges** (Maître de), ou Traité théorique et pratique
de l'Art de travailler le fer, la fonte et l'acier. Nouv. édit.
par N. CHRYSSOCHOÏDÈS, ing. des Arts et Manufactures, 2
vol. ornés de 312 fig. dans le texte. 9 fr.

— **Galvanoplastie,** ou Traité complet des Manipulations électro-métallurgiques, contenant tous les procédés
les plus récents et les plus usités, par M. A. BRANDELY.
Nouvelle édition revue et corrigée par G. PETIT, ingén.
civil. 2 vol. ornés de 81 figures. 7 fr.

— **Gants** (Fabricant de), voyez *Chamoiseur.*

— **Gardes Champêtres, Gardes Forestiers,
Gardes-Pêche, et Gardes-Chasse,** par M. BOYARD,
anc. prés. a la C. d'Orléans, M. VASSEROT, anc. sous-préfet,
M. V. ÉMION et M. L. CREVAT, juges de paix, 1 vol. 2 fr. 50

— **Gardes-Malades,** et personnes qui veulent se soi-
gner elles-mêmes, par M. le docteur MORIN. 1 vol. 2 fr. 50

— **Gaz** (Appareilleur à), voyez *Plombier.*

— **Gaz** (Eclairage et Chauffage au), ou Traité élémentaire et pratique destiné aux Ingénieurs, aux Directeurs et aux Contre-Maîtres d'Usines à Gaz, mis à la portée de tout le monde, suivi d'un *Aide-Mémoire de l'Ingénieur-Gazier*, par M. D. MAGNIER, ingénieur-gazier. Nouvelle édition corrigée, augmentée et entièrement refondue, par E. BANCELIN, ancien élève de l'Ecole polytechnique, ancien sous-régisseur d'usine de la Cⁱᵉ Parisienne du Gaz. 2 vol. ornés de 322 figures dans le texte.   8 fr.

On a extrait de ce Manuel l'ouvrage suivant :
AIDE-MÉMOIRE DE L'INGÉNIEUR-GAZIER, contenant les Notions et les Formules nécessaires aux personnes qui s'occupent de la Fabrication et de l'Emploi du Gaz. Br. in-18. 75 c.

— **Géographie de la France,** divisée par bassins, par M. LORIOL (*Autorisé par l'Université*). 1 vol.   2 fr. 50

— **Géographie physique,** ou Introduction à l'étude de la Géologie, par M. HUOT. 1 vol. (*En préparation.*)

— **Géologie,** ou Traité élémentaire de cette science, par MM. HUOT et D'ORBIGNY. 1 vol. (*En préparation.*)

— **Gourmands,** ou l'Art de faire les honneurs de sa table, par CARDELLI. (*En préparation.*)

— **Graveur,** ou Traité complet de la Gravure en creux et en relief, Eau-forte, Taille douce, Héliogravure, Gravure sur bois et sur métal, Photogravure, Similigravure, Procédés divers, Clichage des gravures en plomb et en galvanoplastie, Fabrication des Cartes à jouer, Gravure de la musique, etc., par M. VILLON. 2 vol. orn. de fig. 6 fr.

— **Greffes** (Monographie des), ou Description des diverses sortes de Greffes employées pour la multiplication des végétaux. (*En préparation.*) — Voir *Jardinage*, p. 3.

— **Gymnastique,** par M. le colonel AMOROS. (*Ouvrage couronné par l'Institut, admis par l'Université, etc.*) 2 vol. et Atlas.   10 fr. 50

— **Habitants de la Campagne** (Voir *Agriculteur*, page 3).

— **Histoire naturelle médicale et de Pharmacographie,** ou Tableau des Produits que la Médecine et les Arts empruntent à l'Histoire naturelle, par M. LESSON, ancien pharmacien de la marine à Rochefort. (*En préparation.*)

— **Horloger,** comprenant la Construction détaillée de l'Horlogerie ordinaire et de précision, et, en général, de toutes les machines propres à mesurer le temps ; par LENORMAND, JANVIER et MAGNIER, revu par L. S.-T. Nouvelle édition entièrement refondue et augmentée de l'Horlogerie Electrique, l'Horlogerie Pneumatique et la Boîte à Musique, par E. STAHL. 2 vol. accompagnés d'un Atlas de 15 planches. 7 fr.

— **Horloger-Rhabilleur,** traitant du rhabillage et du réglage des Montres et des Pendules, augmenté de : **Corrélation du Pendule au rochet** avec le levier de la Force motrice. Etude mécanique appliquée à l'Horlogerie, par M. J.-E. PERSEGOL. 1 vol. orné de 59 fig. 2 fr. 50
On vend séparément :
CORRÉLATION DU PENDULE AU ROCHET. 50 c.

— **Huiles minérales,** leur Fabrication et leur Emploi à l'Eclairage et au Chauffage, par D. MAGNIER, ingénieur. Nouvelle édition par N. CHRYSSOCHOÏDÈS. 1 vol. orné de 70 figures. 4 fr.

— **Huiles végétales et animales** (Fabricant et Epurateur d'), comprenant la Fabrication des Huiles et les méthodes les plus usuelles de les essayer et de reconnaître leur sophistication, par J. DE FONTENELLE, F. MALEPEYRE et AD. DALICAN. Nouvelle édition revue, corrigée et augmentée par N. CHRYSSOCHOÏDÈS, ingénieur des arts et manufactures. 2 vol. ornés de 190 fig. dans le texte. 7 fr.

— **Hydroscope,** voyez *Sondeur.*

— **Hygiène,** ou l'Art de conserver sa santé, par le docteur MORIN. 1 vol. *(En préparation.)*

— **Indiennes** (Fabricant d'), renfermant les Impressions des Laines, des Châles et des Soies, par MM. THILLAYE et VERGNAUD. 1 vol. accompagné de planches. *(En préparation).*

— **Instruments de Chirurgie** (Fabricant d'), par M. H.-C. LANDRIN. *(En préparation.)*

— **Irrigations et assainissement des Terres,** ou Traité de l'emploi des Eaux en agriculture, par M. le Marquis DE PARETO, 3 vol. accompagnés de deux Atlas composés de 40 planches in-folio et de tableaux. *(En prép.)*

— **Jeunes gens,** ou Sciences, Arts et Récréations qui leur conviennent, par M. VERGNAUD. *(En préparation.)*

— **Jeux d'Adresse et d'Agilité,** contenant les Jeux et les Récréations d'intérieur et en plein air, à l'usage des enfants, des jeunes gens et des jeunes filles de tout âge, et des grandes personnes, par DUMONT. 1 vol. orné de figures *(En préparation).*

— **Jeux de Calcul et de Hasard.** *(En prép.)*

— **Jeux de Cartes,** tels que l'Ecarté, le Piquet, le Whist, la Bouillotte, le Bésigue, le Trente et un, le Baccarat, le Lansquenet, etc. 1 vol. *(En préparation.)*

— **Jeux de Société**, renfermant les Rondes enfantines, les Jeux innocents, les Pénitences, les Jeux d'esprit, les Jeux de Salon les plus en usage dans les réunions intimes, par Madame CELNART. 1 vol. (*En préparation.*)

— **Justices de Paix**, ou Traité des Compétences et Attributions tant anciennes que nouvelles, en toutes matières, par M. BIRET. (*En préparation.*)

— **Laiterie**, ou Traité de toutes les méthodes en usage pour traiter et conserver le Lait, faire le Beurre, confectionner les Fromages français et étrangers, et reconnaître les Falsifications de ces substances alimentaires, par M. MAIGNE. 1 vol. orné de figures. 3 fr.

— **Lampiste**, voyez *Ferblantier*.

— **Langage** (Pureté du), par M. BLONDIN (*En prép.*).

— **Langage** (Pureté du), par MM BISCARRAT et BONIFACE. 1 vol. (*En préparation.*)

— **Levure (Fabricant de)**, traitant de sa composition chimique, de sa production et de son emploi dans l'industrie, principalement dans la Brasserie, la Distillation, la Boulangerie, la Pâtisserie, l'Amidonnerie, la Papeterie, par F. MALEPEYRE. Nouvelle édition revue et corrigée par R. BRUNET, ingénr agronome. 1 vol. orné de fig. 2 fr 50

— **Limonadier**, Glacier, Cafetier et Amateur de thés, contenant la fabrication de la Glace et des Boissons frappées ou rafraîchissantes, par CHAUTARD et JULIA DE FONTENELLE. Nouvelle édition entièrement refondue par CHRYSSOCHOÏDÈS, ingénieur des Arts et Manufactures. 1 vol. orné de 76 figures dans le texte. 3 fr.

— **Linotypie**, *la Linotype à la portée de tous*, contenant description, fonctionnement, avaries et réparations, instructions aux opérateurs, par H. GIRAUD, mécanicien-électricien au journal *La Dépêche de Brest*, 1 vol. orné de 36 figures. 1 fr. 50

— **Liquides (Amélioration des)**, tels que Vins, Alcools, Spiritueux divers, Liqueurs, Cidres, Bières. Vinaigres. Laits, par V.-F. LEBEUF ; 6e éd., entièrement refondue, par le Dr E. VARENNE I. P. ⚜. ancien distillateur, négociant en vins et spiritueux, membre de la commission extra-parlementaire de l'alcool, etc., rédacteur scientifique à la *Revue Vinicole*, 1 vol. 3 fr.

— **Lithographe** (Imprimeur et Dessinateur), traitant de l'Autographie, la Lithographie mécanique, la Chromolithographie, la Lithophotographie, la Zincographie, et des procédés nouveaux en usage dans cette industrie, par M. VILLON. 2 volumes et Atlas in-18. 9 fr.

— **Littérature** à l'usage des deux sexes, par madame D'HAUTPOUL. 1 vol.   1 fr. 75

— **Locomotion** mécanique, voyez *Vélocipédie et Automobiles.*

— **Luthier,** ou Traité de la construction des Instruments à cordes et à archet, tels que le Violon, l'Alto, le Violoncelle, la Contrebasse, la Guitare, la Mandoline, la Harpe, les Monocordes, la Vielle, etc., traitant de la Fabrication des Cordes harmoniques en boyau et en métal, par MM. MAUGIN et MAIGNE. Nouvelle édition suivie du mémoire sur la construction des instruments à cordes et à archet, par F. SAVART. 1 vol. avec fig. et planches.   3 fr. 50

— **Machines à Vapeur** appliquées à la Marine, par M. JANVIER. 1 vol. avec planches. (*En préparation.*)

— **Machines Locomotives** (Constructeur de), par M. JULLIEN, ingénieur civil (*En préparation*).

— **Machines-Outils** employées dans les usines et ateliers de construction, pour le Travail des Métaux, par M. CHRÉTIEN. Voir page 32.

— **Maçon, Stucateur, Carreleur et Paveur,** contenant l'emploi, dans ces industries, des matières calcaires et siliceuses, ainsi que la construction des Bâtiments de ville et de campagne, et les méthodes de Pavage expérimentées dans les grandes villes, par MM. TOUSSAINT, D. MAGNIER, G. PICAT et A. ROMAIN. 1 vol. orné de figures et accompagné de 6 planches.   3 fr. 50

— **Maires, Adjoints, Conseillers et Officiers municipaux,** rédigé *par ordre alphabétique,* par M. Ch. VASSEROT, ancien adjoint. (*En préparation.*)

— **Maître d'Hôtel,** ou Traité complet des menus, mis à la portée de tout le monde, par M. CHEVRIER. 1 vol. orné de figures. (*En préparation.*)

— **Maîtresse de Maison,** ou Conseils et Recettes sur l'Economie domestique, par Mme LAURENT. 1 vol. (*En préparation*).

— **Mammalogie,** ou Histoire naturelle des Mammifères, par M. LESSON. (*En préparation.*)

— **Marbrier,** contenant Etude et Travail des Marbres, série des Prix, Vocabulaire, et donnant les Modèles les plus variés de Monuments funèbres, Chambranles, Cheminées, etc., par Henry GUÉDY, architecte. 1 vol. et atlas grand in-8° de 20 planches, gravées sur acier.   7 fr.

— **Marine,** Gréement, manœuvre du Navire et Artillerie, par M. VERDIER. 2 vol. ornés de figures.   5 fr.

— **Maroquinier,** voyez *Chamoiseur.*

3.

— **Marqueteur et Ivoirier**, traitant de la fabrication des meubles et des objets meublants en marqueterie et en incrustation, de la Tabletterie-Ivoirerie, du travail de l'Ivoire, de l'Os, de la Corne, de la Baleine, de la Nacre, de l'Ambre, etc., par MM. MAIGNE et ROBICHON. 1 vol. orné de figures. 3 fr. 50

— **Mathématiques appliquées**, Notions élémentaires sur les Lois du mouvement des corps solides, de l'Hydraulique, de l'Air, du Son, de la Lumière, des Levés de terrains et nivellement, du Tracé des Cadrans solaires, etc., par RICHARD. (*En préparation.*)

— **Mécanicien-Fontainier**, comprenant la Conduite et la Distribution des Eaux, le mesurage aux Compteurs et à la Jauge, la Filtration, la fabrication des Robinets, des Fontaines, des Bornes, des Bouches d'eau, des Garde-robes, etc,, par MM. BISTON, JANVIER, MALEPEYRE et A. ROMAIN. 1 vol. avec figures et planches. 3 fr. 50

— **Mécanique**, ou Exposition élémentaire des lois de l'Equilibre et du Mouvement des Corps solides, par M. TERQUEM. (*En préparation*). (*Voir Ajusteur-Mécanicien*).

— **Médecine et Chirurgie domestiques**, contenant les moyens les plus simples et les plus rationnels pour la guérison de toutes les maladies, par M. le docteur MORIN. (*En préparation.*)

— **Mégissier**, voyez *Chamoiseur.*

— **Menuisier en bâtiments, Layetier-Emballeur**, traitant des Bois employés dans la menuiserie, de l'Outillage, du Trait, de la Construction des Escaliers, du Travail du Bois, etc., par MM. NOSBAN et MAIGNE. 2 vol. accompagnés de planches et ornés de figures. 6 fr.

— **Métaux** (Travail des), voyez *Machines-Outils, Tourneur, Charron, Chaudronnier, Ferblantier.*

— **Meunier, négociant en grains et constructeur de moulins**, par N. CHRYSSOCHOÏDÈS, 2 vol. ornés de 140 figures dans le texte 7 fr.

— **Microscope** (Observateur au). Description du Microscope et ses diverses applications, par M. F. DUJARDIN, ancien professeur à la Faculté des Sciences de Rennes. 1 vol. avec Atlas de 30 planches. 10 fr. 50

— **Minéralogie**, ou Tableau des Substances minérales, par M. HUOT (*En préparation*).

— **Mines (Exploitation des)**.
2ᵉ *partie*, MÉTAUX PRÉCIEUX ET INDUSTRIELS, SOUFRE, SEL, DIAMANT, par M. L. KNAB, ingénieur. 1 vol. avec pl. 3 fr. 50

. — **Miniature**, voyez *Peinture à l'Aquarelle*.

— **Morale**, ou Droits et Devoirs dans la Société. 1 vo·
lume. (*En préparation*.)

— **Morale** (La) de l'Enfance, par le vicomte DE MOREL-
VINDÉ. 1 vol. in-18 cartonné. (*En préparation*.)

— **Moraliste**, ou Pensées et Maximes instructives pour
tous les âges de la vie, par M. TREMBLAY. 2 vol.   5 fr.

— **Mouleur**, ou Art de mouler en Plâtre, au Ciment
à l'argile, à la cire, à la gélatine, traitant du Moulage du
carton, du carton-pierre, du carton-cuir, du carton-toile,
du bois, de l'écaille, de la corne, de la baleine, du cellu-
loïd, etc., contenant le moulage et le clichage des médail-
les, par MM. LEBRUN, MAGNIER, ROBERT et DE VALICOURT.
1 vol. orné de figures.   3 fr. 50

— **Moutardier**, voyez *Vinaigrier*.

— **Musique** : SOLFÈGES, MÉTHODES

Méthode de Trompette	Méthode de Harpe...	3 50
et Trombone.... » 75	— de Cor anglais	1 75

— **Mythologies**. (*En préparation*.)

— **Naturaliste préparateur**, 1re *partie* : Classification, Recherche des Objets d'histoire naturelle et leur
emballage, Disposition et Conservation des Collections, par
M. BOITARD. 1 vol. orné de figures.   3 fr.

— *Seconde partie* : Art de préparer et d'empailler les
Animaux, de conserver les Végétaux et les Minéraux, de
préparer les Pièces d'Anatomie normale et d'embaumer
les corps, par MM. BOITARD et MAIGNE. 1 vol. orné de
figures.   3 fr. 50

— **Navigation**, contenant la manière de se servir de
l'Octant et du Sextant, les méthodes usuelles d'astronomie
nautique, suivi d'un Supplément contenant les méthodes
de calcul exigées des candidats au grade de Maître au ca-
botage, par M. GIQUEL, professeur d'hydrographie. (*En
préparation*).

*— **Numismatique ancienne**, par M. A. DE BARTHÉ-
LEMY, Membre de l'Institut. 1 gros vol. accompagné d'un
Atlas renfermant 12 planches.   7 fr.

*— **Numismatique moderne et du moyen âge**,
par M. AD. BLANCHET. 3 vol. accompagnés d'un Atlas renfermant 14 planches.   15 fr.

— **Oiseaux** (Eleveur d'), ou Art de l'Oiselier, contenant la Description des principales espèces d'Oiseaux
indigènes et exotiques susceptibles d'être élevés en capti-

vité; leur nourriture, leur reproduction, leurs maladies, etc., par M. G. Schmitt. 1 vol. 1 fr. 75

— **Oiseleur,** ou Secrets anciens et modernes de la Chasse aux Oiseaux, traitant de la Fabrication et de l'emploi des Filets et des Pièges, par J. G. et Conrard. 1 vol. orné de planches et de 48 figures dans le texte. Nouvelle édition. 3 fr. 50

— **Organiste,** contenant l'expertise de l'Orgue, sa description, la manière de l'entretenir et de l'accorder soi-même, suivi de Procès-verbaux pour la réception des Orgues de toute espèce et d'un dictionnaire des termes employés dans la facture d'orgues, par J. Guédon. 1 vol. orné de 94 figures dans le texte. 3 fr.

— **Orgues** (Facteur d'), ou Traité théorique et pratique de l'Art de construire les Orgues, contenant le travail de Dom Bédos et les perfectionnements de la facture jusqu'à nos jours, par Hamel. Nouvelle édition revue et augmentée d'un Appendice donnant les nouveautés apportées dans la fabrication depuis la dernière édition, par J. Guédon. 1 vol. grand in-8 jésus, orné de 64 fig. dans le texte et accompagné d'un Atlas de 43 planches. 20 fr.

— **Ornithologie,** ou Description des genres et des principales espèces d'oiseaux, par M. Lesson (*En prépar.*).

Atlas d'Ornithologie, composé de 129 planches représentant la plupart des oiseaux décrits dans l'ouvrage ci-dessus (*En préparation*).

— **Paléontologie,** ou des Lois de l'organisation des êtres vivants comparées à celles qu'ont suivies les Espèces fossiles et humatiles dans leur apparition successive; par M. Marcel de Serres, professeur à la Faculté des Sciences de Montpellier. 2 vol. avec Atlas. 7 fr.

— **Papetier et Régleur,** traitant de ces arts et de toutes les industries annexes du commerce de détail de la Papeterie, par Julia de Fontenelle et Poisson (*En préparation*).

— **Papiers de Fantaisie** (Fabricant de), Papiers marbrés, jaspés, maroquinés, gaufrés, dorés, etc.; Peau d'âne factice, Papiers métalliques, par Fichtenberg (*En préparation.*)

— **Parcheminier,** voyez *Chamoiseur.*

— **Parfumeur,** ou Traité complet de toutes les branches de la Parfumerie, contenant les procédés nouveaux, employés en France, en Angleterre et en Amérique, à l'usage des chimistes-fabricants et des ménages, par MM. Pradal, F. Malepeyre, et A. Villon, 2 vol. ornés de figures. Nouvelle édition corrigée, augmentée et entièrement refondue, par M. A.-M. Villon, ingénieur-chimiste. 6 fr.

— **Patinage** et Récréations sur la Glace, par M. Paulin-Désormeaux. 1 vol. orné de 4 planches. 1 fr. 25

— **Pâtes alimentaires**, voyez *Amidonnier*.

— **Pâtissier**, ou Traité complet et simplifié de Pâtisserie de ménage, de boutique et d'hôtel, par M. Leblanc. 1 vol. orné de figures. 3 fr.

— **Paveur et Carreleur**, voyez *Maçon*.

— **Pêcheur**, ou Traité général de toutes les pêches *d'eau douce et de mer*, contenant l'histoire et la pêche des animaux fluviatiles et marins, les diverses pêches à la ligne et aux filets en rivière et en mer, etc., par Pesson-Maisonneuve et Moriceau. Nouvelle édition entièrement refondue par G. Paulin. 1 vol. orné de 207 fig. dans le texte. 3 fr. 50

— **Pêcheur-Praticien**, ou les Secrets et les Mystères de la Pêche à la ligne dévoilés, par M. Lambert. Nouvelle édition par L. Jaillant. 1 vol. orné de 96 figures dans le texte. 1 fr. 50

— **Peintre d'histoire et Sculpteur**, ouvrage dans lequel on traite de la philosophie de l'Art et des moyens pratiques, par M. Arsenne, peintre. (*En préparation.*)

— **Peintre d'histoire naturelle**, contenant des notions générales sur le dessin, le clair-obscur, l'effet des couleurs, par M. Duménil. (*En préparation.*)

— **Peintre en Bâtiments**, Vernisseur et Vitrier, traitant de l'emploi des Couleurs et des Vernis pour l'assainissement et la décoration des habitations, de la pose des Papiers de tenture et du Vitrage, par Riffault, Vergnaud, Toussaint et F. Malepeyre. Nouvelle édition revue et augmentée du Peintre d'enseignes, de la pose des Vitraux, etc. 1 vol orné de 44 figures. 3 fr.

— **Peintre-Décorateur de théâtre**, par Gustave Coquiot. 1 vol. orné de 50 figures. 3 fr.

— **Peintre de Lettres**, chiffres, attributs, armoiries, sous-verre, par Védère, 1 vol. in-8° contenant 40 planches de modèles 10 fr.

— **Peintre en Voitures**, par V. Thomas, maître de conférences à la Faculté des Sciences de Rennes. 1 vol. orné de 54 figures, 3 fr,

— **Peinture** à l'**Aquarelle**, Gouache, Miniature, Peinture à la cire, Peintures orientales, procédé Raffaëlli, etc. Nouvelle édition par Henry GUÉDY. 1 vol.   3 fr.

— **Peinture sur Verre, Porcelaine, Faïence et Email**, traitant de la décoration de ces matieres, ainsi que de la fabrication des Emaux et des Couleurs vitrifiables et de l'Emaillage sur métaux précieux ou communs et sur terre cuite, par MM. REBOULLEAU, MAGNIER et ROMAIN. 1 vol. avec fig. Nouv. édit. revue par H. BERTRAN. 3 fr. 50

— **Peinture et Vernissage des Métaux et du Bois**, traitant des Couleurs et des Vernis propres à décorer les Métaux et les Bois, de l'imitation sur métal des Bois indigènes et exotiques, de l'ornementation des Articles de ménage et des Objets de fantaisie, suivi de l'imitation des Laques du Japon sur menus articles, par MM. FINK et LACOMBE. 1 vol. orné de figures.   2 fr.

— **Pelletier-Fourreur et Plumassier**, traitant de l'apprêt et de la conservation des Fourrures et de la préparation des Plumes, par M. MAIGNE. 1 vol. orné de figures.   2 fr. 50

— **Perspective** appliquée au Dessin et à la Peinture, par M. VERGNAUD. 1 vol. accompagné de planches. 3 fr.

— **Pharmacie Populaire**, simplifiée et mise à la portée de toutes les classes de la société, par M. JULIA DE FONTENELLE (*En préparation*).

— **Photographie** sur Métal, sur Papier et sur Verre, contenant toutes les découvertes les plus récentes, par M. DE VALICOURT. 2 vol. avec planche. (*En préparation*).

— SUPPLÉMENT à la Photographie sur Papier et sur Verre, par M. G. HUBERSON. 1 vol.   3 fr.

— **Photographie** (Répertoire de), Formulaire complet de cet Art, par M. DE LATREILLE. (*En préparation.*)

— **Physicien-Préparateur**, ou Description des Instruments de physique et leur Emploi dans les Sciences et dans l'Industrie, par MM. Ch. CHEVALIER et le docteur FAU. (*En préparation*).

— **Physiologie végétale**, Physique, Chimie et Minéralogie appliquées à la culture, par M. BOITARD. 1 vol. orné de planches.   3 fr.

— **Plain-Chant ecclésiastique**. (*En préparation.*)

— **Plâtrier**, voyez *Chaufournier, Maçon.*

— **Plombier, Zingueur, Couvreur, Appareilleur à Gaz**, contenant la fabrication et le travail du Plomb et du Zinc et la manière de les souder, la Couverture des Constructions et l'Installation des Appareils et des Compteurs à Gaz, par M. ROMAIN. Nouvelle édition, refondue, corrigée et augmentée, suivie de la *Série des Prix*, par N. CHRYSSOCHOÏDÈS. 1 vol. orné de 266 figures dans le texte.　　　　　　　　　　　　　　　　4 fr.

— **Poêlier-Fumiste,** traitant de la construction des Cheminées de tous modèles, des Fourneaux et des Poêles en terre, de l'agencement et de la Tuyauterie des Fourneaux en maçonnerie et des Poêles en terre, en fonte et en tôle, et du Ramonage des divers appareils de Chauffage, par MM. ARDENNI, J. DE FONTENELLE, F. MALEPEYRE et A. ROMAIN 1 vol. orné de figures.　　　　3 fr.

— **Poids et Mesures,** à l'usage des Médecins, etc. Brochure in-18.　　　　　　　　　　　　　　　　25 c.

— **Poids et Mesures,** Comptes faits ou Barème général des Poids et Mesures, par M. ACHILLE NOUHEN. *Ouvrage divisé en cinq parties qui se vendent séparément.*

1re partie, Mesures de LONGUEUR. (*En préparation.*)
2e partie,　　— 　de SURFACE.　　　　　60 c.
3e partie,　　— 　de SOLIDITÉ. (*En préparation.*)
4e partie,　　　　POIDS. (*En préparation.*)
5e partie, Mesures de CAPACITÉ. (*En préparation.*)

— **Poids et Mesures** (Barème complet des), avec conversion facile de l'ancien système au nouveau, par M. BAGILET. 1 vol.　　　　　　　　　　　　　3 fr.

— **Poids et Mesures** (Fabrication des). Voir *Potier d'étain.*

— **Police de la France.** (*En préparation.*)

— **Pompes (Fabricant de)** de tous les systèmes, rectilignes, centrifuges, à diaphragme, à vapeur, à incendie, d'épuisement, de mines, de jardin, etc., traitant des principales Machines élévatoires autres que les Pompes, par MM. JANVIER, BISTON et A. ROMAIN. 1 vol. orné de figures et accompagné de planches.　　　　　3 fr. 50

— **Ponts-et-Chaussées :** *Première partie,* ROUTES et CHEMINS, par M. DE GAYFFIER, ingénieur en chef des Ponts-et-Chaussées. 1 vol. avec planches.　　3 fr. 50

— *Seconde partie,* PONTS ET AQUEDUCS EN MAÇONNERIE, par M. DE GAYFFIER, 1 vol. avec planches.　　3 fr. 50

— *Troisième partie,* PONTS EN BOIS ET EN FER, par M. A. ROMAIN. 1 vol. avec figures et planches.　3 fr. 50

— **Porcelainier, Faïencier, Potier de Terre,** contenant des notions pratiques sur la fabrication des Grès

4

cérames, des Pipes, des Boutons, des Fleurs en porcelaine et des diverses Porcelaines tendres, par D. MAGNIER, ingénieur civil. Nouvelle édition revue et augmentée par BERTRAN, Ingénieur des Arts et Manufactures. 1 vol. orné de 148 figures dans le texte. 4 fr.

— **Potier d'Etain** et de la fabrication des **Poids et Mesures**, contenant la fabrication de la poterie d'Etain, Etains d'art ; poids et mesures de tous genres, balances, bascules, alcoomètres. Nouvelle édition par G. LAURENT, ingénieur des Arts et Manufactures. 1 vol. orné de 227 figures dans le texte. 4 fr.

— **Prestidigitation** (de), Traité complet de Tours de cartes à l'usage des gens du monde, par Roger BARBAUD, Officier de la Légion d'honneur. 1 vol. orné de 75 figures. 2 fr. 50

— **Produits chimiques** (Fabricant de), formant un Traité de Chimie appliquée aux Arts, à l'Industrie et à la Médecine, par M. G.-E. LORMÉ. 4 gros volumes et Atlas de 16 planches grand in-8°. (*En préparation*).

— **Propriétaire, Locataire** et Sous-locataire, des biens de ville et des biens ruraux ; rédigé *par ordre alphabétique*, par MM. SERGENT et VASSEROT. 1 vol. 2 fr. 50

— **Puisatier**, voyez *Sondeur*.

— **Relieur** en tous genres, contenant les Arts de l'Assembleur, du Satineur, du Brocheur, du Rogneur, du Cartonneur et du Doreur, par MM. Séb. LENORMAND et W. MAIGNE. 1 vol. avec figures et planches. 3 fr. 50

— **Roses** (Amateur de), leur Histoire et leur Culture, par M. BOITARD. (*En préparation*).

— **Sapeur-Pompier** (Nouveau manuel *complet* du), composé par une Commission d'officiers du Régiment de Paris et de la Province, publié par *ordre du Ministère de l'Intérieur*. Edition entièrement refondue d'après le nouveau matériel de la Ville de Paris. 1 vol. orné de 140 fig. dans le texte. Broché . . . . 3 fr. 50

Cartonné, avec la couverture imprimée . . . 3 fr. 85

— **Sapeur-Pompier** (Nouveau Manuel *abrégé* du) composé par une Commission d'officiers du Régiment de Paris et de la Province, publié par *ordre du Ministère de l'Intérieur*. Edition abrégée, entièrement refondue, extraite du Nouveau Manuel complet. 1 vol. orné de nombreuses figures dans le texte. Broché . . . . 2 fr.

Cartonné, avec la couverture imprimée . . . 2 fr. 25

— **Sapeurs-Pompiers** (Théorie des), extraite du nouveau Manuel complet du Sapeur-Pompier composée par une Commission d'officiers du Régiment de Paris et de la Province.

Edition entièrement refondue, contenant les Manœuvres de la Pompe à bras et des Echelles, d'après le nouveau Matériel de la Ville de Paris. 1 vol. orné de nombreuses figures dans le texte. Broché. . . . . 75 c.

Cartonné, avec la couverture imprimée. . . . . 85 c.

— **Sapeurs-Pompiers** (*Manuel des Concours*) (Fédération nationale des Sapeurs-Pompiers français). 1 vol. orné de 77 fig. dans le texte, br. 2 fr. 50 ; — *Franco*, 2 fr. 75

Cartonné avec la couverture imprimée, 2 fr. 85 ; — *Franco*.   3 fr. 10

— **Sapeurs-Pompiers**, manuel des premiers secours par le Dᵣ Ch. Le Page. 1 vol. in-16 orné de 83 illust. dans le texte.   2 fr.

— **Sapeurs-Pompiers**, voir Service d'incendie dans les Villes et les Campagnes et page 32 : Incendies.

— **Sauvetage** dans les Incendies, les Puits, les Puisards, les Fosses d'aisances, les Caves et Celliers, les Accidents en rivière et les Naufrages maritimes, par M. W. Maigne, 1 vol. orné de vignettes et de planches. (*En préparation.*)

— **Savonnier**, ou Traité de la Fabrication des Savons, contenant des notions sur les Alcalis et les Corps gras saponifiables, ainsi que les procédés de fabrication et les appareils en usage dans la Savonnerie, par M. E. Lormé. 3 vol. accompagnés de planches.   9 fr.

— **Sculpture sur bois**, contenant l'outillage et les moyens pratiques de Sculpture, les Styles de l'Ornementation, l'Art de Découper les Bois, l'Ivoire, l'Os, l'Ecaille et les Métaux, la Fabrication des Bois comprimés, etc., par M. S. Lacombe. 1 vol. orné de figures.   3 fr. 50

— **Serrurier**, ou Traité complet et simplifié de cet art, traitant des Fers, des Combustibles, de l'Outillage, du Travail à l'atelier et sur place, de la Serrurerie du carrossage, et des divers Travaux de Forge, par Paulin-Désormeaux et H. Landrin. Nouvelle édition entièrement refondue par Chryssochoïdès, ingénieur des Arts et Manufactures. 1 vol. orné de 106 fig. dans le texte et accompagné d'un Atlas de 16 planches.   5 fr.

— **Service d'Incendie** dans les Villes et les Campagnes, en France et à l'Etranger, par le lieutenant-colonel

Raincourt, ancien chef de bataillon au régiment des Sapeurs-Pompiers, Président d'honneur du Congrès international des Sapeurs-Pompiers, en 1889, et M. Marcel Grégoire, sous-préfet de Pontoise. 1 vol. in-18 orné de 77 figures dans le texte.   2 fr. 50

— **Soierie**, contenant l'Art d'élever les Vers à soie et de cultiver le Mûrier, traitant de la Fabrication des Soieries, par M. Devilliers. 2 vol. et Atlas. (*En préparation*).

— **Sommelier et Marchand de Vins**, contenant des notions sur les Vins rouges, blancs et mousseux, leur classification par vignobles et par crus, l'Art de les déguster, la description du matériel de cave, les soins à donner aux Vins en cercles et en bouteilles, l'art de les rétablir de leurs maladies, les coupages, les moyens de reconnaître les falsifications, etc., par M. Maigne. Nouvelle édition, revue, corrigée et augmentée, par R. Brunet. 1 vol. orné de 97 figures dans le texte.   3 fr.

— **Sondeur, Puisatier et Hydroscope**, traitant de la construction des Puits ordinaires et artésiens et de la recherche des Sources et des Eaux souterraines, par M. A. Romain. 1 vol. accompagné de planches.   3 fr. 50

— **Sorcellerie Ancienne et Moderne expliquée**, ou Cours de Prestidigitation. (*Epuisé*.). Voir *Prestidigitation*.

— **Souffleur à la Lampe et au Chalumeau**, (Voir *Verrier*.)

— **Sucre (Fabricant et Raffineur de)**, traitant de la fabrication des Sucres indigènes et coloniaux, provenant de toutes les substances saccharifères dont l'emploi est usuel et reconnu pratique, par M. Zoéga. 1 vol. orné de planches et de figures. (*En préparation*.)

— **Taille-Douce** (Imprimeur en), par MM. Berthiaud et Boitard. (*En préparation*.)

— **Tanneur, Corroyeur et Hongroyeur**, contenant le travail des Cuirs forts de la Molleterie et des Cuirs blancs, suivi de la fabrication des Courroies, d'après les méthodes perfectionnées les plus récentes, par Maigne. 2 vol. ornés de figures et accompagnés de planches.   6 fr.

— **Tapissier Décorateur**, par H. Lacroix, professeur technique. 1 vol. orné de 81 figures dans le texte. 2 fr. 50

— **Technologie physique et mécanique**, ou

FORMULAIRE ANNOTÉ à l'usage des Ingénieurs, des Architectes, des Constructeurs et des Chefs d'usines, par H.
GUÉDY, architecte. 1 vol.   4 fr.

— **Teinture des peaux**, voyez *Chamoiseur*.

*— **Teinture moderne**. Voir page 31.

— **Teinturier, Apprêteur et Dégraisseur**, ou
Art de teindre la Laine, la Soie, le Coton, le Lin, le
Chanvre et les autres matières filamenteuses, ainsi que
les tissus simples et mélangés, au moyen des COULEURS
ANCIENNES animales, végétales et minérales, par MM. RIF-
FAUT, VERGNAUD, JULIA DE FONTENELLE, THILLAYE, MALE-
PEYRE, ULRICH et ROMAIN. 2 vol. accompag. de planch. 7 fr.

— *Supplément*, traitant de l'emploi en Teinture des
COULEURS D'ANILINE et de leurs dérivés, par M. A.-M.
VILLON, chimiste. 1 vol.   3 fr. 50

— **Télégraphie électrique**, contenant la description des divers systèmes de Télégraphes et de Télépho-
nes, et leurs applications au service des Chemins de fer,
des Sonneries électriques et des Avertisseurs d'incendie,
par ROMAIN. 1 vol. orné de fig. et accompagné de pl. 3 fr. 50

— **Teneur de Livres**, renfermant la Tenue des
Livres en partie simple et en partie double, par TRÉMERY
et A. TERRIÈRE (*Ouvrage autorisé par l'Université*), suivi
de la Comptabilité agricole, par R. BRUNET. 1 vol.   3 fr.

— **Terrassier** et Entrepreneur de terrassements,
traitant des divers modes de transport, d'extraction et
d'excavation, et contenant une description sommaire des
grands travaux modernes, par CH. ETIENNE, AD. MASSON
et D. CASALONGA. Nouvelle édit. revue et augmentée par
N. CHRYSSOCHOÏDÈS, 2 vol. ornés de 63 fig. dans le texte et
accompagnés d'un atlas de 22 pl. gravées sur acier.   7 fr.

— **Théâtral (Manuel)** et du Comédien, contenant
les principes de l'Art de la parole, par Aristippe BERNIER
DE MALIGNY. 1 vol. (*En préparation.*)

— **Tissage mécanique**. (*En préparation.*)

— **Tissus** (Dessin et Fabrication des) façonnés, tels que
Draps, Velours, Ruban, Gilet, Coutil, Châle, Passementerie,
Gazes, Barèges, Tulle, Peluche, Damassé, Mousseline, etc.,
par M. TOUSTAIN. (*En préparation.*)

— **Tonnelier**, contenant la fabrication des Ton-
neaux, des Cuves, des Foudres et des autres vaisseaux
en bois cerclés, suivi du *Jaugeage* des fûts de toute
dimension, par P. DÉSORMEAUX, OTT et MAIGNE. Nouvelle édition revue et corrigée par RAYMOND BRUNET, Ingénieur agronome. 1 vol. orné de 227 figures.   3 fr.

— **Tourneur,** ou Traité théorique et pratique de l'art du Tour, contenant la description des appareils et des procédés les plus usités pour tourner les Bois et les Métaux, les Pierres, l'Ivoire, la Corne, l'Ecaille, la Nacre, etc.; ainsi que les notions de Forge, d'Ajustage et d'Ebénisterie indispensables au Tourneur, par E. DE VALICOURT. 1 vol. grand in-8, contenant 27 planches de figures; 4e édition, revue et corrigée. 15 fr.

— **Tours de cartes** (Voir *Prestidigitation*).

— **Treillageur,** *Première partie,* traitant de la fabrication à la main, par M. P. DÉSORMEAUX. 1 vol. accompagné de planches *En préparation*).

— **Treillageur,** *Seconde partie,* traitant de l'outillage, de la fabrication à la main et à la mécanique, de la confection des Grillages, Claies, Jalousies, etc., par M. E. DARTHUY. 1 vol. avec figures et planches. 3 fr.

— **Typographie** (de). Historique. Composition. Règles orthographiques. Imposition. Travaux de ville. Journaux. Tableaux. Algèbre. Langues étrangères. Musique et plain-chant. Machines. Papier. Stéréotypie. Illustration, par EMILE LECLERC, de la *Revue des arts graphiques*, ancien directeur de l'Ecole professionnelle Lahure. Préface de M. PAUL BLUYSEN. 1 vol. orné de 100 figures dans le texte. 4 fr.
On vend séparément les SIGNES DE CORRECTION. 50 c.

— **Vannerie** (Fabrication de la), Cannage et Paillage des Sièges, par A. AUDIGER. 1 volume orné de figures (*Sous presse*).

— **Vélocipédie** (de), Locomotion, Vélocipèdes, Construction, etc., par Louis LOCKERT, ingénieur diplômé de l'Ecole centrale. 1 vol. orné de 58 fig. dans le texte. Terminé par l'art de monter à Bicyclette, par RIVIERRE. 1 fr. 50

— **Vernis** (Fabricant de), contenant les formules les plus usitées de vernis de toute espèce, à l'éther, à l'alcool, à l'essence, vernis gras, etc., par M. A. ROMAIN. 1 vol. orné de figures. 4 fr.

— **Verrier et Fabricant de cristaux,** Pierres précieuses factices, Verres colorés, Yeux artificiels, par JULIA DE FONTENELLE et MALEPEYRE. Nouvelle édition entièrement refondue par BERTRAN, Ingénieur des Arts et Manufactures. 2 vol. ornés de 235 fig. dans le texte. 8 fr.

— **Vétérinaire,** contenant la connaissance des chevaux, la Description de leurs maladies, les meilleurs modes de traitement, etc., par M. LEBEAU (*En préparation*).

— **Vigneron**, ou l'Art de cultiver la Vigne, de la protéger contre les insectes qui la détruisent, et de faire le Vin, contenant les meilleures méthodes de Vinification, traitant du chauffage des Vins, etc., par THIÉBAUT DE BERNEAUD et F. MALEPEYRE. 1 vol. orné de 40 figures. Nouvelle édition, revue par R. BRUNET.   3 fr. 50

— **Vinaigrier et Moutardier**, contenant la fabrication de l'acide acétique, de l'acide pyroligneux, des acétates, et les formules de Vinaigres de table, de toilette et pharmaceutiques, l'analyse chimique de la graine de moutarde, ainsi que les meilleures recettes pour la préparation de la moutarde, par MM. J. DE FONTENELLE et F. MALEPEYRE. 1 vol. orné de figures.   3 fr. 50

— **Vins** (Calendrier des), ou instructions à exécuter mois par mois, pour conserver, améliorer ou guérir les Vins. (*Ouvrage destiné aux Garçons de caves et de celliers, et aux Maîtres de Chais, faisant suite à l'Amélioration des Liquides*), par M. V.-F. LEBEUF. 1 vol. 1 fr. 75

— **Vins de Fruits et Boissons économiques**, contenant l'Art de fabriquer soi-même, chez soi et à peu de frais, les Vins de Fruits, les Vins de Raisins secs, le Cidre, le Poiré, les Vins de Grains, les Bières économiques et de ménage, les Boissons rafraîchissantes, les Hydromels, etc., et l'Art d'imiter avec les Fruits et les Plantes les Vins de table et de liqueur français et étrangers, par M. F. MALEPEYRE. 1 vol.   3 fr.

— **Vins mousseux** (Voyez *Eaux et Boissons gazeuses*).

— **Zingueur**, voyez *Plombier*.

INDUSTRIE, ARTS ET MÉTIERS

* **Guide pratique de Teinture moderne**, suivi de l'Art du Teinturier-Dégraisseur, contenant l'étude des fibres textiles et des matières premières utilisées en Teinture, et des procédés les plus récents pour la fixation des couleurs sur laine, soie, coton, etc., par V. THOMAS, docteur ès-sciences, préparateur de Chimie appliquée à la Faculté des Sciences de l'Université de Paris. 1 vol. grand in-8 raisin, orné de 133 figures dans le texte.   20 fr.

Art du Peintre, Doreur et Vernisseur, par
Watin ; 14ᵉ édit., revue pour la fabrication et l'application
des couleurs, par MM. Ch. et F. Bourgeois, et augmentée
de l'*Art du Peintre en voitures, en marbres et en faux-
bois*, par M. J. de Montigny, ingénieur. 1 vol. in-8°. 6 fr.

Calcul des essieux pour les Chemins de Fer; Coup
d'œil sur les roues de vagons, par A.-C. Benoit-Dupor-
tail, 1856. Brochure in-8°.   1 fr. 75

Cubage des Bois en grume (Tarif de), au mètre
cube réel et au mètre cube marchand, par M. Ch. Blind,
Brochure in-18.   75 c.

Etudes sur quelques produits naturels applicables à la *Teinture*, par Arnaudon, 1858. Br. in-8°. 1 fr. 25

— **Guia** del Cultivador de Montes y de la Guarderia
Rural — ó — La Silvicultura Práctica. 1 vol. in-8°.   2 fr.

**Incendies des matières dangereuses et explo-
sives (Les)** (dangers, précautions, moyens et appareils),
les extincteurs d'incendie, par Daniel Pierre, ingénieur
chimiste. 1 vol. in-8°, avec figures.   2 fr.

Levés à vue (Des) et du Dessin d'après nature, par
M. Leblanc. Brochure in-18 avec planche.   25 c.

Machines-Outils (Traité des) employées dans les
usines et les ateliers de construction pour le Travail des
Métaux, par M. J. Chrétien, 1866. 1 volume in-8° jésus,
renfermant 16 planches gravées avec soin sur acier. 12 fr.

Manipulations hydroplastiques, ou Guide du
Doreur et de l'Argenteur, par M. Roseleur. 1 volume
in-8°.   15 fr.

**Manuel-Barème pour les Alliages d'Or et
d'Argent.** Ouvrage indispensable aux Fabricants Bijou-
tiers et Orfèvres, ainsi qu'à toutes les personnes qui s'occupent du commerce des Métaux précieux, par M. A. Mer-
cier. 1 vol. in-8°. Broché, 10 fr. Relié en toile, 11 fr. 50

Manuel de la Filature du Lin et de l'Etoupe,
Application du Système métrique au Calcul du mouvement
différentiel, par Delmotte. 2ᵉ éd., 1878. 1 vol. in-12. 2 fr. 50

**Mémoire sur l'Appareil des voûtes hélicoï-
dales** et des voûtes biaises à double courbure, par M. A.-A.
Souchon. 1 vol. in-4° renfermant 8 planches.   3 fr. 50

**Précis des Candidats au Surnumérariat de
l'Enregistrement,** par Gavand, receveur des Domaines.
1 vol. gr. in-8°.   5 fr.

Tables techniques de l'Industrie du Gaz, par M. D. MAGNIER, ingénieur. (*En préparation.*)

Traité du Chauffage au Gaz, par Ch. HUGUENY, 1857. Brochure in-8. 1 fr. 50

Traité de la Coupe des Pierres, ou Méthode facile et abrégée pour se perfectionner dans cette science, par J.-B. DE LA RUE. 3ᵉ édition, revue et corrigée par M. RAMÉE, architecte. 1 vol. in-8 de texte, avec un Atlas de 98 planches in-folio. 20 fr.

Traité des Echafaudages, ou Choix des meilleurs modèles de Charpentes, par J.-Ch. KRAFFT. 1 vol. in-folio relié, renfermant 51 planches gravées sur acier. 25 fr.

Usage de la Règle logarithmique, ou Règle-calcul. In-18. 25 c.

Vignole du Charpentier. 1ʳᵉ partie, ART DU TRAIT, contenant l'application de cet art aux principales constructions en usage dans le bâtiment, par M. MICHEL, maître charpentier, et M. BOUTEREAU, professeur de géométrie appliquée aux arts. 1 vol. in-8°, avec Atlas de 72 pl. 20 fr.

OUVRAGES SUR L'HORTICULTURE

L'AGRICULTURE, L'ÉCONOMIE RURALE, ETC.

Plantes vivaces de la maison Lebeuf, ou Liste des espèces les plus intéressantes cultivées dans cet établissement, avec quelques renseignements sur leur culture, leur emploi, etc., par GODEFROY-LEBEUF et BOIS, 1882. 1 vol. in-18, orné de figures. 2° édition. 1 fr. 50

Les Insectes nuisibles aux arbres fruitiers. Moyens de les détruire, par A. RAMÉ.

1ʳᵉ partie : LES LÉPIDOPTÈRES. 1 vol. in-18, 2ᵉ éd. 1 fr. 25

Histoire du Pommier, par DUVAL, 1852. Brochure in-8. 1 fr. 50

Etude sur les Sauterelles et les Criquets, moyens d'en arrêter les invasions et de les transformer en Engrais par les procédés DURAND et HAUVEL, brevetés s. g. d. g., 1878. Brochure in-8 de 36 pages. 75 c.

ALBUMS INDUSTRIELS

(Prière de joindre 5 0/0 en plus pour l'envoi franco)

Nouveau Roubo (*l'Art de la Menuiserie*). Atlas de 134 planches (31 × 41) accompagnées d'un fort volume de texte de plus de 740 pages, illustré de nombreuses figures et d'un grand nombre de planches   45 fr.

Nouveau Supplément Roubo. Atlas de 108 planches (31 × 41) accompagnées d'un fort volume de texte descriptif et explicatif orné de nombreux dessins.   50 fr.

La Menuiserie Moderne, par L. BERTIN. Atlas de 112 planches (32 × 42), texte explicatif illustré de nombreux dessins et devis très détaillés.   65 fr.

Supplément à la Menuiserie Moderne (*Menuiserie nouvelle et pittoresque*), par L. BERTIN. 40 planches (32 × 42), dessinées à l'échelle et tirées en plusieurs couleurs, texte illustré et devis détaillés.   40 fr.

Menuiserie d'Art nouveau, par F. BARABAS. 36 planches (32 × 42), dont 32 en couleurs, et texte explicatif.   30 fr.

Menuiserie d'Art contemporaine, d'après les époques Gothique, Renaissance, Louis XIII, Louis XIV, Louis XV, Louis XVI, Empire et Moderne, par E. FOUSSIER, architecte-décorateur. 44 planches (format 32 × 42) tirées sur fond chine avec texte descriptif et explicatif.   32 fr.

Nouveau Traité théorique et pratique de l'Ebénisterie, d'après Roubo, sous la direction de J.-T. VERCHÈRE fils. 1re *partie*, Atlas de 100 planches avec texte illustré de 88 dessins et devis détaillés.   48 fr.

2e *partie*, 24 planches nouvelles complémentaires avec texte et devis.   12 fr.

Nouveau Supplément au Nouveau Traité d'Ebénisterie (Compositions nouvelles d'ameublement, par L. BERTIN). Chaque planche d'ensemble est suivie d'une planche de détails au 1/4 d'exécution, avec plans et coupes au dixième. — Un album de 60 planches (30 × 40) avec texte et devis dans un carton.   50 fr.

Meubles modernes (sapin et pitchpin), par L. BERTIN, dessinateur. 40 planches (32 × 42) imprimées en plusieurs couleurs, texte descriptif et devis détaillés. 40 fr.

L'Ameublement Art nouveau, par F. BARABAS. 30 planches (40 × 53), avec table explicative.   3 5 fr.

Petit Carnet, N° 1, Meubles simples, Petit Album de poche, contenant 40 planches, représentant 67 modèles. En noir, 5 fr. — En couleur. 7 fr.

Petit Carnet, N° 5. Tentures. 60 pl. contenant 66 modèles de tentures classiques, modernes et art nouveau, en noir 7 fr. 50 ; en couleur, 12 fr.

Portefeuille pratique de l'Ebéniste parisien, Elévation, Plan, Coupe et détails nécessaires à la fabrication des Meubles, par D. Guilmard. Album in-4° de 31 planches noires. 15 fr.

Ornementation (La connaissance des Styles de l'), Histoire de l'ornement et des arts qui s'y rattachent depuis l'ère chrétienne jusqu'à nos jours, par D. Guilmard. 1 beau vol. in-4°, richement illustré et accompagné de 42 planches noires. 25 fr.

Traité théorique et pratique de Charpente, par L. Mazerolle. Atlas de 112 planches gravées (32 × 42) et deux volumes de texte descriptif et explicatif. 65 fr.

Vient de paraître : 4 planches nouvelles avec texte. Notions de perspective. 4 fr.

Supplément au Traité théorique et pratique de Charpente, par P. Mazerolle fils et A. Gaillardin, architecte. Atlas de 60 planches (31 × 41), dont quelques-unes en couleur, un volume de texte explicatif avec devis très détaillés. 35 fr.

Traité de Serrurerie et Construction en fer. Atlas de 112 planches (32 × 42), dont une partie en plusieurs couleurs, et un volume de texte descriptif et explicatif de 440 pages, illustré de nombreuses figures. 60 fr.

Supplément au Traité de Serrurerie et Construction en fer. Atlas de 68 planches (32 × 42), avec texte explicatif orné de dessins. 50 fr.

L'Architecture nouvelle (1re Série). Choix de petites constructions économiques, maisons de campagne et de plaisance, etc. — Chaque construction est donnée avec les plans, coupes, profils, détails, et complétée par les devis descriptifs et estimatifs très détaillés. 100 planches (28 × 37) tirées en plusieurs couleurs, accomp. d'un fort vol. de devis (même format que les planches). 75 fr.

L'Architecture nouvelle (2e Série). Atlas de 64 planches tirées en plusieurs couleurs (*donnant plus de 70 modèles différents*), avec plans, coupes et détails ; un texte descriptif et explicatif, avec devis très détaillés du même format que les planches, accomp. l'atlas. 55 fr.

L'Architecture nouvelle (3ᵉ Série). Constructions diverses et de style Art nouveau. 72 planches (28 × 37) tirées en plusieurs couleurs avec plans, coupes et détails, un volume des devis descriptifs et estimatifs très détaillés accompagne les planches. 60 fr.

Traité théorique et pratique de Maçonnerie et des parties qui s'y rattachent. Atlas de 40 planches en couleurs, accompagnées d'un fort volume de texte d'environ 400 pages, orné de dessins. 35 fr.

Nouveaux Modèles de Tombeaux, par R. Brandon, architecte, et E. Delrieu, dessinateur. 80 planches (28 × 37) donnant 109 modèles différents et un grand nombre de détails et motifs divers avec texte descriptif. En noir, 45 fr. — En couleurs. 55 fr.

Traité théorique et pratique du Tapissier, par G.-Félix Lenoir. Atlas de 80 planches et un volume de texte explicatif. 50 fr.

Décoration des Appartements, 2ᵉ édition, ouvrage faisant suite au *Traité théorique et pratique du Tapissier*, par G.-Félix Lenoir. Alb. de 60 pl. (22 × 32). 40 fr.

Bois et Marbres reproduits d'après nature, texte explicatif, par E. Mulier, peintre décorateur. 40 planches (format 26 × 34) avec texte explicatif. 55 fr.

Peinture d'Art Nouveau (1ʳᵉ Série), par E. Mulier, peintre décorateur. 32 planches en couleurs (format 32 × 42), avec texte explicatif. 50 fr.

Peinture d'Art Nouveau (2ᵉ Série) : *Décorations Murales et Plafonds*, par E. Mulier. 40 pl. en coul. (format 32 × 43) dessinées à l'échelle, av. texte expl. 65 fr.

Peinture d'Art Nouveau (3ᵉ Série) : *Décorations Murales et Plafonds. Panneaux décoratifs. Attributs et Emblèmes*, par E. Mulier. 40 planches en couleurs (format 32 × 43), avec texte explicatif. 70 fr.

Décoration Moderne par la Plante, par E. Mulier, peintre décorateur, et Marc Bordère, peintre décorateur. 1ʳᵉ Série : **Fleurs.** 32 planches en couleurs (format 28 × 36), avec texte explicatif. 40 fr.

2ᵉ Série : **Fruits.** 32 planches en couleurs (format 28 × 36), avec texte explicatif. 40 fr.

Envoi sur demande des prospectus détaillés de ces diverses publications

L'AMEUBLEMENT ET LE GARDE-MEUBLE

RÉUNIS

publie 48 Planches par an, divisées en deux parties

MEUBLES — TENTURES

Il paraît tous les deux mois 4 Planches de Meubles et 4 Planches de Tentures

La catégorie Tentures contient quelques planches de *Sièges* et chacune de ses livraisons est accompagnée d'un texte descriptif et explicatif donnant les développements, tableaux d'emplois et prix de revient des modèles.

PRIX DES ABONNEMENTS ANNUELS PARTANT DE JANVIER :

	FRANCE	ÉTRANGER
Meubles.. 24 pl	noir 14 f. ; coul. 20 f.	noir 15 f. ; coul. 22 f.
Tentures. 24 pl.	— 14 f. ; — 20 f.	— 15 f. ; — 22 f.

NOUVEAU JOURNAL

DE

MENUISERIE

48 planches par an (25 × 33) avec texte descriptif et explicatif, en 12 livraisons de 4 planches chacune tous les mois, à partir du 1ᵉʳ juillet 1910.

Prix pour abonnement d'un an.. . . . . **12 fr.**
Chaque année parue. . . . . **15 fr.**

NOUVEAU JOURNAL

DE

SERRURERIE

ET DE

CONSTRUCTIONS MÉTALLIQUES

48 planches par an (25 × 33) avec texte descriptif et explicatif et le cours des fers, en 12 livraisons de 4 planches chacune tous les mois, à partir du 15 juin 1911.

Prix pour abonnement d'un an.. . . . . **12 fr.**
Chaque année parue. . . . . **15 fr.**

NOUVEAUX PROCÉDÉS

DE

TAXIDERMIE

Accompagnés de Photographies des principaux types de la collection de l'auteur à Makri-Keui, près Constantinople, de Physionomies de Rapaces sur nature, et suivis de quelques impressions ornithologiques, par le COMTE ALLÉON, commandeur de l'ordre du Mérite civil de Bulgarie, chevalier de l'ordre de St-Grégoire, officier du Medjidié, membre du Comité international permanent ornithologique de Vienne, médaille d'or à l'exposition de Vienne 1883. 1 vol. in-8° jésus, 32 p. de texte, 132 fig. tirées sur papier couché.   25 fr.

BIBLIOTHÈQUE DES ARTS ET MÉTIERS

6 vol. format in-18, grand papier

1 fr. 75 le volume

Livre du Cultivateur, Guide complet de la culture des Champs, par M. MAUNY DE MORNAY. 1837. 1 vol. accompagné de 2 planches.

Livre du Jardinier, Guide complet de la culture des Jardins fruitiers, potagers et d'agrément, par M. MAUNY DE MORNAY. 1838. 2 vol. accompagnés de 2 planches.

Livre des Logeurs et des Traiteurs, Code complet des Aubergistes, Maitres d'hôtel, Teneurs d'hôtel garni, Logeurs, Traiteurs, Restaurateurs, Marchands de Vin, etc., suivi de la Legislation sur les Boissons. 1838. 1 vol.

Livre du Fabricant de Sucre et du Raffineur, par M. MAUNY DE MORNAY. 1837. 1 vol. accompagné de 2 planches.

Livre du Vigneron et du Fabricant de Cidre, de Poiré, de Cormé, et autres Vins de Fruits, par M. MAUNY DE MORNAY. 1838. 1 vol. accompagné d'une planche

---

Zoologie classique, ou Histoire naturelle du Règne animal, par M. F. A. POUCHET, ancien professeur de zoologie au Muséum d'Histoire naturelle de Rouen, etc. Seconde édition considérablement augmentée. 2 vol in-8°, contenant ensemble plus de 1,300 pages, et accompagnés d'un Atlas de 44 planches et de 5 grands tableaux. Fig. noires.   25 fr.

NOTA. *Le Conseil de l'Université a décidé que cet ouvrage serait placé dans les bibliothèques des Lycées.*

SUITES A BUFFON

Formant avec les Œuvres de cet auteur

UN

COURS COMPLET D'HISTOIRE NATURELLE

EMBRASSANT

LES TROIS RÈGNES DE LA NATURE

Belle Édition, format in-octavo

DIVISION DE L'OUVRAGE

Zoologie générale (Supplément à Buffon), ou Mémoires et Notices sur la Zoologie, l'Anthropologie et l'Histoire de la Science, par M. Isidore Geoffroy-Saint-Hilaire. 1 vol. avec 1 livraison de planches.
Fig. noires.   13 fr.
Fig. coloriées.   21 fr.

Cétacés (Baleines, Dauphins, etc.), ou Recueil et examen des faits dont se compose l'histoire de ces animaux, par M. F. Cuvier, membre de l'Institut, professeur au Muséum d'Histoire naturelle. 1 vol. avec 2 livraisons de planches.
Fig. noires.   17 fr.
Fig. coloriées.   33 fr.

Reptiles (Serpents, Lézards, Grenouilles, Tortue, etc.), par M. Duméril, membre de l'Institut, professeur à la Faculté de Médecine et au Muséum d'Histoire naturelle, et M. Bibron, professeur d'Histoire naturelle. 10 vol. et 10 livraisons de planches.
Fig. noires.   130 fr.

Fig. coloriées.   210 fr.
Poissons, par M. A.-Aug. Duméril, professeur au Muséum d'Histoire naturelle, professeur agrégé libre à la Faculté de Médecine de Paris. Tomes I et II (en 3 volumes) avec 2 livraisons de planches. (*En publication*).
Fig. noires.   34 fr.
Fig. coloriées.   50 fr.

Entomologie (Introduction à l'), comprenant les principes généraux de l'Anatomie, de la Physiologie des Insectes ; des détails sur leurs mœurs, et un résumé des principaux systèmes de classification, etc., par M. Lacordaire, professeur à l'Université de Liège. (*Ouvrage adopté et recommandé par l'Université pour être placé dans les bibliothèques des Facultés et des Collèges, et donné en prix aux élèves*). 2 vol. et 2 livraisons de planches.
Fig. noires.   25 fr.
Fig. coloriées.   40 fr.

Insectes Coléoptères (Cantharides, Charançons, Hannetons, Scarabées, etc.) par M. LACORDAIRE, professeur à l'Université de Liège, et M. le Dr CHAPUIS, membre de l'Académie royale de Belgique. 14 vol. avec 13 livraisons de planches.
Fig. noires. 170 fr.
(Manque de coloris).

— **Orthoptères** (Grillons, Criquets, Sauterelles), par M. AUDINET - SERVILLE, membre de la Société entomologique de France. 1 vol. et 1 livraison de pl.
Fig. noires. 13 fr.

— **Hémiptères** (Cigales, Punaises, Cochenilles, etc.) par MM. AMYOT et SERVILLE. 1 vol. et 1 livraison de planches.
Fig. noires. 13 fr.

Insectes Lépidoptères (Papillons). *Les deux parties de cet ouvrage se vendent séparément.*

— DIURNES, par M. BOISDUVAL, tome Ier, avec 2 livraisons de planches. (*En publication*).
Fig. noires. 17 fr.

— NOCTURNES, par MM. BOISDUVAL et GUÉNÉE, tome Ier, avec 1 livraison de planches, tomes V à X, avec 5 livraisons de planches. (*En publication*).
Fig. noires. 90 fr.
Fig. coloriées. 125 fr.

— **Névroptères**, par M. le Dr RAMBUR. (*Épuisé*).

— **Hyménoptères** (Abeilles, Guêpes, Fourmis, etc.), par M. le comte LEPELLETIER DE SAINT-FARGEAU et M. BRULLÉ. 4 vol. avec 4 livraisons de planches.
Fig. noires. 50 fr.
Fig. coloriées. 90 fr.

— **Diptères**, par M. MACQUART (*Épuisé*).

— **Aptères** (Araignées, Scorpions, etc.), par MM. WALCKENAER et GERVAIS. 4 vol. avec 5 livraisons de planches.
Fig. noires. 54 fr.

Crustacés (Ecrevisses, Homards, Crabes, etc.), comprenant l'Anatomie, la Physiologie et la classification de ces animaux, par M. MILNE-EDWARDS, membre de l'Institut, professeur au Muséum d'Histoire naturelle, etc. 3 vol. avec 4 livraisons de planches.
Fig. noires. 42 fr.

Helminthes ou Vers intestinaux, par M. DUJARDIN, doyen de la Faculté des Sciences de Rennes. 1 vol. avec 1 livraison de planches
Fig. noires. 13 fr.

Annelés marins et d'eau douce (Annélides, Géphyriens, Sangsues, Lombrics, etc.), par M. DE QUATREFAGES, membre de l'Institut, professeur au Muséum d'Histoire naturelle, et M. Léon VAILLANT, professeur au Muséum d'Histoire naturelle. Tomes I et II (en 3 vol.) avec 2 livraisons de planches.

Fig noires.   32 fr.
Tome III (en 2 vol.) avec
1 livraison de planches.
Fig. noires.   22 fr.

Zoophytes Acalèphes
(Physales, Béroés, Angèles,
etc.), par M. LESSON, correspondant de l'Institut,
pharmacien en chef de la
Marine, à Rochefort. 1 vol.
avec 1 livraison de pl.
Fig. noires.   13 fr.

— **Echinodermes** (Our-
sins, Palmettes, etc.), par
MM. DUJARDIN, doyen de
la Faculté des Sciences de
Rennes, et HUPÉ, aide-na-
turaliste au Muséum de
Paris. 1 vol. avec 1 livrai-
son de planches.
Fig. noires.   13 fr.
Fig. coloriées.   21 fr.

— **Coralliaires** ou POLYPES
PROPREMENT DITS (Coraux,
Gorgones, Eponges, etc.),
par MM. MILNE-EDWARDS,
membre de l'Institut, professeur au Muséum d'His-
toire naturelle, et J. HAIME,
aide-naturaliste au Muséum
d'Histoire naturelle. 3 vol.
avec 3 livraisons de pl.
Fig. noires.   37 fr.

Zoophytes Infusoires,
par M. DUJARDIN (*Epuisé*).

Botanique (Introduction à
l'étude de la), ou Traité élémentaire de cette science,
contenant l'Organographie,
la Physiologie, etc., par

M. DE CANDOLLE, professeur
d'Histoire naturelle à Ge-
nève. (*Ouvrage autorisé
par l'Université pour les
Lycées et les Collèges*).
2 vol. et 1 livraison de
planches noires.   22 fr.
*Les planches ne sont pas
coloriées.*

**Végétaux phanéroga-
mes** (Organes sexuels apparents : Arbres, Arbris-
seaux, Plantes d'agrément,
etc.), par M. SPACH, aide-
naturaliste au Muséum
d'Histoire naturelle. 14 vol.
avec 15 livraisons de pl.
Fig. noires.   180 fr.
Fig. coloriées.   300 fr.

Géologie (Histoire, Forma-
tion et Disposition des Matériaux qui composent l'é-
corce du globe terrestre),
par M. HUOT, membre de
plusieurs sociétés savantes.
2 vol. ensemble de plus de
1,500 pages, avec 2 livraisons de pl. noires.   26 fr.
*Les planches ne sont pas
coloriées.*

Minéralogie (Pierres, Sels,
Métaux, etc.), par M. DE-
LAFOSSE, membre de l'Ins-
titut, professeur au Mu-
séum d'Histoire naturelle
et à la Sorbonne. 3 vol. et
4 livraisons de planches
noires.   43 fr.
*Les planches ne sont pas
coloriées.*

PETITES SUITES A BUFFON
Format in-18

Histoire des Poissons classée par ordre, genres et espèces, d'après le système de Linné, avec les caractères génériques, par BLOCH et RÉNÉ-RICHARD CASTEL. 10 vol. accompagnés de 160 planches représentant 600 espèces de poissons dessinés d'après nature.
Fig. noires. 26 fr.

Histoire des Reptiles, par MM. SONNINI, naturaliste, et LATREILLE, membre de l'Institut. 4 vol. accompagnés de 54 planches, représentant environ 150 espèces différentes de serpents, vipères, couleuvres, lézards grenouilles, tortues, etc., dessinées d'après nature.
Fig. noires. 10 fr.

Histoire des Coquilles, contenant leur description, leurs mœurs et leurs usages, par M. Bosc, membre de l'Institut. 5 vol. accompagnés de planches.
Fig. noires. 10 fr. 50

Histoire naturelle des Végétaux classés par familles, avec la citation de la classe et de l'ordre de Linné, et l'indication de l'usage qu'on peut faire des plantes dans les arts, le commerce, l'agriculture, le jardinage, la médecine, etc. ; des figures dessinées d'après nature, et un GENERA complet, selon le système de Linné, avec des renvois aux familles naturelles de Jussieu, par J.-B. LAMARCK et C.-F.-B. DE MIRBEL. 15 vol. in-18 accompagnés de 120 planches.
Fig. coloriées. 46 fr.

Histoire naturelle des Vers, par M. Bosc, membre de l'Institut. 3 vol.
Fig. noires. 6 fr. 50

Histoire des Insectes, composée d'après RÉAUMUR, GEOFFROY, DE GEER, ROESEL, LINNÉ, FABRICIUS, et les meilleurs ouvrages qui ont paru sur cette partie, rédigée suivant les méthodes d'Olivier, de Latreille, avec des notes, plusieurs observations nouvelles et des figures dessinées d'après nature, par F.-M.-G. DE TIGNY et BRONGNIART, pour les généralités. Edition augmentée par M. GUÉRIN. 10 vol. ornés de planches. Fig. noires. 23 fr.

Histoire des Crustacés, contenant leur description, leurs mœurs et leurs usages, par MM. Bosc et DESMAREST. 2 vol. accompagnés de 18 planches.
Fig. noires. 7 fr. 50

OUVRAGES DIVERS D'HISTOIRE NATURELLE

Arachnides (Les) de France, par M. E. SIMON, membre de la Société entomologique de France.

Tome 1er, contenant les Familles des Epeiridæ, Uloboridæ, Dictynidæ, Enyoidæ et Pholcidæ. 1 vol. in-8°, accompagné de 3 planches. 12 fr.

Tome 2, contenant les Familles des Uroctcidæ, Agelenidæ, Thomisidæ et Sparassidæ. 1 vol. in-8°, accompagné de 7 planches. 12 fr.

Tome 3, contenant les Familles des Attidæ, Oxyopidæ et Lycosidæ. 1 vol. in-8°, accompagné de 4 planches. 12 fr.

Tome 4, contenant la Famille des Drassidæ. 1 vol. in-8°, accompagné de 5 planches. 12 fr.

Tome 5 (1re partie), contenant la Famille des Epeiridæ (supplément) et des Theridionidæ. 1 vol. in-8°, accompagné de planches. 12 fr.

Tome 5 (2e partie), contenant la Famille des Theridionidæ (suite). 1 vol. in-8°, accompagné de planches et orné de figures. 12 fr.

Tome 5 (3o partie), contenant la Famille des Theridionidæ (fin). 1 vol. in-8°, accompagné de planches et orné de figures. 12 fr.

Tome 6. (*En préparation.*)

Tome 7, contenant les Familles des Chernetes, Scorpiones et Opiliones. 1 vol. in-8°, accompagné de planches. 12 fr.

Histoire naturelle des Araignées. par M. EUG. SIMON, *Deuxième édition.*

Tome premier, *1er fascicule* contenant 215 figures intercalées dans le texte. 1 vol. grand in-8° de 256 pages. 6 fr.

Tome premier, *2o fascicule* contenant 275 figures intercalées dans le texte. 1 vol. grand in-8°. 6 fr.

Tome premier, *3e fascicule* contenant 347 figures intercalées dans le texte. 1 vol. grand in-8°. 6 fr.

Tome premier, *4e et dernier fascicule* (du tome 1er), contenant 261 figures 1 vol. grand in-8°. 6 fr.

Tome second, *1er fascicule* contenant 200 figures intercalées dans le texte. 1 vol. grand in-8°. 6 fr.

Tome second, *2o fascicule* contenant 184 figures intercalées dans le texte. 1 vol. grand in-8. 6 fr.

Tome second, *3o fascicule* contenant 407 figures. 6 fr.

Tome second, *4e et dernier fascicule* contenant 329 figures. 6 fr.

Catalogue des espèces actuellement connues de la famille des Trochilides, par Eugène Simon, brochure in-8°. 3 fr.

Voyage de découverte autour du Monde et à la recherche de La Pérouse, par J. Dumont d'Urville, capitaine de vaisseau, exécuté sous son commandement et par ordre du gouvernement, sur la corvette l'*Astrolabe*, pendant les années 1826 à 1829. 5 tomes divisés en 10 volumes in-8 ornés de vignettes sur bois, avec un Atlas contenant 20 planches ou cartes grand in-folio. 30 fr.

Cet important ouvrage, qui a été exécuté par ordre du gouvernement sous le commandement de M. Dumont d'Urville et rédigé par lui, n'a rien de commun avec le *Voyage pittoresque* publié sous sa direction.

OUVRAGES D'ASSORTIMENT

Aranéides des îles de la Réunion, Maurice et Madagascar, par M. Aug. Vinson. 1 gros volume in-8, illustré de 14 planches.
Fig. noires. 20 fr.

Astronomie des Demoiselles, ou Entretiens entre un frère et sa sœur, sur la mécanique céleste, par James Fergusson et M. Quétrin. 1 vol. in-12. 3 fr. 50

Choix des plus belles fleurs et des plus beaux fruits, par P.-J. Redouté, peintre d'histoire naturelle.
80 planches différentes coloriées. Chaque pl. 1 fr.

Collection iconographique et historique des Chenilles d'Europe, ou Description et figures de ces Chenilles, avec l'histoire de leurs métamorphoses, et leur application à l'agriculture, par MM. Boisduval, Rambur et Graslin.

Cette collection se compose de 42 livraisons, format grand in-8, papier vélin : chaque livraison comprend *trois planches coloriées* et le texte correspondant.
Les 42 livraisons réunies (la pl. I des Papillonides n'a jamais existé) : 100 fr.

Cours d'agriculture, de viticulture et de jardinage, par Mathieu Risler (1849). 1 vol. in-12. 2 fr.

Fauna japonica, sive Descriptio animalium quæ in itinere per Japoniam jussu et auspiciis superiorum, qui summum in India Batava imperium tenent, suscepto anni 1823-1830, collegit, notis, observationibus et adumbrationibus illustravit PH. FR. DE SIEBOLD.

Reptiles, 3 livraisons noires. Ensemble   25 fr.

Faune de l'Océanie, par M. le docteur BOISDUVAL. 1 gros vol. in-8, imprimé sur grand papier.   10 fr.

Faune entomologique de Madagascar, Bourbon et Maurice. — *Lépidoptères*, par le docteur BOISDUVAL ; avec des notes sur leurs métamorphoses, par M. SGANZIN.

Huit livraisons, format grand in-8, papier vélin. Planches noires.   10 fr.

Icones historique des Lépidoptères nouveaux ou peu connus, collection, avec figures coloriées, des papillons d'Europe nouvellement découverts, par M. le docteur BOISDUVAL. Ouvrage formant le complément de tous les auteurs iconographes. Cet ouvrage se compose de 42 livraisons grand in-8, comprenant chacune *deux planches coloriées* et le texte correspondant.

Les 42 livraisons réunies. Coloriées.   100 fr.
Noires.   25 fr.

Nota. — Tome 2. Le texte s'arrête page 208. Toutes les fig. des planches 48 à 70 inclusivement sont décrites.

Les fig. des planches 71 à la fin ne sont pas décrites.

Manuel des Candidats à l'emploi de Vérificateur des Poids et Mesures, par RAVON. 2e éd., 1841. 1 vol. in-8. 5 fr.

Manuel des Sociétés de secours mutuels. Une brochure in-12. 1854.   0 fr. 50

Mémoires de la Société royale des Sciences de Liège. Première série, 1843 à 1866, 20 vol. à   7 fr.
Deuxième série, 1866 à 1887, 13 vol. à   7 fr.

Ministre (Le) de Wakefield, traduit en français par M. AIGNAN. 1 vol. in-12, avec figures.   1 fr.

Monographie des Erotyliens, famille de l'ordre des Coléoptères, par M. Th. LACORDAIRE. In-8.   9 fr.

Théorie élémentaire de la Botanique, ou Exposition des principes de la classification naturelle et de l'art de décrire et d'étudier les végétaux, par M. DE CANDOLLE. 3e édition, 1 vol. in-8.   8 fr.

DÉPOT DES OUVRAGES
PUBLIÉS PAR LA
LIBRAIRIE FÉRET & FILS
DE BORDEAUX

Andrieu (P.). — Le Sucrage des Vendanges. Les vins de première cuvée avec chaptalisation des moûts. Les vins de sucre avec corrections dans leur composition. 1903, in-8, broché. 1 fr. 50

— Nouvelle méthode de vinification de la vendange par sulfitage et levurage. 1903, in-8, br. 0 fr. 60

— 1904, in-8°, br. 0 fr. 60
— 1905, in-8°, br. 0 fr. 60
— 1906, in-8°, br. 0 fr. 60
— 1907, in-8°, br. 0 fr. 60
— 1908, in-8°, br. 0 fr. 60
— 1909, in-8°, br. 0 fr. 60
— 1910, in-8°, br. 0 fr. 60
— 1911, in-8°, br. 0 fr. 60

— Les Caves de réserve pour les vins ordinaires, 1904, in-8°, br. 0 fr. 75

Audebert. — La lutte contre l'Eudémis Botrana, la Cochylis et l'Altise. Bordeaux, 1902. 0 fr. 50

Audebert II (Tristan). — La chasse à la palombe dans le Bazadais, 1907, in-18 avec planches. 3 fr.

Baco (F.). — La reconstitution du vignoble dans les Landes et les Basses-Pyrénées par le greffage. 1905. in-18, 1 fr. 50; franco, 2 fr.

— Culture directe et greffage de la Vigne. 1911, in-8° orné de 14 planches et 2 tableaux. 5 fr. 25

Barbe. — De l'élevage du cheval dans le sud-ouest de la France et principalement dans la Gironde et les Landes, et de son hygiène. Hygiène des animaux en général et de leurs habitations. 1903, 1 vol. in-8, br. 6 fr.

Batz-Trenquelléon (Ch. de). — Le vrai baron de Batz, rectifications historiques d'après des documents inédits. 1908, in-8. 2 fr.

Bellot des Minières. — Manuel pratique pour les traitements contre toutes les maladies cryptogamiques, à l'aide de l'ammoniure de cuivre en vases hermétiques, b. s. g. d. g. 1902, gr. in-8. 0 fr. 50

— La question viticole. 1902, gr. in-8. 1 fr. 50

Berniard. — L'Algérie et ses vins :

1re partie : prov. d'Oran. Ouv. illustré et accompagné d'une carte vinicole de la province d'Oran. 1888, in-18. 3 fr.

2e partie : prov. d'Alger. Ouv. illustré et accomp. d'une carte vinicole de cette province. Bordeaux, 1890, in-18. 3 fr.

3e partie : prov. de Constantine. Ouv. illustré et accompagné d'une carte vinicole de cette prov. 1892, in-18. 3 fr.

Bertin-Roulleau (P.). — La fin des Girondins, sept. 1793-juin 1794. 1911, in-18 avec gravures. 3 fr. 50

Bitteroiff. — *Nouveau système astronomique.* Lois nouvelles de la gravitation universelle. 1902, in-18. 5 fr.

Blarez (Dr). — Cours de chimie organique (programme aide-mémoire des leçons), in-18. 3 fr.

Bontou (A.). — Traité de cuisine bourgeoise bordelaise, 1910, 1 gros vol. in-18 jés., cartonné 3 fr.

Boué (L.). — A travers l'Europe. Impressions poétiques, ornées de 101 compositions dues à 60 artistes de Paris ou de Bordeaux, avec préface de Th. Froment, in-folio de luxe tiré à 625 exempl., dont 25 exempl. sur Japon. Prix sur vélin, 30 fr.; relié toile genre amateur, 37 fr.; sur Japon. 100 fr.

Capus (J.), — Traitement des maladies de la vigne, 1910, petit in-8. 0 fr. 50

Capus et Feytaud — Eudémis et cochylis, mœurs et traitements, 1909, in 18. 1 fr.

Carles (Dr P.). — Etude chimique et hygiénique du vin en général et du vin de Bordeaux en particulier. 1880, in-8. 3 fr.

. — Bouquet naturel des vins et eaux-de-vie. 1897, 1 fr.

. — Le vin, le vermouth, les apéritifs et le froid, 3e éd. 1909, in-8. 1 fr.

— Le pain des diabétiques, in-8. 0 fr. 50

— L'acide sulfureux en œnologie et en œnotechnie. Bordeaux, 1905. 1 fr.

— Les vins de Graves de la Gironde, vinification et conservation, 1907, in-8. 0 fr. 60

— Le vin et les Eaux-de-vie de France, 2e édition, 1908. in-8. 0 fr. 40

— Les trépidations et les vins, les vins retour de l'Inde, vieillissement mécanique des vins et cognacs, 1909. 1 fr.

Carrère (H). — Scènes et saynètes. Lettre préface de Jacques Normand, in-12. 3 fr. 50 (Ouvrages pour les familles et les pensions).

Chavée-Leroy. — La fermentation, Etude mise à la portée des viticulteurs, 1893, in-8o. 1 fr. 25

Daniel (L.). — La question phylloxérique, — Le greffage et la crise viticole, préface de M. Gaston Bonnier,

membre de l'Institut. 1908, fascicule 1er, gr. in-8°, 184 p.,
orné de 81 dessins en noir et 1 pl. hors texte en coul. 6 fr.

— — fascicule 2, 1910, gr. in-8, 87 p., orné de 73 dessins en noir et 1 pl. hors texte en couleurs. 6 fr.

Daurel (J.). — Album des raisins de cuve de la Gironde et de la région du S.-O., avec leur description et
leur synonymie, avec 15 gr. color. gr. nat.. 5 gr. en pho-
totyp Bordeaux. 1892, in-4, br. 7 fr.
(Publication de luxe couronnée par la Société des Agri-
culteurs de France).

Dezeimeris (R). — D'une cause de dépérissement de
la vigne et des moyens d'y porter remède, 5e édition,
Bordeaux, 1891, in-8, br. 82 p. et 4 pl. hors texte. 2 fr. 50

Denigès (Dr G.). — Exposé élémentaire des principes
fondamentaux de la théorie atomique ; 2e édition, 1895,
in-8, 120 p. 3 fr. 50.

Féret (Ed.). — **Annuaire du Tout Sud-Ouest**
illustré, 1904. Bordeaux, 1 gros vol. petit in-8°, 1,300 p.,
illustré, par Marcel de Fonrémis, de vues de châteaux,
portraits, etc., cartonné toile. 9 fr.
Reliure de luxe. 12 fr.

Féret. — Annuaire du Tout Sud-Ouest illustré, 1905-
1906, 1,520 pages, cart. toile. 9 fr.
Reliure de luxe. 12 fr.

Féret (Ed.). — **Bordeaux et ses vins** classés par
ordre de mérite, 8e édition. Bordeaux, 1908, in-12 br.,
avec 700 vues de châteaux et 10 cart. vinic. 9 fr.
Le même relié toile anglaise. 10 fr.
Le même sans les cartes br. 7 fr.

— Bordeaux and its Wines classed by order of merit
3d english edition, translated from the 7d french édition
by M. Ravenscroft, illustrated by Eug. Vergez. 10 fr.
Le même relié toile. 11 fr. 50

— Bordeaux und Seine Weine, trad. sur la 6e édition
française par Paul Wend. Bordeaux et Stettin, 1893, in-12,
br., 851 p. enrichie de 400 vues de châteaux. 12 fr. 50
Le même relié. 15 fr.

— Album des grands crus classés du Médoc syndi-
qués, 1908, in-8. 1 fr. 25

— Les vins de Médoc, avec ill. d'Eug. Vergez et 4 cartes,
in-18 j., 260 p. 3 fr.

— Les vins de Graves rouges et blancs, avec ill. d'Eug.
Vergez et cartes, in-18 j., 146 p. 2 fr.

— Le pays de Sauternes et les vins blancs de Podensac
et de Langon, avec ill. et cartes. 2 fr.

— Saint-Emilion et ses vins et les principaux vins de

l'arrondissement de Libourne, avec illust., et cartes vinicoles, in-18 j., 264 p. 3 fr.

— Les vins du Cubzadais, du Bourgeais et du Blayais,
avec ill. et cartes. 2 fr.

— Les vins de l'Entre-Deux-Mers, avec ill. et cart. 3 fr.
Ces ouvrages sont tirés de la 8ᵉ éd. de *Bordeaux et ses
vins*.

— Caractère des récoltes de 1795 à nos jours. Bordeaux,
1898, 16 p. et une carte vinicole de la Gironde. 0 fr. 75
Le même en anglais. 0 fr. 75

— Carnet de statistique du négociant en vins, destiné à
recevoir des notes sur 2,000 crus de la Gironde. Bordeaux,
1894, in-12, toile. 2 fr.

— Bordeaux et ses monuments, in-8, br., 90 p., 2 plans
et 31 gr. 2 fr.

Feret (Ed.). — Dictionnaire Manuel du maître de chai
et du négociant en vins, guide utile à quiconque veut ven-
dre ou manipuler des vins et des spiritueux. 1 vol. in-18,
ill. Bordeaux, 1898, 6 fr., cart. 7 fr.

— Le même ne contenant que les articles utiles au
maître de chai 3 fr. 50, cart. 4 fr. 50

— Bergerac et ses vins et les principaux crus du département de la Dordogne. 1 vol. in-18 jésus illustré, 3 fr. 50
cart. 5 fr.

Carte vinicole du Médoc et de l'arrondissement de
Blaye, extraite de la carte de la Gironde au 1/160000 ;
1 feuille gr. colombier, tirée en trois couleurs. 3 fr.
La même sur toile pleine. 4 fr. 50

**Nouvelle carte routière et vinicole de la Gi-
ronde** à l'échelle de 1/160000, dressée par Félix FERET
pour accompagner l'ouvrage *Bordeaux et ses vins* ;
1 feuille gr.-aigle, imprim. en trois couleurs et color. par
contrées vinicoles (1893). 6 fr.
La même, collée sur toile, pliée, cartonnée. 10 fr.
La même collée sur toile vernie, montée avec gorge et
rouleau. 14 fr.

— Statistique générale du départᵗ de la Gironde, 3 tomes
en 4 vol. gr. in-8; prix pour les souscripteurs. 52 fr.
Le tome I : Partie topographique, scientique, agricole,
industrielle, commerciale et administrative ; 1 vol. gr. in-8
de 1,000 p. est en vente au prix de 16 fr.
Le tome II : Partie agricole et viticole; 1 vol. gr.-8,
avec supplément 1,100 p., orné de 300 gr. est à peu près
épuisé; ce volume ne se vend qu'avec le t. I au prix de
36 francs les deux vol.

Le tome III : 1re partie, bibliographie; 1 vol. gr. in-8,
br., 628 p., est en vente au prix de   10 fr.

2º partie, archéologique ; 1 vol. gr. in-8, br., d'environ
500 p., orné d'illustrations de MM. Léo Drouyn, Vergez,
etc. (sous presse).

— Supplément à la statistique générale de la Gironde
(part. vinic.). Bordeaux, 1880, in-8, 169 p. avec 50 vues. 4 fr.

Gautier (Paul). — Au fil du rêve, poésies, 1905. in-18,
120 p.   3 fr.

Gayon. — Etude sur les appareils de pasteurisation
des vins en bouteilles et en fûts, avec vignettes ; in-8,
1895.   2 fr.

— Expériences sur la pasteurisation des vins de la Gironde. Bordeaux, 1895, in-8, 59 p.   1 fr. 25

Gayon, Blarez et Dubourg. — Analyse chimique
des vins rouges du département de la Gironde, récolte de
1887. Bordeaux, 1888, in-8. br., 47 p.   1 fr. 50

— Analyse chimique des vins du département de la Gironde, récolte de 1888. 1889, in-8, br., 31 p.   1 fr. 50

Gébelin. — Eléments de géographie. Nouvelle édition
par M. Marion.

Europe (moins la France). 1900, in-18.   2 fr.

France et colonies françaises. 1899, in-18.   2 fr.

La Terre, l'Amérique. 1899, in-18.   1 fr. 50

Asie, Afrique, Océanie. in-18.   1 fr. 50

Grandjean. — Le baron de Charlevoix-Villiers et la
fixation des Dunes, in-8.   1 fr.

Guillaud (Dr J.-A.). — Flore de Bordeaux et du Sud-
Ouest, analyse et description sommaire des plantes sau-
vages et généralement cultivées dans cette région; Phané-
rogames, 326 p., br. 4 fr. 50; cartonné   5 fr. 50

Guillon (J.-M.), dir. de la station viticole de Cognac.
— Notes sur la reconstitution du vignoble, avec fig., 1900,
gr. in-8.   1 fr. 25

Hugo d'Alési. — Panorama de Bordeaux, fac-simile
d'aquarelle sur bristol.   6 fr.

Huyard (E.). — Le port de Bordeaux, sa situation
actuelle, son avenir, son hinterland, avec une préface de
M. Ch. Chaumet, député de la Gironde, 1910, in-8º avec
plans, figures.   5 fr.

Juhel-Rénoy. — Conseils sur la fabrication et la conservation du cidre. 1897, in-18, 60 p.   1 fr. 25

Kehrig (H.). — La cochylis. Des moyens de la combattre, 3e éd., 1893, in-8, 2 pl.   2 fr. 50

— L'Eudémis. Les moyens proposés pour la combattre.
1907.   0 fr. 50

— Le vin chez le consommateur. Conseils pratiques, 4e éd., in-18, 12 p. 0 fr. 25

— Le soutirage des vins, 2e édition. 1907. 0 fr. 50

— Le privilège des vins à Bordeaux jusqu'en 1889, suivi d'un appendice comprenant le Ban des Vendanges, des Courtiers, de Taverniers ; prix payés pour les vins du xiie au xviiie siècle, tableau de l'exploitation des vignes en 1825. Ouvrage couronné par l'Académie des sciences, belles-lettres et arts de Bordeaux. 1886, gr. in-8, 116 p. 2 fr. 50

— Les temps nouveaux pour le vin, 1910, petit in-8. 2 fr. 50

— L'oiseau et les récoltes, 1911, in-18 avec 22 figures dont 8 hors texte et une reproduction en noir de l'aquarelle du peintre hongrois F. Koszkol : *l'Agriculture et l'oiseau*, br. 1 fr. 50

Labat (Gustave). — Gustave de Galard, sa vie et son œuvre (1779-1841); in-4o, orné de 4 pl. hors texte, dessins inédits du maître. 1896, in-4. 15 fr.

Laborde (J.). — Cours d'OEnologie. Tome I. Maturation du raisin. Fermentation alcoolique. Vinification des raisins rouges et blancs, avec préface de V. Gayon. 1908, 1 vol. gr. in-8o, avec 55 fig. et 1 planche hors texte. 5 fr.

Lapierre (A.). — Plan de la ville de Bordeaux avec les lignes de tramways et omnibus, à l'échelle du 1/10000, dressé par A. LAPIERRE. 1 fr. 50

Le même, colorié. 2 fr. 50

Laurianne (Comtesse de). — Comment rester jeune ? In-18. 1 fr. 25

Lemaignan. — Utilisation des marcs de raisin pour fabriquer d'excellentes piquettes, pour nourrir le bétail et comme engrais. 1906, gr. in-8o. 0 fr. 25

Loquin (Anatole). — Le Masque de fer et le livre de M. Funck-Brentano. Bordeaux, 1898, in-8. 0 fr. 60

— Le Prisonnier masqué de la Bastille. Son histoire authentique. Bordeaux, 1900, in-12. 3 fr. 50

Malzevin (P.). — Etudes sur la viti-viniculture, 1905, gr. in-8o. 4 fr.

Mathé (E.). — De Bordeaux à Paris par la Chine, le Japon et l'Amérique. 1907, 1 vol. in-18 orné de figures. 4 fr.

Matignon (J. J.). — Le siège de la légation de France (Pékin, du 15 juin au 15 août 1900). Conférences faites à Bordeaux, in-8. 1 fr. 50

Méric G.). — Le black-rot. Tableau donnant grandeur nature en chromo, feuilles et grains atteints par le black-rot, avec texte explicatif. 0 fr. 75

Montaigne (Michel de). — Nouvelle édition publiée

par MM. **H.** Barckhausen et R. Dezeimeris, contenant la reproduction de la 1re édition, avec les variantes des 2e et 3e éditions; 2 vol. in-8, édition de luxe (Publication de la Société des Bibliophiles de Guyenne). 15 fr.

Pabon(Louis). — Dictionnaire des usages commerciaux et maritimes de la place de Bordeaux et des places voisines. Bordeaux, 1888, in-8, br., 214 p. 3 fr. 50

Panajou (F.). — Barèges et ses env. 1904, 1 vol. in-12, 110 p., 80 phot., 2 pan. h. t., 1 c. de la rég., br. 2 fr. 25

Perceval (Emile de). — Le président Emérigon et ses amis (1795-1847), in-8. 10 fr.

Poignant (M.-P.). — Coefficient économique des machines à vapeur en raison de la détente du cylindre et de la formule $\dfrac{t - to}{t}$ Surchauffe de la vapeur. 1902, in-8. 1 fr. 50

Rocca (Jean de la). — Au Soleil de la vie (poèmes à dire), 1911, in-18, br. 2 fr. 50

Rouhet. — De l'entraînement complet et expérimental de l'homme, avec étude sur la voix articulée, suivi de recherches physiologiques et pratiques sur le cheval, gr. in-8, illustré. 10 fr.

— L'Equitation, gr. in-8 illustré. 3 fr. 50

Salvat. — Le pin maritime, sa culture, ses productions. Bordeaux, 1891, in-12, br., 39 p. 1 fr.

Schewaebel (J.). — Au bord de la vie, vers, 1909, in-12 3 fr.

Sud-Ouest navigable (1er Congrès du), tenu à Bordeaux les 12, 13 et 14 juin 1902. Compte rendu des travaux. 1902, gr. in-8. 5 fr.

Usages locaux du département de la Gironde publiés suivant la délibération du Conseil général, 2e éd. revue et augmentée. 1900, in-12. 2 fr. 50

Vassillière, Charvet et Gayon. — Appareils à pasteuriser les vins. 1897, in-8°. 6 fr.

Viard (E.). — Etude sur les vins au point de vue de leur action sur l'organisme. 1904, gr. in-8. 1 fr.

Vourch (A), Docteur en médecine. — La Foi qui guérit. Etude médicale sur quelques cas de guérisons de Lourdes, 1911, in-18. 2 fr. 50

Ajouter 10 0/0 du prix de l'ouvrage pour l'envoi franco, plus 25 centimes de recommandation pour l'Etranger.

BAR-SUR-SEINE. — IMP. V° C. SAILLARD.

www.ingramcontent.com/pod-product-compliance
Lightning Source LLC
Chambersburg PA
CBHW051354220526
45469CB00001B/239